DE

L'ÉTAT CIVIL

DES NOUVEAU-NÉS

AU POINT DE VUE

DE L'HISTOIRE, DE L'HYGIÈNE ET DE LA LOI

NÉCESSITÉ

DE

CONSTATER LES NAISSANCES A DOMICILE

PAR J.-N. LOIR

DOCTEUR-MÉDECIN, MEMBRE DE LA SOCIÉTÉ DE MÉDECINE
ET DE CELLE DE CHIRURGIE DE PARIS, DE LA SOCIÉTÉ DES SCIENCES NATURELLES
ET DE CELLE DES SCIENCES MORALES, LETTRES ET ARTS, DE SEINE-ET-OISE

PARIS
COTILLON, ÉDITEUR, LIBRAIRE DU CONSEIL D'ÉTAT
RUE DES GRÈS, 16, PRÈS L'ÉCOLE DE DROIT

1854

A mon bon et vieux camarade
Alexandre Bixio
J. N. Loir

DE L'ÉTAT CIVIL

DES NOUVEAU-NÉS

2181. — Imprimerie GUIRAUDET ET JOUAUST,
338, rue Saint-Honoré.

AVANT-PROPOS.

Rassembler tout ce qui a rapport à l'état civil des nouveau-nés, et démontrer par des documents empruntés à l'histoire, à l'hygiène et à la loi elle-même, la nécessité de la présentation au domicile de l'enfant, tel est le but que nous nous sommes principalement efforcé d'atteindre.

En juillet 1845, devant l'Académie des sciences morales et politiques de l'Institut fut posée cette question : *N'est-il pas possible de faire pour les nouveau-nés ce que l'on fait pour les morts, d'envoyer constater les naissances à domicile ?*

L'intérêt qu'excita cette proposition fit pressentir, dès le principe, toute sa valeur. Mais cette idée, si simple en apparence, renfermait une question complexe, dont la solution nécessitait des recherches.

La même année, le projet de la constatation des naissances à domicile, soumis par M. le ministre de l'intérieur aux conseils généraux, fut accueilli avec faveur, ainsi qu'on put en juger par les journaux de l'époque. Le conseil général de la Seine exprima vœu que cette question fût mise à l'étude, et de 1846 à 1851, il réitéra chaque année le même vœu.

Encouragé par l'autorité supérieure, par l'opinion publique, par la sanction favorable qu'avaient donnée à nos travaux l'Institut, l'Académie de médecine, etc., jaloux surtout de satisfaire aux vœux successifs du conseil général de la Seine, nous avons poursuivi et multiplié nos études.

Le retard apporté à cette publication peut avoir eu de graves inconvénients, mais il en est résulté plus d'un avantage. La mise en pratique de la constatation des naissances à domicile dans plusieurs grandes villes de la France et de l'étranger devait fournir des résultats que le temps seul pouvait permettre de recueillir. L'expérience de six années d'exercice n'est pas sans importance.

Les études qui vont suivre sont le complément nécessaire des premiers mémoires que nous avons publiés sur l'état civil; elles comprennent :

1° Une introduction, ou étude comparée des coutumes relatives à la naissance et à l'état civil des nouveau-nés chez les peuples anciens et modernes;

2° Une première partie, dans laquelle l'état civil des nouveau-nés est envisagé au point de vue médical : là se trouvent les renseignements fournis à l'hygiène par la statistique, la physiologie, la pathologie ; le rapport officiel de l'Académie de médecine sur le même sujet ;

3° Une seconde partie, composée d'une série d'études sur l'état civil des nouveau-nés au point de vue de la loi, de ses rapports avec le baptême et avec l'administration ;

4° Un appendice, comprenant l'aperçu de travaux antérieurs à cette publication, le compte-rendu des vœux émis par les conseils généraux, en particulier par le département de la Seine, et autres documents relatifs à l'état civil.

Il est surtout un fait que l'histoire révèle, et que nous devons dès à présent signaler à l'attention, parce qu'il nous a paru offrir quelque analogie avec ce qui se passe de nos jours. François Ier avait ordonné en 1539 de mentionner dans l'acte l'indication précise du jour de la naissance. Le croirait-on ? cette indication ne s'observe dans les anciens actes d'état civil que postérieurement à 1668, c'est-à-dire plus de 127 ans après l'ordonnance de François Ier. Jusqu'à présent il en est à peu près de même de la loi de 1792 et de celle de 1803 ; cinquante ans se sont déjà écoulés depuis la promulgation du Code Napoléon, et la loi, en ce qui concerne la présentation, n'est exécutée que dans un très petit nombre de localités.

Le rapport de l'Académie de médecine fait à M. le ministre sur notre mémoire ayant pour titre : *Des conditions physiologiques et pathologiques des nouveau-nés*, paraît devoir répondre au désir qu'avait manifesté l'administration municipale d'appeler le concours d'une commission supérieure, afin de pouvoir apprécier à sa juste valeur une réforme réclamée par la science, autorisée par la loi et prescrite par l'humanité, ainsi que le disait le ministre de la justice lors de la discussion du Code Napoléon au Conseil d'état.

Nous devons, en terminant, témoigner notre gratitude aux autorités supérieures, qui ont encouragé et facilité nos travaux, ainsi qu'aux personnes qui nous ont aidé et nous aident encore de leur crédit, de leur expérience et de leurs conseils, dans la tâche difficile, mais toute d'humanité, que nous nous sommes imposée.

DE L'ÉTAT CIVIL
DES NOUVEAU-NÉS

INTRODUCTION.

DOCUMENTS HISTORIQUES.

Des faits qui se trouvent disséminés dans l'histoire, et qui se rapportent directement à l'état civil, nous ont décidé à placer en tête de ce volume cet aperçu historique. Il comprend, d'un côté, l'énumération de quelques coutumes antiques que les peuples se sont transmises de siècle en siècle jusqu'à nos jours; de l'autre, un essai sur l'histoire de l'état civil proprement dit. Cette double étude nous a paru jeter quelque jour sur la concordance qui doit exister entre les coutumes prescrites par la nature et les obligations qu'impose à la société la promulgation de nos lois.

Coutumes relatives à la naissance chez les peuples anciens et modernes.

Il est à regretter que les anciens ne nous aient pas laissé de détails plus circonstanciés sur les soins donnés aux nouveau-nés dans les premiers jours qui suivent la naissance. Nous savons seulement que l'enfant était laissé auprès de sa mère, et que c'était seulement au huitième, au dixième jour, et au delà, que commençaient pour lui les cérémonies qui en faisaient un membre de la grande famille.

Les Grecs et les Romains, et même des peuples d'une antiquité plus reculée, suivaient, à la naissance de leurs enfants, certaines coutumes dont l'indication doit au moins rentrer dans l'étude que nous allons faire de la présentation prescrite rigoureusement par la loi pour dresser l'acte de la naissance.

Chez les Egyptiens et les Juifs.

A défaut de documents historiques, les traditions juives nous portent à supposer que les Égyptiens et certains peuples orientaux pratiquaient, en fait d'hygiène et d'état civil, de sages préceptes. Et les Juifs, qui paraissent avoir puisé chez ces derniers certains éléments de leur législation, ont attendu que la vie de l'enfant fût bien établie pour le soumettre à toute formalité civile ou religieuse. Ainsi la circoncision, d'après la loi de Moïse, n'était pratiquée que du huitième au douzième jour, et encore était-elle différée, s'il existait quelque doute sur l'état de santé du nouveau-né.

Chez les peuples de la Grèce.

Les anciens peuples grecs, malgré la coutume souvent barbare de quelques uns d'entre eux à l'égard des nouveau-nés, s'accordaient tous pour entourer de soins particuliers l'enfant qu'ils voulaient élever. On en trouve la preuve dans le passage suivant du *Voyage du jeune Anacharsis en Grèce* vers le milieu du quatrième siècle avant l'ère vulgaire; il s'agit des Athéniens : « Le cinquième jour fut destiné à purifier l'enfant. Une femme le prit entre ses bras, et, suivie de tous ceux de la maison, elle courut à plusieurs reprises autour du feu qui brûlait sur l'autel. » (1)

Comme beaucoup d'enfants meurent de convulsions peu après leur naissance, on attend le septième et quelquefois le dixième jour pour leur donner un nom (2). Apollodore, ayant assemblé ses parents, ceux de sa femme et leurs amis, dit en leur

---

(1) Plat., *in Theæt.*, t. II, p. 160; Harpocr. et Hesych., *in Amphydr. De puerp.*, cap. 6.

(2) Eurip., *in Elect.*, v. 1126; Arist., *in Av.*, v. 494 et 433, etc.

présence qu'il donnait à son fils le nom de son père, Lysis : car, suivant l'usage, l'aîné d'une famille porte le nom de son aïeul. Cette cérémonie « fut accompagnée d'un repas. Elle précéda de quelques jours une cérémonie plus sainte, celle de l'initiation aux mystères d'Éleusis. Persuadés qu'elle procure de grands avantages après la mort, les Athéniens se hâtent de la faire recevoir à leurs enfants (1). Le quarantième jour Épicharis releva de couches ; ce fut un jour de fête dans la maison d'Apollodore.

» Un Athénien doit être inscrit dans l'une des curies, soit d'abord après sa naissance, soit à l'âge de trois ou quatre ans, rarement après la septième année. Cette cérémonie se fait avec solennité dans la fête des Apaturies, qui tombe au mois puanepsion (octobre) et qui dure trois jours. » (2)

Chez les Lacédémoniens, la loi prévenait le moment de la naissance par quelques sages conseils donnés aux jeunes mères ; mais à peine l'enfant avait-il reçu le jour, qu'il fallait le porter à l'assemblée des anciens pour qu'ils prononçassent sur son sort. On le soumettait, après un examen rigoureux, à des épreuves auxquelles succombait infailliblement l'enfan faible et chétif (3) ; et encore si, quoique robuste et bien portant, il avait quelque membre mal constitué ou quelque autre vice de conformation, les anciens le gardaient en leur pouvoir, et, sous prétexte qu'il devait être plutôt à charge qu'utile à la république, on allait le précipiter dans le gouffre du mont Taygète. L'enfant bien conformé qui résistait aux épreuves était choisi par les anciens, au nom de la patrie, comme devant être quelque jour l'un de ses défenseurs. Et

---

(1) Terent., *Phorm.*, act. 1, sc. 1, v. 15 ; Apollod., *ap. Donat.* ; Turneb., *Adv.*, lib. 3, cap. 6.

(2) *Voyage du jeune Anacharsis*, t. III, chap. XXVI, p. 601.

(3) On les soumettait à des lotions de vin, parce que, prétendait-on, le vin avait la propriété de faire périr les enfants faibles.

alors on le remettait à la nourrice, ou plutôt à la sage-femme, pour que les parents eussent à l'élever jusqu'à l'âge de sept ans. Son berceau était un bouclier, auprès duquel on tenait toujours placée une lance, afin que ses premiers regards se familiarisassent avec cette arme. On le confiait aux soins d'habilés et soigneuses nourrices. Loin d'étreindre leurs membres délicats par des langes ou bandelettes qui en paralysaient les mouvements, ainsi que le pratiquaient les autres peuples de la Grèce, on les laissait tout à fait libres, et on s'étudiait à leur faire prendre les poses les plus nobles et les plus gracieuses. On les accoutumait dès la première enfance à la plus grande indifférence dans le choix des aliments, des boissons et des vêtements. On n'arrêtait pas leurs pleurs s'ils avaient besoin de couler, mais on ne les excitait jamais par des menaces ou par des coups; on les habituait par degrés à la solitude et aux ténèbres, de manière à les rendre intrépides et inaccessibles à la peur. Quand, élevés de cette manière, ils avaient atteint l'âge de sept ans, à l'éducation domestique succédait l'enseignement suivant les lois, et dont l'état se chargeait (1).

Chez les Romains. On observait aussi, chez les Romains, certaines coutumes relatives à la naissance. Voici ce que dit à ce sujet Desobry, dans son livre *Rome au siècle d'Auguste :*

« Aussitôt que l'enfant est né, on le dépose à terre aux pieds de son père; s'il le relève ou s'il ordonne qu'on le relève, c'est qu'il le reconnaît et veut qu'on le nourrisse. Au contraire, s'il le laisse à ses pieds, il déclare par là qu'il l'abandonne : alors on va l'exposer sur la voie publique, pour devenir ce qu'il

---

(1) *Græcorum reipublicæ ab Ubbone Emmio descriptæ*. Lugd. Batavorum, ex officina Elzeviriana, anno 1632. (*Descriptio reipub. Laconum*, page 320.) *De Sparta*, par Manso, tome 1, partie 1re, page 145. (Leipsik, 1800.) Barthélemy, *Voyage du jeune Anacharsis en Grèce*, chap. XLVII.

plaira à la Providence. Le lac de Curtius, au milieu du Forum, est ordinairement le lieu d'exposition.

» L'enfant relevé est aussitôt enveloppé d'un linge blanc (1) qui l'assujettit dans une position droite et raide, de peur qu'une liberté précoce ne rende ses membres contrefaits (2). Assez ordinairement ce sont les mères qui préparent ces étreintes pour leurs pauvres petits enfants (3). »

Pendant huit jours on prenait un soin tout particulier de l'accouchée; on lui parait le sein de bandelettes travaillées dans les temples; on implorait pour elle la protection de divinités tutélaires, et, après ce laps de temps, on s'occupait de nouveau de l'enfant.

« Quand ces soins sont donnés à la mère, ajoute Desobry, on recommence à s'occuper d'une manière spéciale de l'enfant, qui a eu le temps de croître un peu, et de faire connaissance avec la vie. Le huitième jour de sa venue au monde quand c'est une fille, et le neuvième quand c'est un garçon, on purifie le nouveau-né et on lui impose un nom (4). On appelle ce jour-là le jour lustrique (5), de *lustrare*, purifier, et primordiaux tous ceux qui l'ont précédé (6). La famille s'assemble, et, parmi les vieilles parentes, la plus âgée procède à la cérémonie : elle prend l'enfant dans son berceau, et d'abord, avec le doigt du milieu, lui frotte de salive le front ainsi que les lèvres, pour le purifier et pour écarter de lui tous les maléfices. Ensuite elle le frappe légèrement des deux mains et lui souhaite toutes sortes de prospérités. » (7)

(1) Capitol. Clod. Albin., 4.
(2) Seneca, *De benef.*, VI, 24.
(3) Plut., *Sympos.*, II, 4.
(4) Macrob., *Saturn.* I, 16; Plut., *Quæst. rom.*, p. 139; Macrob., ibid.
(5) Suet., *Hero*, 6.
(6) *Primordia serv.*, in Virg. Eclog. 4, v. 1.
(7) Pers., s. 2, v. 21.

Des coutumes chez les peuples modernes.

Les coutumes chez les peuples modernes présentent les mêmes caractères que chez les peuples anciens. Elles subissent les mêmes influences ; seulement, comme nous le verrons plus tard, la science vient les sanctionner de son autorité. Là où l'application d'une loi civile est trop en désaccord avec les lois de la nature, son exécution rencontre de grandes difficultés et ne peut avoir lieu. L'inexécution, dans la plus grande partie de la France, de la présentation prescrite par l'art. 55 du Code Napoléon, nous en fournit un exemple.

Nous bornant donc aux détails précédents sur les coutumes relatives aux enfants naissants, nous allons aborder l'histoire de l'état civil proprement dit.

Histoire de l'état civil depuis son origine jusqu'à nos jours.

I.

De l'état civil aux époques les plus reculées.

Son origine.

« La nécessité de conserver et de distinguer les familles, disait le comte Siméon dans un rapport fait au nom du tribunat à la séance du Corps législatif du 17 ventôse an XI, a dès long-temps introduit chez les peuples policés des registres publics où sont consignés la naissance, le mariage et le décès des citoyens.

» La grande famille, dit-il plus loin, s'est constituée gardienne et dépositaire des premiers et des plus essentiels titres de l'homme. Il ne naît pas en effet pour lui seul ni pour sa famille, mais pour l'état. En constatant sa naissance, l'état pourvoit à la fois à l'intérêt public de la société et à l'intérêt privé de l'individu. »

On trouve à peine quelques indices d'état civil chez la plupart des peuples anciens; à l'exception peut-être des Égyptiens et de certains peuples orientaux, tous les peuples, et même pendant long-temps les Grecs et les Romains, n'eurent point d'état civil. Les naissances n'étaient pas enregistrées; la preuve en était très incertaine, et résultait soit de tables domestiques, soit de dépositions de témoins.

Ce qu'il fut chez les Grecs.

L'état civil des Grecs consistait à aller déclarer la naissance à la phratrie; la déclaration était religieuse, le délai arbitraire; on ne transportait pas le nouveau-né. Les documents parvenus jusqu'à nous sur les coutumes civiles des Athéniens et des Lacédémoniens portent à penser qu'il a dû y avoir chez ces peuples des registres où l'on inscrivait chaque citoyen.

Chez les Romains.

Pendant long-temps chez les Romains il n'y a pas eu de registres d'état civil. Les naissances étaient constatées par le père de famille au moyen d'une inscription sur ses registres domestiques, et même par des lettres adressées à la mère par le père. D'après certaines indications historiques, Servius Tullius aurait ordonné qu'il fût fait des registres de la naissance et de la mort des citoyens; et Denis d'Halicarnasse observe même que le père et la mère payaient certain tribut aux dieux à la naissance de leurs enfants, lorsqu'ils prenaient la robe virile, et quand ils mouraient. Sous les empereurs romains cet usage aurait cessé, et n'aurait été rétabli que par Marc-Aurèle. Au temps d'Auguste, après les jours primordiaux, et après le jour lustrique, l'imposition du nom ayant décidément constitué l'enfant membre de la société, on allait le faire inscrire sur les registres des actes publics (1) gardés au tabularium du peuple, dépendance du temple de Saturne. Les premiers-nés étaient inscrits sous le nom de leur père (2), qui leur était toujours imposé; les puînés, sous un

---

(1) *Acta publica*, Suet., lib. 5. — *Libri actorum*, Juv., s. 9., v. 84.

(2) Patercul, II, 71.

nom qui rappelait leur ordre de naissance, tel que Secundus, Tertius, Quartus, Quintus, Sextus, etc. (1). Parmi les filles, la première portait le nom paternel féminisé : Terentius, Terentia (2); Hortensius, Hortensia (3); Julius, Julia (4); ou un diminutif du nom de la mère : Severa Severina. Les autres étaient aussi distinguées par un nom ordinal : Secunda, Tertia, Quarta (5). Cette inscription sur des registres publics était principalement en usage pour les grandes familles, ainsi que l'indique clairement ce passage de Juvénal, satire IX :

> Tollis enim, et libris actorum spargere gaudes
> Argumenta viri; foribus suspende coronas :
> Jam pater es.......

comme le dit aussi Suétone au sujet de Tibère et de Caligula, dans la vie du premier, n° 5, et dans celle du second, n° 8.

Edit de Marc-Aurèle.

Ce ne fut que vers la fin du deuxième siècle de l'ère chrétienne que Marc-Aurèle eut véritablement l'honneur d'instituer l'état civil pour tous les citoyens. Il décida que l'on inscrirait sur des registres publics la naissance de tout enfant nouveau-né, quelle que fût la classe à laquelle il appartînt, ainsi que nous l'appprend Julius Capitolinus : « *Liberales ita munivit, ut primus juberet apud præfectum ærarii Saturnini unumquemque civium natos liberos profiteri intra trigesimum diem, nomine interposito. Per provincias tabulariorum publicorum usum instituit, apud quos idem de originibus fecit quod Romæ apud præfectum ærarii.* »

Il garantit l'état des hommes libres en ordonnant le pre-

---

(1) Varr., IX, s. 62.

(2) Varr., IX, s. 62. — Suet., Cæb., 50.

(3) Val. Max., VIII, 3.

(4) Val. Max., IV, 4, 5.

(5) Varr., ibid.—Cic., *ad Atticum*.—*Académ. des inscript.*, nouvelle série, tome IX, page 75.

mier que tout citoyen fît auprès du préfet du trésor de Saturne la déclaration de naissance de ses enfants dans les trente jours, en leur donnant un nom. Dans les provinces, il établit des officiers publics instrumentaires, chargés, quant aux naissances, des mêmes fonctions que le préfet du trésor à Rome.

Et le même empereur, ainsi que l'avait dit avant lui Scævola, dans la loi 29, § *De probationibus et præsumptionibus*, a décidé, dans un rescrit adressé à Claudius Apollinaris, que la filiation ne se prouverait point par la seule déclaration ou affirmation de témoins. Évidemment, d'après ce qui précède, il a existé chez les Romains un état civil pour les naissances. La déclaration se faisait auprès du préfet du trésor dans les trente jours de l'accouchement. Il n'y avait pas transport du nouveau-né; le père allait déclarer au préfet, *profiteri apud præfectum*. S'il y avait eu transport de l'enfant, on l'aurait très certainement trouvé indiqué dans quelque historien.

L'édit de Marc-Aurèle, d'après Berriat Saint-Prix (1), n'aurait point été exécuté dans ses dispositions, et les déclarations d'état civil, chez les Romains, n'auraient toujours été que de simples indications que le père ou même les autres parents allaient fournir aux magistrats chargés de recueillir les renseignements propres à donner une idée des forces de la république ou de l'empire. Ces déclarations ne se firent jamais avec les mêmes détails, ni avec la même importance, ni avec la même solennité que chez nous.

En un mot, à l'inverse des législateurs français, les législateurs romains, dans leur mode de constater l'état des particuliers, eurent plutôt un but politique que civil, et négligèrent la plupart des mesures qui donnent toute son importance à l'acte d'état civil de nos jours.

---

(1) *Mémoires des antiquaires de France*, tome IX, page 245, *Législation de l'état civil depuis les anciens jusqu'à nos jours.*

Les traces de l'état civil ancien se perdent dans le moyen âge : les peuples du nord qui étendaient leurs conquêtes sur l'empire romain ne ressentaient pas la nécessité de constater les naissances ni les décès. Aussi l'état civil ne se rétablit-il ensuite dans l'Europe que d'une manière lente et incertaine.

II.

Des trois phases par lesquelles passe l'état civil pour arriver jusqu'à nous. — Première phase.

Chez les peuples modernes comme chez les peuples anciens, on voit l'état civil, avant qu'il ait atteint son entier développement, passer successivement par les trois phases suivantes :

1° État civil particulier à chaque famille ; inscription des naissances sur des registres domestiques ;

2° État religieux servant d'état civil ;

3° État civil indépendant de l'état religieux, avec magistrats, officiers et registres spéciaux.

Pendant la première phase, on ne distingue pour seuls indices d'état civil que de simples indications, plus ou moins exactes, des naissances, sur les livres domestiques. Ces indications étaient abandonnées au caprice et à la négligence des particuliers.

III.

Deuxième phase de l'état civil, ou de l'état civil religieux.

Dans cette deuxième phase, l'état religieux sert d'état civil dans chaque communion. Une cérémonie religieuse à laquelle est soumis l'enfant nouvellement né donne lieu à son inscription sur un livre non plus particulier à chaque famille, mais commun aux membres d'une même communion. Ainsi, chaque rabbin a son livre de la circoncision, et chaque paroisse pour les catholiques a son livre des baptêmes. Les indications de ces différents livres ont constitué et constituent encore dans beaucoup de pays les seuls éléments d'état civil. Or le culte qui est regardé comme religion du pays a souvent le privilége de cet état. C'est ainsi qu'en Angleterre il n'y a guère d'état civil que pour les protestants, et qu'en Russie l'état civil est en quelque sorte le privilége exclusif du culte chrétien (église grecque). On ne saurait admettre d'une manière exclusive qu'il en eût été partout de même en France jusqu'en 1789.

Avant 1789, en Alsace, les réformés et les juifs avaient leurs registres particuliers tenus par leurs pasteurs ou rabbins.

« A Paris, l'aumônier attaché à la légation de Suède constatait l'état civil des Français de la communion luthérienne. Dans tout le royaume, les tribunaux admettaient ceux qui ne professaient pas la religion catholique à la preuve de l'état civil autrement que par les extraits des registres tenus dans les paroisses. Ce fait est constaté dans le préambule de l'édit de novembre 1787, enregistré au parlement le 29 janvier 1788, et par lequel le roi, après avoir déclaré « *qu'il proscrivait avec » la plus sévère attention toutes ces voies de violence, qui sont » aussi contraires aux principes de la raison et de l'humanité » qu'au véritable esprit du christianisme* », avait autorisé tous ses sujets, ou étrangers qui ne seraient pas de la religion catholique, établis dans le royaume depuis un temps suffisant, à faire constater les actes de leur état civil soit par le curé ou vicaire de la paroisse, soit par le juge du lieu (1). »

Des deux périodes de la 2e phase.

Une première période se prolonge jusqu'à François Ier. Vers cette époque, et même plus tard, les livres des baptêmes ou d'état civil religieux ne fournissaient que des renseignements incertains et incomplets; ils n'étaient astreints à aucun contrôle et ne pouvaient dispenser de la preuve par témoins. Au règne de François Ier commence la deuxième période, période

(1) Huteau d'Origny, *État civil*, introduction, page 12, § 7.

de transition de l'état civil ancien à l'état actuel. Les paroisses alors conservaient toujours le privilége de l'état civil ; mais elles étaient en cela soumises au contrôle du gouvernement : les registres devaient être contresignés par un notaire (1), contresignés et paraphés par le premier officier du siége de la juridiction (2), puis déposés chaque année au greffe du bailliage le plus voisin. Après François Ier, les ordonnances rendues successivement sous différents règnes dans le but de remédier aux imperfections et aux irrégularités des actes d'état civil préparèrent peu à peu la régénération qui devait s'accomplir en 1789 ; cependant on est forcé de reconnaître avec Berriat Saint-Prix *que les documents fournis par l'état civil antérieur à cette époque confirment jusqu'à l'évidence que l'opinion émise sur l'extrême exactitude des anciens rédacteurs des actes de l'état civil n'était pas fondée.*

Mais il est important d'entrer dans le détail des documents relatifs à l'état civil religieux, avant de faire l'histoire de la troisième phase de notre état civil.

IV.

De l'état civil religieux des catholiques en France avant 1792.

L'histoire de l'état religieux des catholiques (3) en ce qui

---

(1) Ordonnance de François Ier.

(2) Ordonnance de Louis XIV.

(3) Les documents consignés dans cette étude proviennent des archives d'état civil de l'hôtel-de-ville et du greffe de Paris. Les archives d'autres départements, et entre autres celles du département de Seine-et-Oise (Versailles, Saint-Germain, etc.), ont également fourni des renseignements précieux. Secondés par les personnes préposées à la garde de ces archives, auxquelles il se plaît à rendre hommage, l'auteur a pu poursuivre les recherches qu'il avait entreprises pour satisfaire aux vœux émis par un assez bon nombre de conseils généraux, et en particulier par le conseil général de la Seine, aux sessions des années 1845 à 1851.

concerne les naissances renferme en elle-même l'histoire de notre état civil, et s'identifie tout à fait avec elle. Cet état religieux inspire d'autant plus d'intérêt qu'il a servi d'état civil en France jusqu'en 1792, qu'il est encore chez la plupart des nations modernes catholiques le seul élément de cet état, et qu'il a toujours existé, comme il existera toujours, entre l'ordre civil et l'ordre religieux, des rapports intimes qu'il est utile de connaître.

L'observation attentive des documents que fournissent les archives d'état civil de l'Hôtel-de-Ville, aussi bien que du greffe de Paris et d'autres villes de province, donne les moyens d'apprécier avec avantage les phases diverses par lesquelles notre état civil a passé pour arriver au degré d'organisation qu'il présente aujourd'hui, et de préciser les temps les plus remarquables de son histoire.

Il est des faits curieux que l'étude comparative des deux ordres vient dévoiler.

Ainsi les époques de progrès, qui auraient dû naturellement se rapporter aux ordonnances de 1539, 1579, 1667, 1736, sont loin de correspondre aux dates de ces ordonnances; et il existe le plus souvent entre la promulgation des ordonnances et l'application des plus sages et des plus utiles mesures prescrites par elles un long intervalle, un siècle et plus, par exemple. C'est ce que l'on observe pour l'indication précise dans les actes du fait de la naissance, condition indispensable afin de constituer l'état civil, pour le dépôt des registres aux greffes, etc., etc.

Un autre fait dont on constate avec plaisir l'existence avant 1792, et qu'on a le regret de ne plus trouver dans les registres d'état civil modernes, *est l'inscription sur le registre public d'état civil, parmi les actes de tous les citoyens, de l'acte de naissance des princes des familles royales*. On ne sait comment expliquer cet oubli, au milieu des idées constitutionnelles et libérales du dix-neuvième siècle.

De l'état civil aux premiers siècles de l'Église.

Au cinquième siècle, les ecclésiastiques étaient à peu près les seules personnes qui possédassent l'art de l'écriture ; ils avaient depuis long-temps l'usage d'inscrire les actes de baptêmes, mariages et sépultures. « *Mais ces registres,* dit Huteau d'Origny, *particuliers à la religion et aux sacrements, n'avaient, avant 1539, aucun rapport avec les intérêts temporels.* »

Cette assertion est loin d'être confirmée par les documents que l'on peut puiser à des sources dignes de toute notre confiance. Les institutions catholiques, de même que les institutions hébraïques, dont elles sont la continuation, ont eu pour but, en se fondant sur les besoins spirituels, de satisfaire aussi aux besoins temporels, et de se tenir toujours en harmonie avec les lois de la nature. Ce qui a pu jeter quelque obscurité sur ce point a été sans contredit la sage prévoyance que les Pères de l'Eglise ont eue dans leurs écrits de n'envisager les questions religieuses qu'au point de vue dogmatique ou spirituel, et de laisser à part le côté temporel de ces questions. Par ce moyen, la partie dogmatique ou spirituelle est toujours restée invariable et immuable, tandis que la partie temporelle ou matérielle, variable suivant les temps et suivant les mœurs, a pu et peut encore changer aux différentes époques de l'histoire, sans altérer en rien le fond des croyances religieuses.

Les premières traces de l'état religieux et de l'inscription des baptêmes remontent aux premiers siècles de l'Eglise : les écrits les plus anciens en font foi. Denis l'Aréopagite, qui mourut en 95, dit dans son livre *De Ecclesiæ hierarchiâ* (*cap. De baptismo*) :

« *L'évêque commande aux prêtres de mettre par écrit le nom de celui qui demande le baptême, et le nom de celui qui parle et répond pour lui* (*c'est-à-dire son parrain*)*; leurs noms étant écrits dans le livre de l'Eglise, il fait ses prières sacrées,* etc. (1). »

(1) D'après Fabricius et les meilleurs critiques, on attribue à Denis

On trouve dans le rapport de son paraphraste : « La matricule de celui qui s'approchait du baptême et de celui qui le présentait, et l'exposition de cet écrit dans les mémoires ou dans les cahiers *sacrés, représentaient l'enregistrement éternel et ineffaçable, qui se faisait dans le livre de vie et dans le ciel, des noms de ceux qui devaient être sauvés.* »

Saint Grégoire de Nysse, qui vivait au quatrième siècle (de 340 à 400), semble nous avoir exposé la même chose dans l'exhortation qu'il fait à ceux qui mettent un délai trop grand pour l'administration du baptême : « *Donnez-moi vos noms*, leur dit-il, *afin que je les écrive en des livres matériels et sensibles, et que Dieu, en même temps, les grave et les imprime en des tables incorruptibles.* »

Saint Augustin, vivant de 354 à 430, dit, en parlant de quelqu'un qui demandait le baptême, *que la fête de Pâques était proche, et qu'il avait à donner son nom entre les autres compétents*, etc.

Cet enregistrement des personnes admises au baptême a pu, dans le principe, avoir pour but de constituer une preuve certaine de l'admission à un sacrement qui ne devait être administré qu'une seule fois, et qui ne laissait point après lui de traces ineffaçables, comme celles qu'imprimait la circoncision ; mais il est de fait que cet enregistrement est devenu promptement pour les catholiques non seulement un élément d'état religieux, mais encore un élément d'état civil.

Avant le règne de François Ier.

Avant le règne de François Ier, la grande importance que l'on attachait à l'enregistrement des baptêmes, comme acte

---

l'Aréopagite des écrits biens postérieurs à son époque. Il en est ainsi du livre *De Ecclesiæ hierarchiâ*. Quoi qu'il en soit, il est constant que l'inscription des baptêmes remonte aux premiers siècles de l'Église, car saint Grégoire de Nysse et saint Augustin, au IVe siècle, fournissent la preuve évidente que cette coutume était antérieure au siècle où chacun d'eux écrivait. Le livre *De Ecclesiæ hierarchiâ* paraîtrait appartenir à un chrétien du Ve siècle.

religieux et comme acte civil, est prouvée par les ordonnances des synodes d'Angers des années 1505, 1507. Les actes de ces synodes, ceux des synodes de Chartres en 1526, de Sens en 1534, etc., etc., n'ont peut-être pas été sans influence sur la promulgation de l'ordonnance de François Ier en 1559, et de Henri III en 1579. Le clergé n'a pas discontinué un instant de rappeler l'attention sur l'importance de cet acte, eu égard aux besoins spirituels et temporels, ainsi que l'on peut en juger par les actes des synodes d'Angers en 1541, de Paris en 1557, des conciles de Trente de 1545 à 1563, de Rouen en 1571, d'Aix en 1585; par les actes de l'Église de Milan, publiés peu après le concile de Trente; par le rituel romain de Paul V, en 1605, etc., etc.... Seulement, les prélats ne cessèrent de réclamer contre l'obligation qu'on avait faite aux curés de porter tous les ans leurs registres de baptêmes, mariages et sépultures, aux greffes des siéges royaux, à cause des vexations dont ils étaient l'objet, ainsi qu'il résulte des délibérations de l'assemblée générale des prélats français tenue en 1625 (1).

Du dépôt et de la garde des registres aux évêchés.

Cette réclamation des évêques était d'autant plus fondée, qu'ils avaient déjà eu le dépôt et la garde de ces registres : on peut s'en convaincre par le passage suivant des actes de l'Église de Milan, publiés au seizième siècle. Dans ces actes il était dit que le curé devait remettre tous les ans à l'évêque les registres de baptêmes : *Et quotannis, singulorum annorum scriptæ ejus rationis exemplum det* (*Barochus*) *episcopo, qui fideliter asservandum curabit* (2). Dès cette époque, l'acte de baptême aurait pu offrir tous les renseignements nécessaires à l'état civil. La déclaration des naissances, la rédaction des actes et leur conservation par le clergé, avaient lieu d'une manière régulière, et la déclaration de la naissance était com-

---

(1) *Abrégé des Mém. du clergé*, chap. 1, p. 376.
(2) *De his quæ pertinent ad sacramentum baptismi*, lib. 2.

mandée par la nécessité du baptême, dès la première enfance; la rédaction de cet acte religieux était déjà assez complète pour qu'elle ait pu servir de modèle aux actes d'état civil de nos jours. La conservation des registres aux évêchés offrait des garanties aussi grandes que celles que pouvait donner la conservation de ces mêmes registres aux greffes des siéges royaux; aussi est-il permis d'avancer que, si toute la France avait été catholique, l'état religieux aurait toujours pu satisfaire aux différents besoins de l'état civil. Cependant, en France, à en juger par les actes que l'on trouve dans les registres des paroisses de Paris antérieurs à 1539, l'acte de baptême ne pouvait guère servir d'état civil (1). Le jour de la naissance ne s'y trouvait pas même indiqué, et on n'y rencontrait aucune des garanties prescrites par l'ordonnance de François Ier. Cette ordonnance, datée de Villers-Cotterets, est conçue en ces termes pour ce qui a rapport aux actes de baptême :

Extrait de l'ordonnance de François Ier. — Août 1539.

Premières ordonnances relatives à l'état civil en France.

Ordonnance de 1539.

51. Aussi sera fait registre en forme de preuve des baptêmes, qui contiendront le temps et l'heure de la nativité, et par l'extrait du dict registre se pourra prouver le temps de la majorité ou minorité, et sera pleine foy à cette fin.

52. Et afin qu'il n'y ait faute aux dicts registres, il est ordonné qu'ils seront signés d'un notaire avec celui des dicts chapitres et couvents, et avec le curé ou vicaire général respectivement, et chacun en regard, qui seront tenus de ce faire, sous peine des dommages et intérêts des parties, et de grosses amendes envers nous.

53. Et lesquels chapitres, couvents et cures seront tenus mettre les dicts registres par chacun an par devers le greffe du prochain siége du baillif ou sénéchal royal pour y rester fidèlement gardés, et y avoir recours, quand mestier et besoin sera (2).

Cette ordonnance comprenait, comme on le voit, les dispositions rigoureuses qui pouvaient donner aux actes de bap-

(1) V. ci-après, p. 37 et suiv., des modèles d'actes de baptêmes anciens.

(2) Recueil des anciennes lois françaises, par MM. Isambert, de Crusy, Taillandier, t. XII, p. 600, n° 188. Les ordonnances ci-jointes de Henri III, Louis XIV, Louis XV, sont extraites du même recueil.

tême toutes les garanties convenables; mais il s'en faut de beaucoup qu'elle ait reçu immédiatement exécution, et il s'écoula plus d'un siècle avant que les sages dispositions qu'elle renfermait fussent mises en pratique. L'indication du jour de la naissance ne commence qu'à compter de 1668, c'est-à-dire cent vingt-neuf ans après l'ordonnance de François Ier, et ne fut le résultat que d'une nouvelle ordonnance rendue par Louis XIV. Le dépôt régulier aux greffes des siéges royaux, négligé dans la plus grande partie de la France, ne fut guère régularisé que par Louis XV.

En effet, sous les règnes de Henri II, de François II, de Charles IX, l'ordonnance de François Ier ne fut pas l'objet de la moindre attention. Henri III, dans le but d'assurer son exécution, limita aux deux premiers mois de chaque année le délai pour la remise des registres aux greffes (ordonnance de mai 1579). Henri IV et Louis XIII ne firent rien pour cet ordre de choses. Louis XIV prit le soin de rassembler toutes les dispoitions des anciennes lois émises par ses prédécesseurs, d'y ajouter des dispositions nouvelles, de créer des officiers spéciaux préposés aux greffes ; mais il ne fut pas plus heureux que ses prédécesseurs pour obtenir la régularité du dépôt aux greffes des registres de baptêmes, mariages et sépultures, et les règles principales sagement établies par l'ordonnance d'avril 1667 avaient été presque oubliées, lorsque Louis XV (ordonnance du 9 avril 1736) vint confirmer par une loi générale l'usage de déposer un des registres au greffe du siége royal, en forme de grosse, l'autre devant rester entre les mains du curé, en forme de minute. Il faisait un nouvel effort pour perfectionner un ordre de choses si nécessaire au bien public.

Il n'est pas sans quelque intérêt de rappeler ici le texte des ordonnances de 1579, de 1667, de 1736, et, à la suite de ces ordonnances, de rapporter une série d'actes de baptêmes anciens pris à différentes époques, depuis les temps les plus reculés jusqu'en 1792, afin qu'on puisse mieux juger de la lenteur des progrès qui s'effectuèrent dans notre état civil et religieux.

Extrait de l'ordonnance de Henri III. — Mai 1579. — (Cheverny garde des sceaux.)

181. Pour éviter les preuves par témoins que l'on est souvent contraint de faire en justice touchant les naissances, mariages, morts et enterrements de personnes, enjoignons à nos greffiers en chef de poursuivre par chacun an tous curez ou leurs vicaires du ressort de leurs siéges d'apporter dedans deux mois, après la fin de chacune année, les registres des baptêmes, mariages et sépultures de leurs paroisses faits en icelle année; lesquels registres les dits curez en personne ou par procureur spécialement fondé affirmeront judiciairement contenir vérité; autrement, et à faute de ce faire par les dits curez ou leurs vicaires, ils seront condamnés ès dépens de la poursuite faite contre eux, et néanmoins contraints par saisie de leur temporel d'y satisfaire et obéir; et seront tenus les dits greffiers de garder soigneusement les dits registres pour y avoir recours et en délivrer extraits aux parties qui le requerront.

Ordonnance de 1579.

Extrait de l'ordonnance de Louis XIV. — Avril 1667. — (Séguier, chancelier.)

Titre XX. — Art. 7. Les preuves de l'âge, du mariage et du temps des décès seront reçues par des registres en bonne forme, qui feront foi et preuve en justice.

Ordonnance de 1667.

Art. 8. Seront faits par chacun an deux registres pour écrire les baptêmes, les mariages, les sépultures, en chacune paroisse, dont les feuillets seront paraphés et cotés par premier et dernier par le juge royal du lieu où l'église est située; l'un desquels servira de minute et demeurera ès mains du curé ou du vicaire, et l'autre sera porté au greffe du juge royal pour servir de grosse; lesquels deux registres seront fournis annuellement aux frais de la fabrique avant le dernier décembre de chacune année, pour commencer d'y enregistrer par le curé ou vicaire les baptêmes, mariages et sépultures, depuis le premier janvier en suivant jusqu'au dernier décembre inclusivement.

Art. 9. Dans l'article des baptêmes sera fait mention du jour de la naissance, et seront nommés l'enfant, le père et la mère, le parrain et marraine.......

Art. 10. Les baptêmes, mariages et sépultures seront en un même registre, selon l'ordre des jours, sans laisser de blanc. Aussitôt qu'ils seront faits, ils seront écrits et signés, savoir : les baptêmes, par le père, s'il est présent, et par les parrains et marraines (1).

Ordonnance de Louis XV. — 9 avril 1736. — (Ministère du cardinal de Fleury. — Chauvelin garde des sceaux [2].)

Ordonnance de 1736.

Extraits des considérants. — Louis, etc..... Ce serait inutilement que les lois, attentives à l'intérêt commun des familles et au bon ordre de la société, auraient voulu que les preuves de l'état des hommes fussent assurées par des actes authentiques, si elles ne veillaient avec une égale attention à la conservation des mêmes actes. Et les rois nos prédécesseurs ont réuni deux vues si importantes lorsqu'ils ont ordonné, d'un côté, que les actes de baptême, mariage et sépulture seraient inscrits sur des registres publics; et, de l'autre, que ces registres seraient déposés tous les ans au greffe d'un siége royal, et conservés ainsi sous les yeux de la justice. Les dispositions des anciennes lois sur cette matière furent rassemblées par le feu roi, notre très honoré seigneur et bisaïeul, dans le titre XX de l'ordonnance d'avril 1667, et il y ajouta de nouvelles; mais soit par négligence, soit à l'occasion des changements survenus par rapport aux officiers qui ont été chargés de les faire observer, il est arrivé que plusieurs des règles qu'elle avait sagement établies ont eté presque oubliées dans une grande partie de notre royaume. Nous avons commencé d'y remédier dès le temps de notre avénement à la couronne en supprimant des officiers dont la création donnait quelque atteinte à l'ordre prescrit par l'ordonnance de 1667, et il ne nous reste plus que d'achever, de perfectionner même autant qu'il est possible un ordre si nécessaire pour le bien public. C'était pour le maintenir qu'il avait été ordonné par l'art. 7 du titre XX de cette loi qu'il serait fait par chacun an deux registres pour écrire les baptêmes, mariages et sépultures, dont l'un servirait de minute et

---

(1) Recueil général des anciennes lois, tit. 20, p. 137. La partie des articles non transcrite ici est relative aux mariages et décès. Cette célèbre ordonnance, fait observer M. Isambert, fut préparée avec la plus grande solennité par Colbert, qui, dit le président Hénault, ayant rétabli les finances, porta ses vues plus loin. Justice, commerce, marine, police, tout se ressentit de l'esprit d'ordre qui a fait le caractère principal de ce ministre, et des vues supérieures dont il envisageait chaque partie du gouvernement; il forma à ce sujet un conseil où toutes ces matières furent discutées, et dont faisait partie le chancelier Séguier, etc...

(2) Les sceaux ne furent rendus à d'Aguesseau qu'en 1737. Il les conserva jusqu'en 1750, et les résigna lui-même à l'âge de 82 ans. Il mourut l'année suivante. (Bouillet.)

demeurerait entre les mains du curé ou du vicaire, et l'autre serait porté au greffe du siége royal pour y servir de grosse. Mais, après nous être fait rendre compte de la manière dont cette disposition avait été observée, nous avons reconnu que dans le plus grand nombre des paroisses les curés ont souvent négligé de remettre au greffe du siége royal un double de leur registre, etc.

Texte de l'ordonnance. — Art. 1. Dans chaque paroisse de notre royaume, il y aura deux registres, qui seront réputés tous deux authentiques et feront foi en justice, pour y inscrire les baptêmes, mariages et sépultures qui se feront dans le cours de chaque année, l'un desquels continuera d'être tenu sur du papier timbré, dans les pays où l'usage en est prescrit, et l'autre sera en papier commun; et seront lesdits deux registres fournis aux dépens de la fabrique, un mois avant le commencement de chaque année.

Art. 2. Lesdits deux registres seront cotés par premier et dernier, et paraphés sur chaque feuillet, le tout sans frais, par le lieutenant général ou autre premier officier du bailliage, sénéchaussée ou siége royal, ressortissant nuement en nos cours, qui aura connaissance des cas royaux dans le lieu où l'église sera située.

Art. 3. Tous les actes de baptêmes, mariages et sépultures seront inscrits sur chacun desdits registres de suite et sans aucun blanc, et seront lesdits actes signés sur les deux registres par ceux qui les doivent signer, le tout en même temps qu'ils seront faits.

Art. 4. Dans les actes de baptême, il sera fait mention du jour de la naissance, du nom qui sera donné à l'enfant, de celui de ses père et mère, parrain et marraine, et l'acte sera signé sur les deux registres tant par celui qui aura administré le baptême que par le père (s'il est présent), le parrain et la marraine; et, à l'égard de ceux qui ne sauront ou ne pourront signer, il sera fait mention de la déclaration qu'ils en feront.

Art. 5. Lorsqu'un enfant aura été ondoyé, en cas de nécessité ou par permission de l'évêque, et que l'ondoiement aura été fait par le curé, vicaire ou desservant, ils seront tenus d'en inscrire l'acte incontinent sur les deux registres; et si l'enfant a été ondoyé par la sage-femme ou autre, celui ou celle qui l'aura ondoyé sera tenu, à peine de dix livres d'amende, qui ne pourra être remise ni modérée, et de plus grande peine en cas de récidive, d'en avertir sur-le-champ lesdits curés ou desservants, à l'effet d'inscrire l'acte sur lesdits registres, dans lequel acte sera fait mention du jour de la naissance de l'enfant, du nom des père et mère et de la personne qui aura fait l'ondoiement; et ledit acte sera signé sur lesdits registres tant par le curé, vicaire ou desservant que par le père, s'il est présent, et par celui qui aura fait l'ondoiement; et à l'égard de ceux qui ne pourront ou qui ne sauront signer, il sera fait mention de la déclaration qu'ils en feront.

Art. 6. Lorsque les cérémonies du baptême seront suppléées, l'acte en sera dressé ainsi qu'il a été prescrit ci-dessus pour les baptêmes, et il sera en outre fait mention du jour de l'acte d'ondoiement.

V.

Des documents que fournissent les archives de l'Hôtel-de-Ville et du Greffe de Paris.

1° Des anciens actes de baptême ou d'état civil religieux.

Modèles d'actes antérieurs à 1792, et pris à différentes époques dans les diverses paroisses de Paris.

1526.—21 septembre **1526.**—Jacques, fils du sieur Robert et de dame Marie Thibaut. Parrain et marraine : Jean Drouan et Jeanne X. (Nulle signature.)

(Extrait du registre de la paroisse Saint-Jean-en-Grève.)

1527.—Antonius filius Francisci Regnaut fuit baptizatus 23 mensis octobris anno **1527.** (Nulle autre indication.)

(Extrait du registre de la paroisse Saint-André-des-Arcs.)

1542.—Le mardi 22 dudit mois de septembre, fut baptisée Jeanne, fille de Jean Bonnelle, marchand, et de Perrette Regnault. Son parrain est***; la marraine ***. (On ne peut déchiffrer les noms.)

(Extrait du registre de la paroisse Saint-André-des-Arcs.)

1553.—Le lundi 29 janvier, a esté baptisé Mathias, fils de Jacques et de Jusonne ***, sa femme. Parrains : Mathias Clomet et Guillaume Langlier; la marraine, Catherine Piccou, fille de Jean Piccou. (Rien en marge; nulle signature.)

(Extrait du registre de Saint-Sulpice.)

1574.—Le 22 de mars **1574**, a esté baptisé Jehan, fils de Nicolas Morel et de Colette Beauvalet. Le parrain Jehan Duverger. François Delavant. M. Catherine Thofourt, femme de Johan Modac. (Nulle signature.)

Extrait du registre de Saint-Sulpice.)

1579.—Le vendredi 20 novembre, fut baptisé Nicolas, fils de Nicolas Formier, maître fripier, et de Marguerite Lanier, sa femme, demeurant rue de la Vannerie. P. Nicolas Brision, maître bottier; de Nicolas Instime, maître cordonnier. M. Pierrette Jotonille, femme de Jean Jotonille, maître tailleur à Paris. (Nulle signature.)

(Extrait du registre de l'église Saint-Jean-de-Grève.)

1590.—Le mardi 28ᵉ jour de janvier, fut baptisée Marie, fille de Joseph Mauvais, marchand de vins, et de Claudine Garnier, sa femme, demeurant rue Saint-Jean-de-l'Espine. Son parrain fut Claude Buot, fils de Réné Buot, marchand. Sa marraine, Marie Margot, fille de Marie Margot, maistre pâtissier. (Nulle signature.)

(Extrait du registre de Saint-Jean-en-Grève.)

1600.—XXVI janvier, a esté baptisée Jacquette, fille de Jacques Savouré et de Martialle Turpin, sa femme. Son parrain Jacques Remart; les marraines Jacquette et Louise Francourt. (Nulle signature.)

(Extrait du registre de Saint-Sulpice.)

1620.—(Août.) Ledit jour 7e, a esté baptisé Guillaume, fils de Pierre Dupont, marchand de vins, et de Barbe Monin, sa femme. Le parrain, Guillaume Vallon, passementier-boutonnier. La marraine, Françoise Toulouse, femme de M. Collot. Ledit enfant apporté de la maison de l'image Sainte-Barbe, sur les fossés contre la porte Saint-Michel. (Nulle signature.)

(Extrait du registre de Saint-Sulpice.)

1620.—(Août.) Le dit jour 7e, a esté baptisée comme fille de André Desprez, maistre brodeur, et de Suzanne Hicon, sa femme. Le parrain, François de Bisancourt, gentilh. du roi; la marraine, Anne de la Croix, femme de Nicolas Carré, lieutenant de monsieur le grand prévost. (Nulle signature.)

(Extrait du registre de Saint-Sulpice.)

1640.—(Novembre.) Le 1er jour du dit mois, a esté baptisé Pierre, fils de Picard Morand, tapissier, et de dame Denise Baudouin, sa femme. Le parrain, Pierre Lefebure; la marraine, Marie Dupont. (Nulle signature.)

(Extrait du registre de Saint-Sulpice.)

1660.—Le 4e jour de décembre 1661, a esté baptisé Charles, fils de M. Charles Hascouet, secrétaire ordinaire de la chambre du roi, et de damoiselle Marie-Madelaine Pirodeau, sa femme. Le parrain, M. Pierre Hosdier, secrétaire ordinaire de la reine. La marraine, damoiselle Marie Lallemand, femme de M. Charles Laisné, advocat au parlement. (Nulle signature. En marge de cet acte et des suivants, noms de famille et prénoms.)

(Extrait du registre de Saint-Sulpice.)

1667.—Le mardi 14e jour de mars 1667, fut baptisé en l'église Saint-André-des-Arcs Michelle, fille de Claude Ozanne, bourgeois de Paris, et de Adrienne Dubois, sa femme. Le parrain, Rolland Ozanne, chirurgien; la marraine, Michelle Dubois, fille de Jean Boulanger.

(Extrait du registre de l'église Saint-André-des-Arcs.)

1674.—Le samedi 20e jour de janvier 1674, fut baptisée en l'église

Saint-André-des-Arcs Catherine, fille de Nicolas Lemarsand, bourgeois de Paris, et de Marie de Corbilly, sa femme. Le parrain, Hugues Bernard, suisse de Monsieur. La marraine, Catherine Dumesnil. L'enfant est né le jour précédent. (Signatures au bas.)

(Extrait du registre de l'église Saint-André-des-Arcs.)

1700. — Le dimanche 11e jour de juillet 1700, fût baptisée dans l'église de Saint-André-des-Arcs, par M. Freyer, prêtre sous-vicaire de ladite église soussigné, Gabrielle-Françoise-Geneviève, née le 9e du présent mois, fille de Jean Tensio, maître savetier, et de Marie Meste, sa femme. Le parrain, François de Schaix, maître rôtisseur, demeurant rue des Boucheries (paroisse Saint-Sulpice). La marraine, Gabrielle-Geneviève Hardouin, femme de Gabrielle Roussel, maître rôtisseur, demeurant rue de ***, laquelle a déclaré ne savoir signer. (Signatures.)

(Extrait du registre de l'église Saint-André-des-Arcs.)

1780. — Le dimanche 16 juillet 1780, a été baptisé Jean-Pierre, né le 14, rue Dauphine, de cette paroisse, fils de Pierre-Gueslin Blin, bourgeois de Paris, et de Marie-Thérèse Meunier, son épouse. Le parrrain, Jean-Baptiste Demoulin, bourgeois de Versailles, y demeurant, rue de Bourbon, paroisse Notre-Dame. La marraine, Marie-Constance Gérard, fille majeure, rue du Vieux-Colombier, paroisse Saint-Sulpice, soussignés. (Signatures.)

(Extrait du registre de l'église Saint-André-des-Arcs.)

De la lente application des lois ou ordonnances d'état civil.

2° Faits révélés par l'examen de ces actes.

Dans l'histoire de l'état civil et religieux antérieure à 1792, il est des époques remarquables qu'il faut bien préciser, parce que c'est à elles que se rapportent les véritables progrès qui ont servi de jalons à notre état civil actuel. Par ce moyen seul on apprécie avec avantage les phases diverses par lesquelles il a passé pour arriver au degré d'organisation qu'il présente aujourd'hui.

On a vu par ce qui précède que les ordonnances qui ont eu le plus d'influence sur ces progrès sont de 1539, 1579, 1667, 1736. Or, comme nous l'avons dit, les dates de ces ordonnances ne coïncident nullement avec la mise à exécution des sages mesures qu'elles renferment, ou, en d'autres termes, les époques de progrès qui s'effectuèrent dans la tenue de l'état civil ne correspondent pas à celles de la promulgation des ordonnances. Il s'est écoulé le plus souvent entre ces deux époques, qui auraient dû se suivre presque immédiatement, un long intervalle, un siècle et plus par exemple, tant sont grandes les difficultés que pour leur admission éprouvent les réformes les plus sages et même les plus importantes.

La condition indispensable pour constituer l'état civil, l'indication précise du fait de la naissance, ne date, chose singulière, que de 1668, et cependant elle constituait un des points capitaux de l'ordonnance de François 1er, rendue en 1539. Il y eut un intervalle de cent vingt-neuf ans.

Le dépôt régulier aux greffes, prescrit par la même ordonnance, ne date que de la fin du dix-septième siècle (Exemple : Église Bonne-Nouvelle, 1668; Saint-Jean-en-Grève, 1692; Saint-Eustache, 1692), et est le résultat de l'ordonnance renouvelée par Louis XIV.

Il en est de même de la tenue des registres doubles, si on en juge par la coïncidence des grosses déposées aux greffes avec les minutes des paroisses. Ainsi, dans le département de la Seine, les registres des paroisses de Paris conservés dans les archives de l'Hôtel-de-Ville remontent jusqu'en 1525, et les registres les plus anciens qui se trouvent dans les archives du greffe ne commencent qu'en 1668; il y aurait une différence de cent quarante-trois ans (1). Dans le département de

(1) Exception à faire pour Saint-Sulpice, dont les registres remontent dans les archives de l'hôtel de ville à 1537, et dans les archives du greffe à 1574. Différence, 37.

L'existence de l'église Saint-Sulpice remonte à une époque fort ancienne. Primitivement il y eut une chapelle dédiée à la fois à saint Jean, à saint Laurent et à saint Sulpice, qui fut remplacée par une autre chapelle désignée sous le nom de Saint-Pierre. Ce fut au XIIe siècle qu'eut lieu la mutation définitive de *Saint-Pierre* en *Saint-Sulpice*.

Sous François Ier, l'église, se trouvant trop petite pour contenir les fidèles, fut agrandie d'une nef, et en 1614 on y ajouta trois chapelles de chaque côté.

Seine-et-Oise, les registres les plus anciens du greffe de Versailles, relatifs aux naissances de Saint-Germain-en-Laye, ne remontent pas au delà de l'année 1678, tandis que l'on trouve dans les archives de la mairie de Saint-Germain-en-Laye, où ont été réunis les anciens registres des paroisses de cette ville, tous les registres de l'état civil à compter de 1550. La différence serait aussi considérable, elle serait de cent vingt-huit ans.

Le format in-4° des registres, avec l'indication des noms en marge, ne fut généralement adopté que vers le commencement du dix-septième siècle.

La signature de chaque acte par le curé ou vicaire de la paroisse ne s'observe qu'à compter du milieu de ce dernier siècle; et l'adjonction de la signature collective des parrain, marraine et parents se rencontre vingt années après.

Il n'y a qu'une seule exception, elle a rapport au timbre, qui était une mesure fiscale. L'obligation du timbre fut généralement mise en pratique dans toute la France dès l'année qui suivit la promulgation de l'ordonnance relative à cet objet. Elle commença, pour tous les états civils et religieux, dès le mois de janvier 1674.

On peut se former une idée par le tableau ci-joint, dressé d'après un certain nombre de paroisses prises au hasard, de la marche qu'a suivie l'état civil pour atteindre son degré de perfection.

En 1646 seulement on posa la première pierre du monument actuel. Le plus ancien curé de Saint-Sulpice dont on ait conservé le souvenir fut Raoul; il véçut au commencement du XIIIe siècle, vers l'an 1210. (Jaillot, *Histoire critique de Paris*, et Olier, *Histoire de Saint-Sulpice.*)

Archives de l'Hôtel de Ville de Paris. — Améliorations successives, par année, de la tenue des actes de baptême ou d'état civil.

	Registres distincts pour les naissances.	Titre en tête du registre; noms seulement indiqués.	Indication du jour du baptême à chaque acte.	Demeures indiquées sans numéro.	In-4°. Cessation du format journal.	Prénoms en marge.	Signature du prêtre seulement à chaque acte ou feuille.	Inscription du nom de famille en marge.	Signature collective du prêtre, père, parrain, marraine.	Indication du jour de la naissance.	Papier timbré.	Chaque acte numéroté.	Table par lettre alphabétique.
Saint-Jean-en-Grève.		1526	1550	1590	1615	1615	1627	1634	1670	1693	1674	1718	(a) 1718
Saint-Eustache.	1529		1529	1551	1558 (b)	1585	1660 (c) 1667 (d)	1674 (e)	1668	1668	1674	0 (f)	1715
Saint-Germain-l'Auxerrois	1526		1528	1554 (g)	1614 (h)	1620	1648	1620	1668	1668	1674	0	(i)
Saint-Sulpice.	1537	1537	1557		1546	1623	1668	1623	1668	1668	1674		

(a) Indication de la profession du père : Saint-Sulpice, à compter de l'année 1632; — Saint-Eustache, 1558; — Saint-Germain-l'Auxerrois, 1578.

(b) De 1541 à 1547, format pet. in-4°.

(c) 1660. Initiale du nom du prêtre seulement indiquée.

(d) 1667. Nom du prêtre en toutes lettres; quelquefois pas même d'initiales avant cette époque.

(e) Table alphabétique; noms de baptême, avec les noms de famille dès l'année 1664.

(f) Nul acte numéroté.

(g) Jusqu'en 1702, il n'y a pas d'indication des numeros pour les demeures. Il en est ainsi dans toutes les paroisses.

(h) Dès l'année 1545, on trouve pour certaines années des registres in-4°. De 1547 à 1612, on trouve en marge de chaque acte le nom du prêtre qui a dressé l'acte.

(i) Répertoire général à compter de 1660 à 1792. Il y a aussi des répertoires particuliers pour quelques autres paroisses : Saint-Germain-l'Auxerrois, de 1600 à 1788; — Saint-Laurent, de 1650 à 1790; — Saint-Louis-en-l'Ile, de 1623 à 1792; — Saint-Martin-Marcel, de 1627 à 1790; — Saint-Merry, de 1536 à 1790; — Saint-Roch, de 1700 à 1783; — Saint-Sulpice : il y en a quelques uns de bons de 1537 à 1690, de 1691 à 1703.

De l'obligation du dépôt aux greffes, de préférence aux évêchés.

Toutes le difficultés qu'on a éprouvées pour arriver au complément de garantie qu'il était urgent de donner à l'état civil tenu par le clergé venaient particulièrement de l'obligation du dépôt aux greffes. Ces difficultés n'auraient point existé si le dépôt des registres de baptêmes, mariages et décès, pour les catholiques, avait eu lieu dès le principe aux évêchés ; par ce moyen, l'état civil aurait très promptement atteint son degré de perfection. La grosse des actes de baptême comme actes d'état civil, comprise parmi les archives des évêchés de chaque diocèse, et soumise à une simple surveillance de la part du gouvernement, aurait pu dès lors tout aussi bien servir de preuve en justice, qu'étant déposée au greffe ; et l'on n'aurait point eu à lutter contre l'autorité épiscopale, dont les droits et la dignité se trouvaient froissés. Par suite de cette opposition, la séparation entre l'ordre civil et l'ordre religieux devenait une des nécessités impérieuses de la révolution qui s'opéra en 1789.

VI.

Des registres d'état civil religieux antérieurs à 1792 qui se trouvent dans les archives de l'Hôtel-de-Ville de Paris.

Archives de l'état civil à l'Hôtel-de-Ville de Paris.

Les documents du clergé relatifs à l'état civil antérieurement à 1792 étaient disséminés dans les différentes paroisses ; ils ont été rassemblés et gardés avec soin, pour ce qui concerne le département de la Seine, dans les archives de l'hôtel de ville de Paris.

Les registres les plus anciens que l'on trouve dans ces archives remontent à plus de quatorze ans au-dessus de l'ordonnance de François 1er, rendue en 1539. Le plus ancien, appartenant à l'église Saint-Jacques-de-la-Boucherie, est de l'année 1525. Un autre, de Saint-Jean-en-Grève, est de 1526 ; d'autres, de Saint-Landry, de Saint-Laurent. de 1527 ; de Saint-Germain-l'Auxerrois, de 1528 ; de Saint-Eustache, de 1529, etc.

Cette première série des registres d'état civil existe pour chaque année, et arrive en général jusqu'aux années 1791, 1792. Il existe quelques lacunes qui correspondent aux mêmes époques pour la plupart des paroisses, de telle façon qu'il est naturel de les rapporter à une cause générale. Cependant nous devons faire remarquer dès à présent qu'une partie de ces irrégularités, qui du reste se réduisent à un nombre très minime, doivent être le résultat de circonstances tout à fait fortuites et sans importance.

Relevé des registres de baptême des paroisses de Paris antérieurs à 1792 rassemblés et conservés dans les archives de l'Hôtel-de-Ville.

Paroisse	de	à
St-André-des-Arcs.	de 1525	à 1792
St-Barthélemy. .	1551	1791
St-Benoît.	1540	1781
Bonne-Nouvelle. .	1628	1791
Ste-Chapelle. . .	1541	1791
St-Pierre-de-Chaillot.	1620	1792
Ste-Croix-de-la-Cité	1568	1791
St-Côme	1539	1791
St-Christophe-à-la-Cité.	1597	1747
Collége du cardin. Lemoine. . . .	1628	1791
St-Denis-de-la-Charte.	1550	1698
St-Etienne-du-Mont	1530	1792
St-Eustache. . . .	1529	1792
St-Germain-des-Prés.	1595	1792
St-Germain-l'Auxerrois.	1529	1792
St-Germ.-le-Villis.	1545	1791
Geneviève-des-Ardents	1551	1747
St-Gervais	1531	1792
St-Christophe-du-Gros-Caillou. .	1738	1792
St-Hilaire.	1574	1791
St-Hippolyte. . .	de 1604	à 1791
St-Honoré	1593	1791
St-Jacques-la-Boucherie	1525	1792
St-Jacq.-du-Haut-Pas	1567	1792
St-Jacques-l'Hôpital.	1616	1791
St-Jean-en-Grève.	1526	1791
St-Jean-de-Latran.	1592	1791
St-Josse	1527	1791
Sts-Innocents . .	1561	1786
St-Landry	1527	1791
St-Laurent. . . .	1527	1792
St-Leu-St-Gille. .	1533	1792
St-Louis-en-l'Ile. .	1623	1792
St-Louis-du-Louvre	1603	1791
Madelaine-en-la-Cité.	1539	1791
Madelaine-la-Ville-l'Evêque. . . .	1598	1792
Ste-Marguerite. .	1663	1792
Ste-Marine-en-Cité	1634	1791
St-Martial-en-Cité.	1527	1722
St-Martin-St-Marcel.	1546	1792
St-Médard. . . .	1545	1792
St-Mérry.	1536	1792
St-Nicolas-des-		

Champs. . . .	de 1580	à 1791	Quinze-Vingts . .	de 1636	à 1791
St-Nicol.-du-Chardonnet.	1526	1792	St-Roch	1578	1792
Notre-Dame. Métropole	On n'y faisait pas de baptêmes.		St-Sauveur. . . .	1545	1792
Ste-Opportune . .	1541	1791	St-Séverin	1537	1792
St-Paul.	1539	1792	St-Symphorien (Cité).	1695	1790
St-Pierre-aux-Bœufs.	1578	1791	St-Sépulcre. . . .	1674	1791
St-Pierre-des-Arcis.	1539	1791	St-Sulpice	1537	1792
St-Philippe-du-Roule	1697	1792	Ste-Marie-du-Temple	1581	1791
			St-Thomas-d'Aquin (2 ans) . .	1791	1792
			St-Victor.	1594	1792

Saint-Ambroise, les Petits-Pères, étaient des couvents; ils ne recevaient point d'actes d'état civil.

Indépendamment des paroisses, les hospices avaient des registres particuliers pour les naissances et les décès :

Hôtel-Dieu de Paris.	de 1627	à 1792	Hospice de la Pitié.	de 1667	à 1792
Hospice des Enfants-Trouvés. .	1686	1792	Hospice national des Femmes. .	1657	1792

(Extrait relevé en 1848.)

VII.

Des registres d'état civil religieux antérieurs à 1792 *déposés aux archives du greffe de Paris.*

Archives de l'état civil du greffe de Paris.

Ces documents ne remontent pas au dessus de la moitié du XVIIe siècle; le relevé ci-joint en fournit la preuve. Une seule exception s'observe; elle a lieu pour la paroisse Saint-Sulpice, dont les registres remontent jusqu'en 1574; et même on trouve, dès cette époque, des registres distincts pour les naissances, mariages et décès. Mais il existe dans ces archives des lacunes assez nombreuses que l'on ne rencontre pas dans les archives correspondantes de l'hôtel de ville. Ces lacunes dans les archives du greffe offrent cette circonstance remarquable, ainsi que nous l'avons déjà dit, qu'elles ont lieu presque toutes aux époques de 1715, 1718, 1720, à 1737,1738, pour les différentes paroisses de Paris, comme on en peut juger par le relevé ci-joint. Elles sont évidemment le résultat d'une cause commune et générale, et elles témoignent de la négligence avec laquelle s'effectuait le dépôt des grosses aux greffes. Elles fournissent la preuve du discrédit dans lequel était tombée l'ordonnance même de Louis XIV, et elles démontrent l'urgente nécessité de celle que rendit Louis XV en 1736. Les dissidences survenues durant le règne de Louis XIV entre le gouvernement et le clergé en étaient sans doute la cause. A compter de cette époque jusqu'en 1792, on n'observe aucune nouvelle lacune de quelque importance dans les archives d'état civil du greffe, non plus que dans celles de l'hôtel de ville comprenant les minutes des paroisses.

Les archives de l'hôtel de ville, en ce qui concerne les actes de naissance, n'offrent guère que des lacunes insignifiantes, d'une ou deux années, qu'il est naturel de rapporter à quelque accident fortuit. Ce qui s'observe pour les naissances n'existe pas pour les mariages, et surtout pour les décès; et, quoiqu'il ne soit question ici que des naissances, on peut noter en passant que dans le principe les actes de décès et même de mariage étaient tenus avec moins d'exactitude, et qu'en général on y attachait moins d'importance. Ainsi, les actes de decès n'ont souvent commencé à être tenus que longtemps après les actes de baptême, et ils offrent assez fréquemment des lacunes considérables; ce qui s'observe pour les grosses des greffes, aussi bien que pour les minutes des paroisses.

Relevé des registres de baptême des paroisses de Paris antérieurs à 1792 rassemblés et conservés dans les archives du Greffe de Paris (1).

St-Ambroise.. . .	de 1791	à 1792
St-André-des-Arcs. (R. C. jusqu'en 1791). .	1668	1792
St-Antoine. (R. D).	1791	1792
St-Augustin (R. D.)	1791	1792
St-Barthélemy (R. C. jusq. 1791).	1692	1791
St-Benoît. (R. C. jusq. 1791). .	1692	1791
Bonne-Nouvelle. (R. C. jus. 1791).	1668	1791
St-Chapelle. (R. C.).	1698	1790
St-Christophe-en-la-Cité. (R. C.).	1692	1747
St-Cosme (R. C.).	1668	1791
Ste-Croix-en-la-Cité. (R. C.). .	1668	1790
Enfants-Trouvés-de-la-Couche. (R. C.).	1737	1792
Enfants-Touvés-St-Antoine. (R. C.)	1737	1792
Le St-Esprit. (Il n'existe qu'un seul registre.) (R. C.).	1752	1790
Enfants-Rouges. (R. C.).	1738	1771
St-Etienne-du-Mont (R. C. jus. 1737. — R. D. de 1738 à 1792.	1668	1792
St-Eustache. (R. C. jusq. 1737. — R. D. de 1738 à 1792.). . . .	de 1698	à 1792
St-François-d'Assises. (R. C.).	1791	1792
St-Christophe et S. Geneviève-des-Ardents (R. C.).	1668	1713
St-Germain-des-Prés. (R. C.). .	1694	1792
St-Germ.-l'Auxerrois. (R. C. jusq. 1736. — R. D. pour les nais., mar., décès, de 1737 à 1792.).	1668	1792
St-Germain-le-Vieux. (R. C.).	1692	1771
St-Gervais (R. C.).	1669	1792
St-Christophe-du-Gros-Caillou. (R. D., à compter de 1768.). .	1738	1792
St-Hilaire-du-Mont. (R. C.) .	1668	1791
St-Hippolyte. (R. C.).	1668	1790
St-Honoré. (R. C.).	1692	1791
Hôtel-Dieu (R. D.).	1737	1792
St-Innocents . . .	1692	1786
Hôtel des Invalides	1737	1792
St-Jacques-de-la-Boucherie. (R. C.).	1692	1792
St-Jacques-du-Haut-Pas. (R. C.).	1692	1789
St-Jacques-l'Hôpital. (R. C.). .	1670	1792

(1) R. C., signe voulant dire registre commun pour les naissances, mariages, décès, tous les actes se trouvant sur le même registre.

R. D., c'est-à-dire registre distinct ou particulier pour les naissances, mariages, décès (trois registres séparés chaque année).

N., abréviation de naissance ; — M., mariages ; — D., décès.

Paroisse	de	à
St-Jean-de-Latran (R. C.) . .	de 1669	à 1791
St-Jean-en-Grève (R. C.).	1692	1792
St-Jean-Lemoine (R. C.).	1693	1790
St-Jean-le-Rond (R. C.).	1669	1791
St-Josse (R. C.).	1668	1791
St-Landry (R. C.).	1668	1791
St-Laurent (R. D., à compter de 1737). . . .	1692	1792
St-Leu (R. C.). .	1692	1792
Notre-Dame-de-Lorette. (Une seule année) (R. D.).	1791	
St-Louis-du-Louvre	1668	1791
St-Louis-en-l'Ile.	1651	1792
Ste-Madelaine-en-la-Cité (R. C.).	1692	1791
Madelaine-Ville-l'Evêque (R. D., à compter de 1780.). . .	1668	1792
Ste-Marguerite (R. D., à compter de 1738.)	1692	1791
Ste-Marie-du-Temple (R. C.).	1692	1791
Ste-Marine-en-la-Cité. (R. C.).. .	1668	1791
St-Martial (R. C.).	1668	1792
St-Martin et Marcel (R. C.). . .	1692	1792
St-Médard (R. C.).	1692	1792
St-Merri (R. C.).	1669	1792
St-Nicolas-des-Champs (R. D.).	1692	1792
St-Nicolas-du-Chardonnet (R. C.).	de 1692	à 1792
Notre-Dame-en-la-Cité (R.). . . .	1791	1792
Ste-Opportune (R. C.).	1692	1792
St-Paul (A compter de 1770, R. D. pour les nai., C. pour les mar. et décès.) . . .	»	»
St-Philippe-du-Roule (R. C.). .	1697	1792
St-Pierre-aux-Bœufs (R. C.)..	1668	1791
St-Pierre-de-Chaillot (R. C.). . .	1668	1792
St-Pierre-des-Arcis (R. C.). . .	1669	1790
La Pitié (R. C.). .	1737	1792
Quinze-Vingts (R. C.).	1640	1791
St-Roch (R. D., à compter de 1738.).	1669	1791
La Salpétrière . .	1737	1792
St-Sauveur (R. C.)	1668	1792
St-Séverin (R. C.).	1692	1792
St-Symphorien-en-la-Cité (R. C.)	1669	6988
St-Sulpice (R. D. dès l'an. 1574, puis communs de 1692 à 1715, puis distincts de 1737 à 1792.).	1574	1792
St-Thomas-d'Aquin (R. D.). .	1791	1792
La Ste-Trinité. (R. C.).	1737	1791
St-Victor (abbaye) (R. C.). .	1692	1792

Relevé des lacunes observées dans les registres d'état civil (naissances) antérieurs à **1792**, *qui se trouvent dans les archives du Greffe de Paris (paroisses de Paris).*

Paroisse	de	à
St-Germain-l'Auxerrois	de 1719	à 1737
St-Gervais.	1712	1737
St-Jean-le-Rond. .	de 1718	à 1737
St-Laurent.. . . .	1717	1737

Ste-Madeleine-Ville-l'Évêque. .	de 1669	à 1692	Ste-Marine-en-la-Cité.	1716	1737
Ste-Marguerite. . .	1718	1738	St-Merri.	1628	1637
St-Jean-Lemoine. .	1703	1737	*Id.*	1670	1692
St-Josse.	1672	1692	St-Roch.	1719	1738
St-Louis-du-Louvre	1626	1637	St-Sulpice.	1585	1612
Ste-Madeleine en-la-Cité.	1718	1737	*Id.*	1625	1663
Ste-Marie-du-Temple.	1716	1737	*Id.*	1644	1668
St-Martial.	de 1669	à 1692	*Id.*	1671	1692
			Id.	1715	1737
			St-Eustache. . . .	1715	1737
			St-Paul.	1718	1737

Il résulte de ce qui précède :

1° Que l'histoire de notre état civil s'identifie d'une manière intime avec l'histoire de l'état religieux des catholiques, dont la part d'influence sur les progrès de la civilisation moderne est par ce seul fait rendue incontestable ;

2° Que les éléments de la perfection qu'on observe dans notre état civil étaient tout trouvés avant 1792, comme l'ordonnance de Louis XV de 1736 en fait foi ;

3° Que le nouvel ordre de choses offrit un seul avantage, mais un avantage immense, celui de faire participer tous les citoyens français, quelle que fût leur religion, à un état civil dont les catholiques avaient eu, pour ainsi dire, jusque alors le privilége exclusif (1).

VIII.

De l'état civil des rois et des princes avant 1792.

Inscription de l'état civil religieux des rois sur les registres publics.

Un point important sur lequel il est curieux de fixer l'attention, principalement au milieu des idées libérales du dix-neuvième siècle, c'est que l'on rencontre dans l'état civil antérieur

(1) Ce fut seulement en novembre 1787 que Louis XVI rendit une ordonnance qui avait pour but de constituer l'état civil des juifs et des protestants. Par cette ordonnance il avait autorisé tous ses sujets qui n'étaient pas de la religion catholique à faire constater les actes de leur état civil, soit par le curé ou vicaire, soit par les juges du lieu. Avant

à 1792 les actes les plus conformes au principe de l'égalité des hommes devant Dieu et devant la loi, tandis qu'à leur place, dans notre ordre civil actuel, on a substitué depuis 1803, et maintenu jusqu'à nos jours dans toute sa rigueur, le droit le plus opposé à ce principe libéral. Dans les registres d'état civil antérieurs à 1792, l'acte de naissance des rois et des princes du sang se rencontre confondu au milieu des actes de tous les citoyens sur le registre public d'état civil. On le trouve dans le registre de la paroisse, ou minute, et dans les archives du greffe sur le registre déposé en forme de grosse. Nous croyons devoir citer ici comme exemples les actes suivants, dont nous avons pu par nous-même vérifier l'authenticité. Ils comprennent :

Exemples divers.

1° *L'acte d'ondoiement de Louis XIV*, précédé de l'acte de baptême de Charlotte, fille d'Innocent Tortouin (1) et de Thomasse Chartier, sa femme, suivi de l'acte de décès d'un domestique de M. de Beaufort;

2° *L'acte de supplément des cérémonies du baptême de Louis XIV*, précédé de l'acte de décès de Jean Bideleu, chef de cuisine, suivi de l'acte de baptême du fils d'Adrien Quaistel, simple bourgeois;

3° *L'acte d'ondoiement de Louis XV, duc d'Anjou*, précédé de l'acte de baptême du fils d'un journalier, suivi des actes de baptême du fils d'un officier, et du fils d'un marchand cabaretier;

4° L'acte de supplément des cérémonies du baptême *de Louis, dauphin de France, et de Louis XV, duc d'Anjou*, pré-

---

cette ordonnance, les tribunaux admettaient ceux qui ne professaient pas la religion catholique à la preuve de leur état civil autrement que par les extraits des registres tenus dans les paroisses, et l'état civil était alors justifié par la voie testimoniale, la notoriété publique et la possession d'état.

(1) Aïeul de la nommée Tortouin, qui joua un rôle comme déesse de la liberté à Saint-Germain-en-Laye pendant la révolution de 1789.

cédé de l'acte de baptême du fils d'un faïencier, suivi de l'acte de baptême de la fille d'un rôtisseur;

5° *L'acte d'ondoiement du duc d'Alençon*, précédé de l'acte de baptême de la fille d'un maître de danse, suivi de l'acte de baptême de la fille d'un maçon;

6° *L'acte d'ondoiement de Louis XVI*, précédé de l'acte de baptême de la fille d'un colonel de régiment, suivi de l'acte de baptême de la fille d'un commis de bâtiment;

7° *L'acte d'ondoiement de Louis XVIII*, précédé de l'acte de baptême de la fille d'un journalier, suivi de l'acte de baptême du fils d'un compagnon couvreur.

L'acte d'ondoiement pour les rois, l'acte de baptême pour les simples particuliers, hors les cas d'urgence, où l'ondoiement avait lieu également, constituaient tous les deux l'acte fondamental d'état civil ou de naissance. L'ondoiement était le baptême proprement dit, c'était le baptême donné à domicile hors l'église, moins les cérémonies religieuses, qui devaient avoir nécessairement lieu dans l'enceinte paroissiale. Il était généralement admis pour les rois. Les motifs principaux de cette coutume exceptionnelle étaient sans doute les combinaisons politiques diverses que nécessitaient le choix des hauts personnages qui devaient servir de parrain et marraine, ainsi que le choix des noms qui devaient être donnés à l'enfant. Ces motifs n'étaient pas les seuls; il y en avait d'autres, parmi lesquels on doit distinguer les suivants: les dangers que la vie de la mère pouvait courir, l'impossibilité où elle se trouvait d'assister au baptême, et l'ignorance où le prince nouveau-né aurait été de l'éclat des cérémonies et des fêtes, dont on voulait qu'il conservât le souvenir. Mais une importance plus grande s'attachait naturellement à l'acte d'ondoiement, qui était, à proprement parler, le véritable acte d'état civil; on en trouvera la preuve ci-jointe dans l'existence de deux actes séparés pour l'ondoiement de Louis, dauphin de France, et de Louis, duc d'Anjou, et d'un seul acte dressé collectivement pour les cérémonies du baptême de ces deux princes (1).

EXTRAITS DIVERS DES ANCIENS REGISTRES D'ETAT CIVIL RELIGIEUX.

Acte de baptême précédant l'acte d'ondoiement de Louis XIV. — (En marge : *Charlotte Tortouin.*)

Actes de naissance de rois inscrits parmi ceux de simples particuliers sur les registres publics.

Septembre **1638**. — Le 4e jour, fut baptisée Charlotte, fille d'Innocent Tortouin et de Thomasse Chartier, sa femme. Le parrain, Chartier monsignor. La marraine, Charlotte Veneur, fille de feu Jean Veneur, en son vivant escuyer et cuisinier de bouche du roy.

Signé, CAGNIÉ. BAILLY.

(Archives de la mairie de Saint-Germain-en-Laye, état civil. Extrait du registre de la paroisse, année **1638**.)

Acte de naissance et d'ondoiement de Louis XIV. — (En marge : *Naissance de monseigneur le Dauphin.*)

Le 5e jour de septembre **1638**, nasquit, dans le château neuf de Saint-Germain-en-Laye, onze heures un quart du matin, monseigneur le dauphin, fils premier nay de très-chrétien et très-puissant monarqz Louis, treizième de ce nom, Roy de France et de Navarre, et de très-religieuse et illustre princesse Anne d'Autriche, sa très-chaste et très-fidèle épouse, et fut incontinent après et le mesme jour ondoyé par révérend Père et duc monseigneur Dominiqz Seguier, évêque de Meaux et premier aumônier de sa majesté, avec les eaux baptismales de la paroisse de Saint-Germain-en-Laye, baillées et livrées par messieurs Hubert, Cagnié, prêtre et curé de ladite paroisse.

Signé, BAILLY.

(Archives de l'état civil de la mairie de Saint-Germain-en-Laye, état civil. Extrait du registre de la paroisse; année **1638**.)

---

(1) Louis, dauphin de France, né et ondoyé le **8** janvier **1707**, et Louis, duc d'Anjou, né et ondoyé le **15** février **1710**, reçurent le supplément des cérémonies du baptême le **8** mars **1712**.

Acte inscrit immédiatement après l'acte de naissance de Louis XIV.
(En marge : *Enterrement d'un inconnu.*)

Le susdit jour 5e de septembre (1638), fut envoyé au cimetière un lacquais de M. de Beaufort, fils puyné de M. de Vendosme, lequel avait été tué par quelques-uns des soldats du régiment des gardes sur quelques différents venus entre luy et les susdits soldats, au sujet de la fontaine de vin au-devant la grande église, faite en réjouissance de la naissance de monseigneur le dauphin.

Signé, CAGNIÉ, BAILLY.

(Archives de l'état civil de la mairie de Saint-Germain-en-Laye. Extrait du registre de la paroisse, année 1638.)

Acte précédant l'acte des cérémonies du baptême de Louis XIV.
(Inhumation Bideleu, en marge.)

Le 21e d'avril 1643, fut inhumé dans l'église Jean Bidleu, natif de Reims, archer en cuisine de la feue Reyne mère du Roy, avec une messe haute et *requiem* chantés à son intention par M. Lucas en l'église. (Nulle signature.)

(Archives de la mairie de Saint-Germain-en-Laye, état civil. Extrait du registre de la paroisse, année 1643.)

Acte des cérémonies du baptême de monseigneur le Dauphin.

Le mardy 21e jour d'avril 1643, furent suppléés les cérémonies du saint sacrement du baptême, dans la chapelle du chasteau viel de Saint-Germain-en-Laye, par très-illustre et révérend prélat, Monseigneur Dominiqz Seguier, évesque de Meaux, conseiller du Roy en ses conseils et son premier aumônier, et en présence d'une grande quantité de prélats revestus de leurs habits de prélature, de princes et seigneurs de la cour et d'officiers de Sa Majesté, *à très-haut et très-illustre prince Louis de Bourbon, nay du 5e jour de septembre* 1638, *Dauphin de France*, fils aisné de très-puissant et victorieux prince *Louis de Bourbon, treizième du nom*, Roy de France et de Navarre, absent à cause de sa maladie, et de très-illustre et très-vertueuse princesse *Anne-Marie d'Autriche*, Reyne et présente aux susdites cérémonies. Le parrain, éminentissime personnage Monsignore Jules Mazarinj, cardinal de la sainte Eglise romaine, conseiller du Roy en ses conseils, etc. La marraine, très-haute et très-puissante dame, madame Charlotte-Marguerite de Montmorency, femme de très-haut et très-puissant prince

Henri de Bourbon, premier prince du sang, laquelle a donné le nom de Louis. *Signé*, CAGNIÉ, BAILLY.

(En marge : Cérémonies du baptême de Monseigneur le Dauphin.)

(Archives de la mairie de Saint-Germain-en-Laye, état civil. Extrait du registre de la paroisse de cette ville, année 1643.)

Acte de baptême inscrit immédiatement après l'acte des cérémonies du baptême de Louis XIV. — (En marge : *Baptismus Quaistel.*)

Le vingt et unième d'avril mil six cent quarante-trois fut baptisé, Denis, fils d'Adrien Quaistel et de Jeanne Leblod, sa femme. Le parrain, Denis Leblod ; la marraine, Jeanne, fille de feu Jean Lefébure (1).

(Archives de la mairie, état civil. Extrait du registre de la paroisse de Saint-Germain-en-Laye, année 1643.)

Acte de baptême précédant l'acte d'ondoiement de Louis XV, duc d'Anjou. — (En marge : Pierre Chartier.)

Le même jour (le 15 février 1710), Pierre, fils de Jacques Charetier, journalier, et de Marie Villeret, son épouse, de cette paroisse, né hier, a été baptisé. Le parein, Pierre Mongenot, garçon de cuisine chez M. de Bouillon ; la mareine, Marguerite Calle, domestique chez madame Lamarche, rue de la Pompe, laquelle, avec le père, a déclaré ne sçavoir signer.

Pierre MONGENET, BLAISE, prêtre.

(Archives de la mairie de Versailles. Extrait du registre de l'église Notre-Dame, année 1710.)

Acte de naissance et d'ondoiement de Louis XV, duc d'Anjou.

L'an 1710, le 15 du mois de février, un prince, fils de très-haut et très-puissant prince, monseigneur Louis, duc de Bourgogne, et de très-haute et très-puissante princesse, madame Marie Adélaïde, duchesse de Bourgogne, son épouse, *est né, et a été ondoyé* par son éminence le cardinal de Janson, grand aumônier de France, en présence de nous soussigné, supérieur des pères de la congrégation de la Mission, de la maison de Versailles.

Signé : Cardinal de JANSON, grand aumônier, et HUCHON.

(Archives de la mairie de Versailles. Extrait du registre de l'église Notre-Dame, année 1710.)

---

(1) Sur ce registre tous les actes ne sont pas signés ; mais les signature doubles CAGNIÉ et BAILLY se trouvent au bas de chaque page.

Acte inscrit immédiatement après l'acte d'ondoiement de Louis XV, duc d'Anjou. — (En marge : Claude Pichelin.)

L'an 1710, le 16 février, a été baptisé Claude, fils de Remy Pichelin, officier de monseigneur le duc de Berry, et de Marie-Anne Pigrays, son épouse, de cette paroisse, premier valet de chambre de madame la duchesse. Sa mareine, Marie Lahaye, épouse de Jean Pichelin, officier de la chambre du roy d'Espagne, qui ont signé avec le père.

PIGRAIS, Marie LAHAYE, PICHELIN, BLAISE, prêtre.

(Archives de la mairie de Versailles. Extrait du registre de l'église Notre-Dame, année 1710.)

Acte inscrit après le précédent. — (En marge : Pierre Moineau.)

Le même jour, Pierre, fils d'Antoine Moineau, cabaretier, et de Marie-Marguerite Desrües, son épouse, de cette paroisse, né hier, a été baptisé. Le parein a été Pierre Cordier, valet de chambre de madame la maréchale de Villars; sa mareine, Françoise Fortin, demoiselle de madame la maréchale de Villars, lesquels ont signé. Le père absent.

Pierre CORDIER, Françoise FORTIN, BLAISE, prêtre.

(Archives de la mairie de Versailles. Extrait du registre de l'église Notre-Dame, année 1710.)

Acte précédant l'acte des cérémonies du baptême de Louis, dauphin de France, et de Louis XV, duc d'Anjou.

L'an mil sept-cent-douze, le huitième jour de mars, a été baptisé Jacques-Mathieu, né avant-hier, fils de Mathieu Coutance, marchand faillancier, et de Elisabeth Laine, sa femme, de cette paroisse. Le parrain, Jacques Gauthier, officier du Roy; sa marraine, Marie Valain, épouse de Nicolas Tessier, conseiller du Roy et contrôleur de rentes de la maison de Paris, de la paroisse Saint-Roch de Paris, lesquels ont signé. Le père absent.

Jacques GAUTIER, Marie VALLAIN, LOYS, prêtre.

(Archives de la mairie de Versailles. Extrait du registre de l'église Notre-Dame, année 1712.)

Acte de supplément des cérémonies du baptême de Louis, dauphin de France, et de Louis XV, duc d'Anjou.

Le huitième jour de mars mil sept-cent douze, les cérémonies du baptême ont esté suppléées par monseigneur l'évêque de Metz, premier aumônier du Roy, en présence de nous, curé de Versailles, *à très-haut, et très-puissant et excellent prince monseigneur Louis, dauphin de France*, âgé de cinq ans, baptisé le huitième jour de janvier mil sept-cent-sept. Le parrain a esté très-haut et puissant seigneur monseigneur le comte de la Mothe-Houdancourt, lieutenant-général des armées du Roy et gouverneur de Bergue; la mareine, madame la duchesse de Ventadour, gouvernante des enfants de France. Et à très haut et très-puissant prince monseigneur Louis, duc d'Anjou, le parein, haut et puissant seigneur Louis-Marie de Prie, colonel d'un régiment de dragons; la mareine, madame la duchesse de La Ferté, qui ont signé.

L'évêque de Metz, M. de la Mothe-Houdancourt, Charlotte-Eléonore-Madeleine de la Mothe, duchesse de Ventadour; Marie de la Mothe-Houdancourt, duchesse de La Ferté; Louis de Prye; Huchon, curé de Versailles.

(Archives de la mairie de Versailles, état civil. Extrait du registre de l'église Notre-Dame, année 1712.)

Acte de baptême inscrit après l'acte de supplément des cérémonies du baptême de Louis, dauphin de France, et de Louis, duc d'Anjou.

Le même jour a esté baptisée Marie-Madelaine, née le septième dudit mois (mars), fille de Guillaume Dardelle, rôtisseur, en cette paroisse, et de Madeleine-Françoise Etienne, sa femme. Le parein, Pierre Juhé, valet de chambre de M. de la Moissette, premier commis de monseigneur Voisin; la mareine, Marie Bonifet, cuisinière chez M. Duehé, un des premiers commis de M. et monseigneur Voisin, qui a déclaré ne savoir signé. Le père et la mareine ont signé.

Guillaume Dardel, Pierre Juhé, Gilbert, prêtre.

(Archives de la mairie de Versailles, état civil. Extrait du registre de l'église Notre-Dame, année 1712.)

Acte précédant l'acte d'ondoiement du duc d'Alençon. — (En marge : Anne-Lou. Charpentier.)

Le même jour (25 mars 1713) a été baptisée Anne-Louise, née avant-hier, fille de Pierre Charpentier, maître à danser des pages de feüe madame la dauphine, et d'Anne Pilon, son épouse, de cette paroisse. Le parein a été Louis Bonvile, fils de M. Bonvile, garçon de la chambre de feu monseigneur le dauphin; sa mareine, Louise-Antoinette

Tourolle, fille de feu M. de Tourolle, lesquels et le père, présent, ont signé.

Louise-Antoinette TOUROLLES, Louis BONVILLIERS, CHARPENTIER, BLAISE, prêtre.

(Archives de la mairie de Versailles, état civil. Extrait du registre de l'église Notre-Dame, année 1713.)

Acte de naissance et d'ondoiement de M. le duc d'Alençon.

L'an mil sept-cent-treize, le vingt-six de mars, à quatre heures du matin, est né un prince, fils de très-haut, très-puissant prince monseigneur Charles de France, duc de Berry, d'Angoulême et d'Alençon, et de très-haute et très puissante princesse madame Marie-Louise-Elisabeth d'Orléans, son épouse, lequel a été sur-le-champ ondoyé, dans la chambre de la princesse, par monseigneur l'évêque de Seez, son premier aumônier, en présence de nous soussigné, supérieur de la maison de la congrégation de la Mission, de Versailles, et curé du même lieu.

Signé : HUCHON.

(Archives de la mairie de Versailles, état civil. Extrait du registre de l'église Notre-Dame de Versailles, année 1713.)

Acte inscrit immédiatement après l'acte d'ondoiement du duc d'Alençon.
(En marge : Marie-Agathe Deszevaux.)

L'an mil sept-cent-treize, le vingt-sixième jour de mars, a été baptisée Marie-Agathe, née aujourd'hui, fille de Pierre Deszevaux, maçon, et de Marie Lallemand, sa femme, de cette paroisse. Le parein a été Joseph Villart, carreleur, la m. Marie Bourcher, femme de Nicolas-Rousseau Bourgeois, lesquels ont signé avec le père, présent.

Joseph VILLART, Marie BOUCHER, Pierre DESZEVEUX, LOYS, prêtre.

(Archives de la mairie de Versailles. Extrait du registre de l'église Notre-Dame, année 1713.)

Acte précédant l'acte d'ondoiement de Louis XVI, duc de Berry.
(En marge : Marc-Antoine Durvy.)

L'an mil sept-cent-cinquante-quatre, le vingt-deux d'août, Marc-Antoine, né d'aujourd'huy, fils de Louis Durvy, journalier, et de Catherine Poitier, son épouse, a été baptisé par nous, prêtre, soussigné, faisant les fonctions curialles. Le parrein a été Marc-Antoine Martin, bourgeois; la mareine, Théreze Auvray, fille de Gil Auvray, marchand de vin, qui ont signé avec le père, présent.

Marc-Antoine MARTIN, AUVRAY, DURVY, DUBOIS, prêtre.
(Archives de la mairie de Versailles, état civil. Extrait du registre de l'église Notre-Dame, année 1713.)

Acte inscrit immédiatement avant l'acte d'ondoiement de Louis XVI.
(En marge : Félicité de Durfort.)

L'an mil sept-cent-cinquante-quatre, ce vingt-trois du mois d'août, Gillette-Félicité, née d'aujourd'hui, fille de très-haut et puissant seigneur Smerry de Durfort, comte de Civrac, colonel du régiment de royal-vaisseaux, et de très-haute et puissante dame Marie-Françoise d'Antin, son épouse, a été baptisée par nous, soussigné, prêtre de la Mission, faisant les fonctions curiales en cette paroisse. Le parrein a été Jean-Henry Charpentier; la mareine, Marie Morgue, née Moreau, épouse du parein, qui ont signé avec nous. Le père absent.

MOREAU, CHARP. Henri, COLLIGNON, prêtre.
(Archives du greffe de Versailles. Extrait du registre de l'église Notre-Dame, année 1754.)

Acte d'ondoiement de Louis XVI.

L'an mil sept-cent-cinquante-quatre, le vingt-trois du mois d'août, a été ondoyé un prince, fils de très-haut, très-puissant et excellent prince Louis, dauphin de France, et de très-haute, très-puissante et excellente princesse Marie-Joséphine de Saxe, dauphine de France, par monsieur l'abbé de Chavalle, aumônier du roi, en présence de nous soussigné, prêtre de la congrégation de la Mission, faisant les fonctions curiales, le curé absent.

Signé : LEROUX, prêtre.

(Archives du greffe de Versailles. Extrait du registre de l'église Notre-Dame de Versailles, année 1754.)

Acte inscrit immédiatement après l'acte d'ondoiement de Louis XVI, duc de Berry.—(En marge : Marie-Anne-Louise-Sophie Prez.)

L'an mil sept-cent-cinquante-quatre, le vingt-trois du mois d'août, Marie-Anne-Louise-Sophie, née d'hier, fille de Louis Prez, commis des bâtiments du roi, et de Marie-Anne Tassin, son épouse, a été baptisée par nous, prêtre, soussigné, faisant les fonctions curiales. Le parrein, Jacques Finel, marchand grainetier, à Paris; la mareine, Louise Tassin, tante de l'enfant, qui ont signé avec le père.

L. Tassin, Finel, Prez, Caron, prêtre.

(Archives du greffe de Versailles. Extrait du registre de l'église Notre-Dame de Versailles, année 1754.)

Acte de baptême inscrit avant l'acte d'ondoiement de Louis XVIII.

L'an mil sept-cent-cinquante-cinq, le dix-sept novembre, Elisabeth-Marie-Madelaine, née d'hier, de Jean Jamet, journalier, et de Elisabeth Chedevis, son épouse, a été baptisée par nous, faisant les fonctions curiales. Le parrain a esté ***, la marraine ***.

(Archives du greffe de Versailles. Extrait du registre de l'église Notre-Dame, année 1755.)

Acte d'ondoiement de Louis XVIII, comte de Provence.

(En marge de l'acte.)

L'an 1755 (1), le 17 novembre, un prince, fils de très-haut, très-puissant et excellent prince monseigneur Louis de Bourbon, dauphin de France, et de très haute et très puissante et excellente princesse madame Marie-Joséphine de Saxe, son épouse, né aujourd'hui, a été ondoyé par monseigneur le cardinal de Soubise, grand aumônier de France. Nous, curé soussigné, présent.

Signé : Rancé.

(Archives de la mairie de Versailles, état civil. Extrait du registre de l'église Notre-Dame.)

Acte de baptême inscrit après l'acte d'ondoiement de Louis XVIII.

L'an mil sept-cent-cinquante-cinq, le dix-sept novembre, Jean-Jacques, né d'aujourd'hui, fils de Jacques Coras, originaire Suisse et compagnon couvreur, et de Jeanne Dubut, son épouse, a été baptisé par nous, prêtre, soussigné, faisant les fonctions curiales. La parain a été Jean-Louis Bidet, couvreur; la maraine, Marie-Julienne, fille de Nicolas Parmentier, tailleur.

Ont signé : Bidet, Coras, Lefrappair, prêtre.

(Archives de la mairie de Versailles, année 1755. Extrait du registre de l'église Notre-dame de Versailles.)

(1) Dans le registre déposé au greffe l'année est en toutes lettres.

Conséquences de cette coutume.

L'inscription de l'acte de naissance des princes sur le registre d'état civil commun à tous n'est point un fait sans importance dans l'histoire des peuples et des rois. Il est impossible de n'y trouver, comme quelques personnes peuvent le penser, qu'une simple preuve de l'empire que le clergé à une certaine époque voulait exercer sur la noblesse et sur le tiers état. Cet usage renfermait en lui-même plus d'un enseignement utile, ainsi que le prouve le trait suivant que l'on attribue généralement au dauphin père de Louis XVI.

Le dauphin, voulant donner à ses fils une leçon de morale, dont ils avaient besoin, et prévenir les sentiments d'orgueil et de fierté auxquels les jeunes princes paraissent enclins, fit apporter en leur présence les registres de la paroisse sur lesquels se trouvait leur acte de baptême : « *Vous voyez*, leur dit-il, *votre nom précédé et suivi d'une foule de noms obscurs : comme hommes, vous vous trouvez confondus avec une foule d'autres hommes ; vous l'êtes également comme chrétiens : c'est qu'en effet sous ces deux rapports, qui forment en vous ce qu'il y a de plus grand, tous les hommes sont vos égaux* (1). »

L'inscription de l'acte de baptême des princes, ainsi que nous le verrons plus tard, a continué à se faire comme avant 1792. Il ne peut y avoir de distinction sur le registre public d'état religieux; s'il en était autrement, ce serait trop contraire aux principes de la religion catholique. Pourquoi dans l'état civil moderne en est-il autrement que dans l'état civil ancien? L'indication de l'acte de naissance des princes sur le registre de la municipalité commun à tous n'empêcherait en aucune manière l'acte dressé dans le registre spécialement affecté aux maisons royales : il n'en serait que la confirmation. Cette innovation est contraire aux vrais intérêts des princes et des

(1) *Morale en action*, belle leçon d'un monarque à son fils. (Edit. de Limoges, 1840, p. 132.)

rois : il doit en être de l'état civil comme de l'état religieux; son privilége constitue en quelque sorte une loi de la nature à laquelle doivent se conformer priuces comme sujets.

IX.

TROISIÈME PHASE DE L'ÉTAT CIVIL.

État civil indépendant de l'état religieux, avec officiers et registres spéciaux.

La 3e phase de l'état civil commence en 1792.

Cette troisième phase commence en 1792. L'indépendance de l'état religieux fut déclarée par la loi, et, dès cette époque, l'état civil reçut immédiatement dans toute la France l'organisation spéciale qu'il présente aujourd'hui. Cette loi a trop d'importance pour qu'il n'en soit pas fait mention ici. Elle résume toutes les améliorations qu'on avait projetées ou introduites dans l'état civil religieux aux différentes époques des régimes précédents, et leur en ajoute de nouvelles. Malgré les modifications qu'elle a pu recevoir des circonstances, elle n'en reste pas moins la base de notre état civil, et c'est à elle que revient l'honneur d'avoir nettement séparé l'etat civil de l'état religieux, et d'avoir établi en principe par toute la France que, malgré la diversité des croyances religieuses, il y avait une seule famille commune, dont les titres civils étaient indistinctement inscrits sur le même registre.

Ce fut le 1er janvier 1793, an II de la république, que cette loi reçut sa première application. Et c'est à compter de la même époque qu'à Paris, du moins, les naissances, mariages et décès, ont eu chacun en particulier un double registre.

Extrait de la loi du 20 septembre 1792 qui détermine le mode de constater l'état civil des citoyens.

Loi du 20 septembre 1792.

Titre III. Art. 1er. Les actes de naissance seront dressés dans les vingt-quatre heures de la déclaration qui sera faite par les personnes ci-après désignées, assistées de deux témoins de l'un ou de l'autre sexe, parents ou non parents, âgés de vingt et un ans.

Art. 2, 3, 4. Désignation des personnes qui doivent faire la déclaration.

Art. 5. Peine en cas de contravention.

Art. 6. *L'enfant sera porté à la maison commune ou autre lieu public servant aux séances de la commune ; il sera présenté à l'officier public. En cas de péril imminent, l'officier public sera tenu, sur la réquisition qui lui en sera faite, de se transporter dans la maison où sera le nouveau-né.*

Ar . 7. La déclaration contiendra le jour, l'heure et le lieu de la naissance, la désignation du sexe de l'enfant, le prénom qui lui sera donné, les prénoms et noms de ses père et mère, leur profession, leur domicile, les prénoms, noms, profession et domicile des témoins.

Art. 8. Il sera de suite dressé acte de cette déclaration sur le registre double à ce destiné. Cet acte sera signé par le père ou autres personnes qui auront fait la déclaration, par les témoins et par l'officier public. Si aucuns des déclarants et témoins ne peuvent ou ne savent signer, il en sera fait mention dans l'acte.

(Extrait de : *Assemblée législative*, imprimerie impériale, édit. 1807, t. VI, p. 275.)

De l'état civil à Paris de 1792 *à* 1803.

Constatation de la naissance par le commissaire de police, à Paris.

A compter du 1er janvier 1793, an II de le république, il n'y eut qu'une seule municipalité à Paris; elle avait son siége à l'Hôtel-de-Ville. La présentation et une première déclaration avec témoins étaient faites au commissaire de police de la section dans la circonscription de laquelle avait eu lieu la naissance. Cet officier public dressait acte de la présentation sur papier non timbré, et délivrait un extrait avec lequel on allait ensuite, dans la plus bref délai, à l'hôtel de ville, faire la déclaration, qui était enregistrée sur le registre double de la municipalité. La rédaction de cet acte avait lieu sans présentation, et il n'y avait pas obligation que les témoins de l'acte municipal fussent les mêmes que ceux de la présentation. Le double registre municipal était un grand in-folio, sur papier timbré, coté et paraphé; il fut tenu du 1er janvier an II de la république (1er janvier 1793) au 30 prairial an III (21 juin 1795). Chaque acte est imprimé et porte son numéro d'inscription; on n'avait qu'à remplir les blancs.

Forme et modèle de l'acte de naissance proprement dit inscrit sur le registre double d'état civil, au siége de la municipalité.

MODÈLE DE L'IMPRIMÉ.

Du *mil sept cent quatre-vingt-treize, l'an second de la République, acte de naissance de*
né (le jour et l'heure)
fil de
profession
Premier témoin
profession domicilié
Second témoin
profession domicilié
Sur la déclaration faite à la commune par
Vu le
officier public.

MODÈLE DE L'ACTE REMPLI.

Du mardi quinze janvier mil sept cent quatre-vingt-treize, ACTE DE NAISSANCE *de* Julien-Désiré Blanche, *né* le treize de ce mois, à trois heures du matin, *lieu* Grande rue du Faubourg-Saint-Antoine, section des Quinze-Vingts, *fils* de Joseph-Manuel Blanche, et de Marie-Françoise Rousselle, mariés en mil sept cent quatre-vingt-six, *profession* (oubliée).

Premier témoin. François-Guillaume de Hausy, âgé de vingt-trois ans
Profession, pharmacien *Domicilié* rue de la Juiverie, section de la cité.

Deuxième témoin. Louis Delaunay, âgé de trente-sept ans.
Profession (oubliée) *Domicilié* à Paris, rue Thiroux, section des Piques.

Sur la déclaration faite à la commune par ledit Blanche père, de l'enfant, qui a déclaré ne savoir signer.

Vu le certificat du commissaire de police de la section des Quinze-Vingts qui constate la naissance le treize de ce mois.

HENRY DELAUNAY, *Officier public.*

Modèle de l'acte de présentation dressé par le commissaire de police de la section.

Cet acte était imprimé; on n'avait qu'à remplir les blancs; l'imprimé est souligné.

Section des Quatre-Nations.

Du six janvier *mil sept-cent-quatre-vingt-treize*, *naissance* de Pierre-Christophe Pasquié, *né* d'hier à quatre heures du soir, *fils* de Pierre Pasquié, commis, et de Marie-Anne-Elisabeth Rondeau, ses père et mère, mariés, paroisse Saint-Sulpice, en juin 1785, domiciliés rue des Mauvais-Garçons, section des Quatre-Nations.

Premier témoin, Jean-Chrystophe Legrand, âgé de vingt et un ans; *profession*, cuisinier, *domicilié* à Paris, rue Neuve-des-Mathurins;

Second témoin, Pierre-Michel Simonin, âgé de vingt-neuf ans; *profession*, marchand d'eau-de-vie, *domicilié* à Paris, rue Dauphine, 17.
Sur la réquisition à nous faite dans les vingt-quatre heures par Pierre Pasquié, père de l'enfant.

Constaté suivant la loi du 20 *décembre* (*c'est sans doute par erreur qu'on a mis décembre au lieu de septembre*) 1792, *par nous commissaire de police de la susdite section.*

(Extrait du registre du commissaire de police pour constater les naissances, année 1793.)

Cet acte porte la date du six janvier. L'acte qui lui correspond sur le double registre de la municipalité est daté du sept. Les témoins de l'acte ne sont pas ceux de l'acte du commissaire de police : il n'y avait pas obligation qu'ils fussent les mêmes. Ainsi le premier témoin est *Louis Chevalier, passementier, demeurant rue Guérin-Boisseau* (*section des Amis de la patrie*), et le deuxième, *Louis Feuillette, horloger, domicilié rue Saint-Denis* (*section Bonne-Nouvelle*).

Dans les départements.

L'intervention du commissaire de police, pour constater la naissance et le sexe, n'eut généralement pas lieu dans les départements, si ce n'est peut-être dans les villes de quelque importance, telles que Lyon, Lille, Rouen, Marseille, etc. Certaines localités exigeaient bien que l'enfant fût apporté à la maison commune; mais ce mode de présentation, même dans ces temps difficiles, ne se fit jamais d'une manière régulière, et il ne fut presque partout que l'exception. Nous n'avons rien rencontré, dans les différents actes soumis à notre observation, qui indiquât qu'on eût jamais, en province, transporté le nouveau-né chez le commissaire de police, pour la présentation, ainsi qu'il fut de rigueur à Paris.

Des registres d'état civil à partir de 1795.

Les registres de l'état civil étaient généralement imprimés; on n'avait qu'à remplir les blancs, afin de rendre uniforme la rédaction des actes. Le transport du nouveau-né chez le commissaire de police fut exigé de 1793 à 1795; mais bientôt on reconnut les difficultés et les inconvénients de ce mode d'exécution de la loi, et, le 3 ventôse an III de la République française, la Convention nationale, voulant assurer aux habitants de Paris les moyens de constater leur état civil d'une manière plus facile et plus sûre, décréta *que la commune de Paris serait divisée en douze arrondissements pour constater l'état civil.*

En vertu de ce décret, le Directoire, par un arrêté du 1er messidor an III de la République (20 juin 1795), prononça la clôture définitive du grand livre d'état civil de la municipalité, celle des registres de présentation des commissaires de police dans chaque section, et le 3 messidor fut installée la nouvelle administration municipale, telle qu'elle est encore de nos jours. Les registres des anciens officiers d'état civil avaient été la veille (2 messidor) clos et arrêtés par les deux membres du Directoire Courtois et Faure, nommés commissaires à cet effet. Après inventaire fait par le secrétaire général archiviste, ces registres furent transportés aux archives du département, où ils sont conservés avec soin. Ce fut à la même époque, et en vertu du même décret, que les registres des ci-devant paroisses de Paris, hospices, monastères, communautés religieuses, temples de protestants, chapelles d'ambassadeurs, et tous autres registres qui servaient à constater l'état civil, sous quelque dénomination qu'ils fussent connus, ensemble liasses et pièces annexées, furent retirés de la maison commune et déposés également dans les archives du département.

Dès lors les quarante-huit sections cessèrent d'exister ; Paris ne fut plus divisé qu'en douze arrondissements (quatre sections par arrondissement) ; l'ancienne municipalité, conservant son siége à l'Hôtel-de-Ville, fut érigée en préfecture, et elle eut pour succursales douze mairies, chargées chacune de l'administration particulière de leur arrondissement. C'est à cette époque que remonte l'administration municipale dont nous sommes à même d'apprécier chaque jour les avantages. En ce qui concerne les naissances, on fut bien affranchi de la pénible et double obligation et de transporter le nouveau-né chez le commissaire de police pour la présentation, et d'aller ensuite à l'Hôtel-de-Ville faire dresser l'acte de naissance. A ce point de vue, le nouveau mode d'exécution de la loi était de beaucoup préférable à l'ancien mode ; mais la distance à parcourir pour aller du domicile maternel à la mairie devint en général plus grande, et dès lors les inconvénients inhérents au transport du nouveau-né subsistèrent toujours, et furent même plutôt augmentés que diminués. Depuis cette époque jusqu'à nos jours, le transport à la mairie pour la présentation a toujours été de rigueur à Paris, ainsi que dans les principaux chefs-lieux de département. Mais il n'en a pas été de même dans la plupart des communes rurales et même urbaines des différentes parties de la France.

L'usage de registres imprimés se prolongea jusqu'au 5e jour complémentaire de l'an XI (22 septembre 1803).

Modèle d'un des derniers actes imprimés.

Du premier messidor de *l'an* troisième *de la République française une et indivisible. Acte de naissance* de Françoise Elisabeth Beauvais *née* le vingt-neuf *jour* de Prairial même année, *heure* de six heures du matin, *fils* de Nicolas Beauvais, volontaire aux frontières, et de Thérèse dite Richard, mariés le cinq août mil-sept-cent-quatre-vingt-dix vieux style) au Gros-Caillou.

Premier témoin : Pierre Marie Sauvage, âgé de vingt-cinq ans, *profession* marinier, domicilié rue Dominique au Gros-Caillou, nº 1063, même section.

Second témoin : Marie-Élisabeth Dunand, femme Sauvage, *profession* blanchisseuse, *domiciliée* à Paris, rue Dominique au Gros-Caillou, nº 1063, même section.

Sur la réquisition à nous faite dans les vingt-quatre heures par Elisabeth-Angélique-Nicole Paillard, femme Dussaud, attendu l'absence de Nicolas Beauvais, père de l'enfant.

Constaté suivant la loi du 3 ventôse, troisième année républicaine, par nous officier de l'état civil soussigné. BLONDEL, Officier public.

PAILLARD, SAUVAGE, DUNAND.

De l'état civil à partir de septembre 1803.

Ce fut à partir du 1er vendémiaire an XII (24 septembre 1803) qu'aux modèles d'actes imprimés dont on n'avait qu'à remplir les blancs succédèrent les registres en blanc, timbrés, cotés et paraphés à chaque feuillet, sans modèle imprimé, tels qu'ils sont de nos jours. Sur ces nouveaux registres s'inscrivirent les actes de naissance, dans l'ordre de la déclaration, sans laisser de blanc, et portant en marge leur numéro d'ordre, avec ou sans les nom et prénoms du nouveau-né. A la fin de chaque registre, les nom et prénoms de l'enfant, en regard du numéro d'ordre, furent rangés annuellement dans un ordre alphabétique, afin de rendre possibles les recherches qu'on était appelé à faire si fréquemment dans les registres d'état civil.

X.

Des tables décennales et de leur importance.

Les difficultés qu'on éprouvait encore quand il s'agissait de remonter à des actes un peu anciens avaient fait reconnaître dès le principe l'insuffisance des tables annuelles. La loi du 20 septembre 1792 prescrivit l'établissement de tables décennales. Loi du 29 septembre 1792.

« Art. 15. Tous les dix ans les tables annuelles faites à la fin de chaque registre seront refondues dans une seule. Néanmoins, pour déterminer une époque fixe et uniforme, la première de ces tables sera faite en 1800.

» Art. 16. Cette table décennale sera mise sur un registre séparé, tenu double, timbré, coté et paraphé.

» Art. 17. L'un des doubles des registres sera envoyé, dans les quinze premiers jours du mois de mai de la onzième année, aux directeurs de district, et transmis dans le mois suivant par le procureur syndic au directoire du département, pour être placé dans le même dépôt. »

Arrêté du 17 octobre 1800.

Un arrêté du 27 vendémiaire an IX de la République (17 octobre 1800) vint à son tour prescrire l'exécution de la loi, en ordonnant que la confection de la première des tables décennales des registres de l'état civil eût lieu, pour les dix premières années de l'ère républicaine, dans le cours de l'an XI, la seconde en l'an XXI, et ainsi de suite de dix ans en dix ans. (Bulletin des lois, 3e série, Bulletin 48, n° 357.)

Jusque alors loi et arrêté étaient restés sans exécution, lorsque, le 20 juillet 1807, au palais de Dresde, fut décrétée la loi dont voici le texte :

Loi du 20 juillet 1807.

« Napoléon Ier, empereur des Français, roi d'Italie et protecteur de la confédération du Rhin;

» Sur le rapport de notre ministre de l'intérieur;

» Nous avons décrété et décrétons ce qui suit :

» Art. 1er. Les tables alphabétiques des registres des actes de l'état civil continueront à être faites annuellement, mais seront refondues tous les dix ans pour n'en faire qu'une par commune. Le premier laps de dix années, commençant au dernier jour complémentaire an X (21 septembre 1802), finira le 1er janvier 1813.

» Art. 2. Les tables annuelles seront faites par les officiers de l'état civil dans le mois qui suivra la clôture du registre de l'année précédente ; elles seront annexées à chacun des doubles registres ; et, à cet effet, nos procureurs impériaux veilleront à ce qu'une double expédition soit adressée par les maires au greffe du tribunal dans les trois mois du délai.

» Art. 3. Les tables décennales seront faites dans les six premiers mois de la onzième année, par les greffiers de première instance.

» Art. 4. Les tables décennales seront faites en triple expédition pour chaque commune : l'une restera au greffe, la seconde sera adressée au préfet du département, et la troisième à chaque mairie du ressort du tribunal. »

Remise et contrôle des registres de l'état civil.

La remise annuelle du double des registres de l'état civil aux greffes des tribunaux de première instance s'est toujours faite avec exactitude ; mais, jusqu'à ces derniers temps, le registre destiné aux archives du greffe était, lors de son dépôts seul soumis au contrôle de vérification exigé par la loi. Le registre-minute destiné aux archives de la mairie restait sans contrôle, et ce n'est que depuis quelques années qu'il est vérifié annuellement, à Paris du moins, par le greffier de la justice de paix.

La triple expédition des tables décennales s'est toujours effectuée avec exactitude depuis 1807, et dans ces dernière, années on a fait une série particulière de ces tables, qui remontent jusqu'à 1792 ; cependant leur confection a toujours eu lieu avec une lenteur telle, que leur expédition aux archives des mairies et du département ne s'effectue guère que trois ans, et plus, après l'expiration du délai de six mois fixé par la loi (1).

(1) Les bulletins qu'on est obligé de faire dans les mairies pour dresser les tables annuelles pourraient être utilisés aux greffes afin de faciliter et de hâter la confection des tables décennales.

Une observation qui n'a point échappé à MM. les greffiers des tribunaux, et entre autres à MM. Chalmel, greffier du tribunal de première instance de Troyes, et Gauthier, greffier du même tribunal à Versailles, c'est que les tables décennales faites en triple expédition devraient offrir des caractères distincts et dont on pourrait tirer de grands avantages. L'expédition destinée aux archives du greffe du tribunal devrait comprendre dans la même table et par ordre alphabétique tous les actes passés dans le ressort, sans distinction par communes.

L'expédition destinée à la préfecture du département devrait comprendre dans une seule table et par ordre alphabétique tous les actes passés dans sa circonscription sans distinction de communes, tandis que l'expédition destinée aux archives des mairies ne devrait comprendre que les actes passés dans son arrondissement.

Quoi qu'il soit, l'état civil en France a toujours pour base, et c'est avec raison, le Code Napoléon, promulgué en 1803, et la loi du 20 juillet 1807, relative aux tables décennales. Il fonctionne et doit toujours fonctionner sous l'autorité des mêmes lois. Mais depuis Napoléon Ier, il n'a été l'objet d'aucune attention sérieuse; à ce règne s'arrête brusquement sa marche dans la voie du progrès et du perfectionnement. Et de nos jours l'état civil, bien qu'assis sur des bases immuables, n'a point encore reçu le complément d'améliorations dont il est susceptible, en ce qui concerne quelques uns des détails de l'application des lois promulguées par Napoléon Ier.

Le Code Napoléon est la base de notre état civil.

XI.

De l'état civil actuel chez les nations modernes autres que la France.

L'état civil, en ce qui concerne les naissances, présente, chez les diverses nations, de grandes différences; mais il est

De l'état civil.

un fait capital, c'est que, chez la plupart d'entre elles, le nouveau-né est laissé auprès de sa mère; il n'est pas exposé aux vicissitudes du temps; le délai accordé pour la déclaration de naissance, de même que pour le baptême, est bieu plus grand que chez nous, ainsi qu'on peut en juger par les renseignements ci-joints. Généralement on fait beaucoup plus que chez nous pour soustraire les nouveau-nés aux dangers d'un transport prématuré, et il est remarquable que ce soit justement dans les pays où la sortie trop prompte de l'enfant est rigoureusement exigée que l'on a publié les travaux les plus nombreux sur les dangers qui résultent de cette coutume.

En Russie.

En Russie il n'y a pas obligation de transporter l'enfant hors de son domicile pour faire dresser l'acte de naissance et de baptême réunis. La présentation religieuse à l'église n'est obligatoire qu'après quarante jours, lorsque la mère peut s'y rendre avec son enfant. Le jour ou le lendemain de l'accouchement, le prêtre vient chez l'accouchée l'assister de ses prières, et donner un nom à l'enfant; il vient constater la naissance à domicile : car les registres de l'état civil sont tenus par les ecclésiastiques.

En Angleterre.

En Angleterre il n'y a pas transport au dehors des nouveau-nés, les déclarations de naissance sont faites *ad libitum*; les actes de naissance et de baptême n'en font qu'un, et ne sont dressés qu'un mois, un an même après la naissance. La cérémonie du baptême se fait tantôt à domicile, tantôt à l'église. Il paraîtrait même, d'après ce que dit Hutteau d'Origny, que les enfants de celui qui refuse pour eux les cérémonies anglicanes du baptême sont exclus des registres de la paroisse; et quoique ses intérêts commerciaux l'attirent constamment à l'étranger, le peuple anglais n'aurait pas encore songé à instituer des officiers de l'état civil dans la personne de ses agents diplomatiques et consulaires.

En Prusse.

En Prusse on ne transporte pas l'enfant à l'état civil dans les trois jours. L'acte civil est confondu avec l'acte de baptême, pour lequel le délai n'est pas fixé. Après six semaines, le pasteur a le droit d'exiger la présentation.

Dans la Prusse rhénane le service de l'état civil se fait comme en France : on présente l'enfant à la mairie. Mais cette présentation n'est pas rigoureuse; on s'en tient souvent à la déclaration du père et des témoins.

En Autriche.

En Autriche, et dans les villes seulement, le transport à l'église a lieu dans les trois jours; et l'on peut obtenir la constatation à domicile, moyennant le paiement de la somme de 50 à 60 francs (1). Ainsi les classes aisées peuvent seules faire une dépense qui se trouve évidemment au dessus des ressources des classes pauvres. Dans les campagnes, le prêtre se transporte facilement au domicile du nouveau-né.

En Sardaigne.

En Sardaigne la présentation a lieu comme en France à la maison commune; mais le délai de trois jours n'est pas rigoureux.

Aux Antilles.

Dans les Antilles françaises, qui sont soumises à notre législation, le nouveau-né n'est jamais porté au dehors avant neuf jours. L'expérience a démontré que, lorsqu'on enfreignait cette règle, le tétanos était le plus souvent la conséquence de cette imprudence. L'article 55 ne reçoit pas d'exécution. Jamais il n'y a présentation de l'enfant. Le père avec les témoins va faire sa déclaration. Dans ces contrées, les distances sont trop grandes; ainsi les habitations d'une même commune sont souvent éloignées de plusieurs lieues de la municipalité.

Résumé de l'état civil chez les peuples européens.

En résumé, sous le rapport de la législation qui régit les actes civils, les peuples européens peuvent être partagés en deux sections : les uns, comme la France, les Deux-Siciles, la Sardaigne, la Hollande, la Prusse rhénane, confient la ré-

---

(1) Ces renseignements ont été communiqués par l'ambassade d'Autriche à Paris.

daction des actes à des officiers publics ayant un caractère civil, et fonctionnant pour les membres de toutes les communions ; les autres, comme la Prusse proprement dite, l'Autriche, la Bavière, le canton de Vaud, ont laissé jusqu'à ce jour la confecion des actes aux ministres des différents cultes.

Chez les nations ci-dessus dénommées, la présentation de l'enfant qui vient de naître à l'officier civil ou au ministre du culte est ordonnée par les lois ou par la religion; elle se fait à la maison commune ou à l'église.

Relativement aux actes de naissance, le code sarde reproduit les dispositions du code français; il en est de même du code des Deux-Siciles et du code de la Hollande. Ces trois pays ont des officiers de l'état civil.

En Bavière les actes de l'état civil sont dressés et les registres tenus par les ecclésiastiques; le code ne trace aucune règle.

Dans les pays qui ont des officiers de l'état civil, les inconvénients de la présentation de l'enfant à la maison commune sont les mêmes que chez nous. Chez les peuples qui laissent encore la constatation des naissances entre les mains du clergé, les actes peuvent avoir le grave défaut, comme chacun peut en juger, de ne pas être tenus d'une manière uniforme et régulière ; mais on jouit du moins de cet avantage, que les délais pour la présentation de l'enfant sont en général moins courts et moins rigoureux que chez nous, et que la loi reçoit, sans aucun doute, une application plus générale et mieux entendue.

PREMIÈRE PARTIE

DE L'ÉTAT CIVIL DES NOUVEAU-NÉS

AU POINT DE VUE DE L'HYGIÈNE.

Les enseignements que fournissent à l'hygiène la statistique, la physiologie et la pathologie, fixeront d'abord notre attention; ils traduisent à nos yeux les lois de la nature, et doivent servir de base aux travaux que nous avons entrepris sur l'état civil; ces travaux ont pour but de prouver l'urgence de la présentation des nouveau-nés au domicile maternel.

CHAPITRE PREMIER.

De la statistique appliquée à la mortalité dans le premier mois de la vie.

Les recherches faites sur la mortalité des nouveau-nés, et notamment les travaux de Toaldo, de MM. Flourens, Villermé, Milne-Edwards, Quételet, Heyer,

Lombard de Genève, Giulio de Turin, ceux de Montferrand, ont bien établi, d'une part, que la mortalité des nouveau-nés était très considérable dans les quinze premiers jours de la vie; d'autre part, que cette mortalité atteignait son maximum en hiver; mais la statistique peut fournir d'autres enseignements, et il ne sera pas sans intérêt d'étudier avec son aide le cours que suit la mortalité dans le premier mois de la vie, en la calculant jour par jour. L'existence chez les nouveau-nés se compte par heure, par jour. Pour eux les heures ont une importance tout aussi grande que les mois et les années aux autres âges, d'autant plus que la moindre influence nuisible suspend promptement le cours de la vie qui s'établit chez eux.

§ I. *Résultats obtenus en Belgique, à Berlin, à Paris.*

D'après M. Quételet, sur 100,000 enfants nés en Belgique (1), il en meurt 9,604 dans le premier mois, 2,400 dans le second, 1,761 dans le troisième, 1,455 dans le quatrième, 1,149 dans le cinquième, 1,045 dans le sixième, et, terme moyen, 833 dans les mois suivants.

Cette mortalité excessive ne se répartit pas égale-

(1) Nouveaux mémoires de l'Académie des sciences de Bruxelles, mémoires sur les naissances, décès, etc., dans le royaume des Pays-Bas.

ment sur toutes les semaines du premier mois. A Berlin, d'après Sussmilch (1), la mortalité a été de 1 : 32 pour la première semaine, de 1 : 35 pour la seconde, de 1 : 106 la troisième, et de 1 : 124 pour la quatrième.

A Paris, 11,134 décès de nouveau-nés, non compris les mort-nés, relevés d'après les feuilles de statistique de la préfecture de la Seine, se sont ainsi partagés entre les quatre premières semaines :

Première semaine	3,950
Deuxième semaine.	3,423
Troisième semaine.	2,585
Quatrième semaine.	1,176

La distribution de la mortalité à cette époque vient de fournir des renseignements d'une utilité générale.

Un savant aussi distingué que modeste, de Montferrand, s'est occupé, il n'y a pas long-temps, de la mortalité observée dans les premiers jours de la vie.

D'après cet auteur, « plus de la moitié des enfants qui meurent durant le premier mois succombe, pour la première semaine, dans la proportion suivante :

Premier jour.	7
Deuxième jour	2,25
Troisième jour	2
Quatrième, cinquième, sixième jour	3,75
	16

(1) *Physiologie de Burdach*, t. IV, p. 388.

» Environ un tiers des décès du premier mois arrive dans les trois premiers jours. La moitié des enfants qui doivent succomber dans la première année n'achève pas le second mois. Un dixième meurt dans les premières vingt-quatre heures. »

§ II. *Nécessité de ne pas confondre les décès de mort-nés avec les décès des nouveau-nés qui ont respiré même moins d'un jour.*

De Montferrand, et la plupart de ceux qui se sont occupés de ce point de statistique, ont le plus souvent compris les mort-nés dans les relevés qu'ils ont faits des décès des nouveau-nés. Or ce chiffre des mort-nés est toujours très grand; il vient tout de suite mettre dans les décès de la première semaine un poids considérable, qui empêche de bien apprécier le cours véritable de la mortalité. Aussi, lorsqu'on veut se rendre compte de la mortalité par jour, on est naturellement porté à faire une classe à part des mort-nés. On ne peut pas raisonnablement comprendre dans la même catégorie que les nouveau-nés des êtres qui n'ont pas vécu, qui n'étaient pas même viables un jour, une heure; on ne peut, en un mot, enregistrer des morts là où il n'y a pas eu de vie.

Causes de mortalité pour les mort-nés.

Pour établir d'une manière encore plus positive la distinction qui doit exister entre les mort-nés et les nouveau-nés, il suffit de rappeler les deux considérations suivantes : 1° La presque-totalité des mort-nés sont ou des êtres nés avant terme, ou qui ne sont pas viables, ou des êtres venus à terme, mais avec des vices de conformation incompatibles avec la vie, ou bien enfin les enfants bien conformés qui arrivent au jour avec des lésions mortelles, résultant, soit des parturitions difficiles ou contre nature, soit d'actes infanticides, lesquelles lésions rendent impossible l'établissement de la vie. 2° Les causes qui déterminent le nombre des mort-nés échappent entièrement à l'influence habituelle des agents extérieurs; elles proviennent de crimes ou de conditions purement organiques. Aussi le nombre des mort-nés est-il, en général, uniforme en hiver comme en été; les saisons n'exercent pas sur lui une influence sensible; il demeure, pendant tout le cours de l'année, dans une proportion à peu près constante avec le nombre des naissances.

Des enfants qui ont vécu moins d'un jour.

Il convient de placer ici une remarque qui n'est pas sans importance : l'on ne tient pas toujours un compte exact des enfants qui ont vécu moins d'un jour, et le plus souvent on les confond avec les mort-nés. Le fait capital établi par la loi est *que l'enfant ait vécu et même qu'il ait respiré*. Or on n'agit pas selon l'esprit de la loi en confondant avec les mort-nés les enfants qui ont vécu moins d'un jour, mais pour lesquels il n'a point été fait d'acte de naissance. Ces enfants appartiennent à la même catégorie que les enfants ayant un jour d'âge; il y aurait donc un inconvénient bien moindre à les comprendre avec ces derniers qu'avec les mort-nés. Il vaudrait mieux faire en sorte de les compter à part; cette distinction ne présenterait aucune difficulté, comme on peut s'en convaincre par l'examen des feuilles de statistique du 6e arrondissement, année 1837, sur lesquelles on a noté les enfants qui ont vécu moins d'un jour. Il suffirait pour cela d'indiquer dans l'acte de décès le temps que l'enfant a vécu; l'acte de décès tiendrait lieu d'acte de naissance, et pourrait faire foi en certaines circonstances. C'est dans ces cas que l'autorité trouverait de grands avantages à faire vérifier de suite par l'autopsie si l'enfant a véritablement respiré; ce qui mettrait à l'abri de difficultés que l'on voit souvent surgir dans les familles.

§ III. *Cours exceptionnel de la mortalité de zéro d'âge à un mois.*

Nécessité de compter par semaine, et même par jour la mortalité à cette époque de la vie.

Dans les feuilles du mouvement de la population année 1851 (1), on trouve bien une classe tout à fait à part pour les mort-nés, et en cela l'administration a tenu compte des savantes observations de MM. Quételet, Sussmilch, Villermé, Moreau de Jonnès, etc.; mais il est réellement à regretter pour la statistique qu'on confonde encore dans une même catégorie la mortalité du premier mois avec celle des mois suivants.

(1) Ministère de l'intérieur, bureau de la statistique générale de France.

La mortalité du premier mois est exceptionnelle, et à ce titre seul elle devrait former une catégorie distincte comme celle des mort-nés. Le chiffre des décès du premier mois comprend, d'un côté, celui des deux premières semaines, où la mortalité la plus forte est en hiver; de l'autre, celui des troisième et quatrième semaines, où le maximum de la mortalité s'observe en été, et il est tellement grand, comparativement au chiffre des deuxième et troisième mois, que la fusion des décès des trois premiers mois devient une source d'erreur, et rend impossibles des recherches utiles à l'hygiène de la première enfance.

Nous aurions déjà dû en cela imiter la Sardaigne et la Belgique, qui, dans leurs documents officiels sur la mortalité des deux classes de la population, consacrent une colonne pour les enfants morts pendant le premier mois de leur existence.

2° Influence des saisons. Les mois les plus froids sont ceux où la mortalité est la plus forte.

Il est bien reconnu que la grande mortalité qui s'observe dans les premiers mois n'est pas uniforme pour toutes les saisons, et qu'elle est beaucoup plus forte en hiver qu'en été. Sur ce point, tous les relevés de la statistique sont d'accord, et les résultats obtenus sont à peu près identiques partout. M. Villermé, dans les recherches auxquelles il s'est livré lors de son rapport à l'Académie des sciences morales et politiques sur le second volume des *Recherches statistiques de la commission supérieure de Turin*, a obtenu les résultats suivants :

158,347 décès de zéro d'âge à un mois se sont

distribués comme il suit dans les différents mois de l'année :

Janvier	18,436
Février	18,058
Mars	16,238
Avril	13,996
Mai	10,820
Juin	9,676
Juillet	9,635
Août	9,962
Septembre	10,522
Octobre	11,362
Novembre	13,768
Décembre	14,871

En supposant 1,000 décès en juin, il y en a 2,004 en janvier, ce qui correspond à 498 en juin contre 1,000 en janvier; le maximum se trouve en janvier et le minimum en juillet.

Le relevé des années 1818 et 1819 présente une différence notable dans la mortalité du premier mois, parce que le froid a été plus rigoureux dans la première que dans la seconde : en 1818, le nombre des décès a été de 1 sur 7,58, tandis qu'en 1819 il était seulement de 1 sur 8,04.

Les relevés de statistique tendent tous vers les mêmes résultats. Nous nous contenterons de consigner ici les observations remarquables faites, il y a déjà long-temps, en Italie, par Toaldo; elles se rap-

portent plus directement à notre sujet. « Les petits-
» enfants, dit Toaldo de Padoue, succombent en
» moins grand nombre proportionnellement dans la
» ville (celle de Padoue) que dans les campagnes,
» parce que vraisemblablement ils y sont mieux
» couverts, mieux défendus contre l'impression de
» l'air, quand on les porte à l'église le premier et le
» second jour de leur naissance, tandis que, dans les
» campagnes, principalement dans les pays de mon-
» tagnes, où les distances sont plus longues, l'air
» plus vif, le froid plus pénétrant, les enfants ne
» meurent pas tout de suite; mais ils contractent des
» affections qui les font bientôt succomber. Dans la
» ville de Chiozza, sur 1042 enfants morts avant
» l'âge d'un an accompli, on en a compté 889, c'est-
» à-dire plus des trois quarts, qui n'ont pas vécu
» au delà de quarante jours. »

Observations faites par Toaldo de Padoue.

Toaldo a aussi observé que, les petits enfants des juifs de Padoue et de Vérone n'étant pas soumis au transport prématuré au dehors, ceux qui meurent avant d'accomplir leur première année font à peine un cinquième des décès totaux des juifs, tandis que, dans les paroisses des montagnes, les enfants chrétiens des mêmes âges forment plus des deux cinquièmes des décès totaux des chrétiens.

MM. Villermé et Milne Edwards ont aussi, de leur côté, obtenu une proportion moins forte de décès de zéro d'âge à un mois dans les communes où les habitations étaient agglomérées autour de l'église et de la mairie que dans d'autres communes de même population où les habitations étaient éparses.

On trouvera dans l'ouvrage de M. de Gouroff d'intéressants détails sur les soins donnés aux nouveau-nés dans la maison impériale d'éducation de Saint-Pétersbourg.

§ IV. *Des trois maximum de mortalité observés dans le premier mois de la vie.*

La question qui fait le sujet principal de cette étude est celle-ci : *Un chiffre étant donné de décès de nouveau-nés dans le premier mois de la vie, quels sont les jours où la mortalité est la plus forte?* Bien entendu que ce chiffre doit résulter de l'ensemble de la mortalité relevée par mois pendant tout le cours de l'année. Quelques recherches entreprises à cet effet ont fourni des résultats qui doivent fixer l'attention.

Sur 5,780 décès d'enfants d'un jour d'âge à un mois, relevés sur les feuilles de statistique de la ville de Paris, 4,000 appartiennent aux quinze premiers jours de la vie, 1,780 à la seconde moitié du premier mois. Sur les 4,000, 1,386 ont eu lieu du premier au cinquième jour, 1,430 du sixième au dixième, 1,184 du onzième au quinzième. Le huitième jour fournit le maximum de la mortalité, elle s'élève pour lui jusqu'à 336; le chiffre le plus élevé après celui-ci est de 287 : il appartient au dixième jour de la vie. Les autres jours présentent un chiffre inférieur, et le chiffre le plus faible, qui est celui du

Double courbe représentant les variations de position des maximum de la mortalité dans le premier mois de la vie. *par S. N. Loir (année 1847.)*

10,636 décès, relevés dans tout le cours de l'année se sont ainsi partagés entre les différents jours du mois.

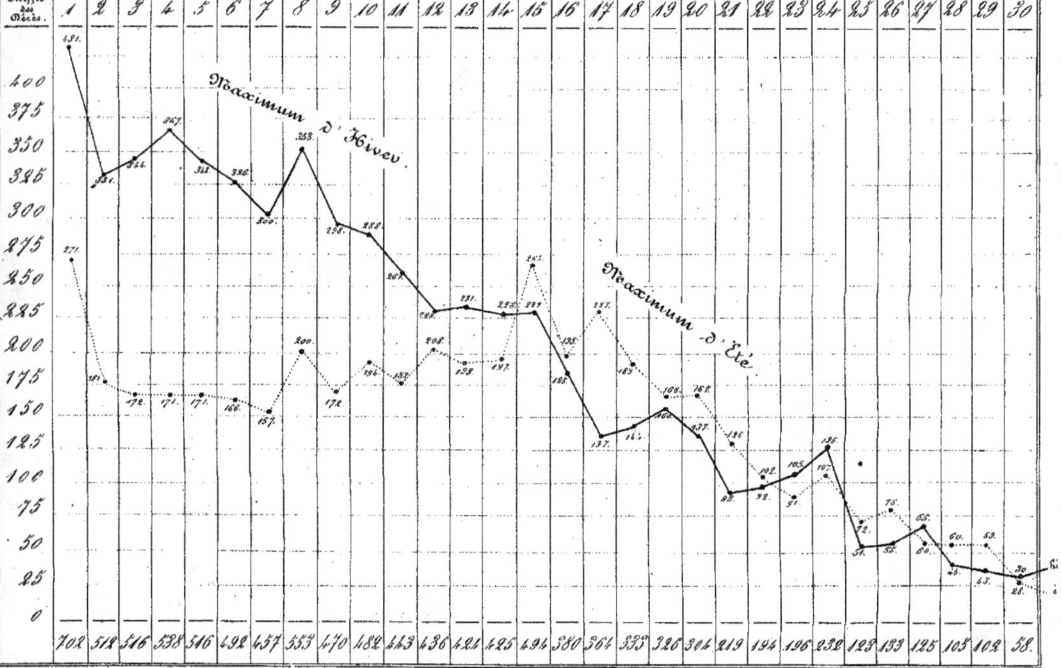

Le mois d'Avril est compris dans les six mois d'Hiver, et le mois d'Octobre dans les six mois de belle saison. Le maximum d'Hiver est principalement produit des maladies accidentelles engendrées par le froid. Le maximum d'été est dû en grande partie à la funeste influence du mode d'allaitement.

Total des décès 10,656.

deuxième jour, ne s'élève qu'à 264. La différence qui s'observe ne paraît pas excessive à la première vue; mais si on réfléchit à cette circonstance, que dans les trois premiers jours presque tous les enfants nouveau-nés sont chez leurs parents, et n'ont point encore été emportés par leurs nourrices, on reconnaît sans peine que la mortalité moindre des quatre premiers jours est prise sur la presque-totalité des naissances, tandis que le chiffre plus élevé observé après le cinquième jour n'est fourni que par les nouveau-nés qui n'ont point été emportés, ou qui sont élevés chez leurs parents, et que, par conséquent, il faudrait encore y ajouter les décès des enfants en nourrice. Ici donc le chiffre maximum est pris dans les circonstances les plus défavorables, il y aurait encore à y ajouter; le chiffre minimum des premiers jours, au contraire, tend à exagérer la mortalité; il y aurait même à en retrancher quelque chose, pour mettre une juste proportion entre le nombre des décès et le nombre des nouveau-nés dans la même localité.

Il convient de placer ici quelques remarques sur le maximum de mortalité que l'on rencontre fréquemment pour le premier jour. Il suit souvent la même progression que le maximun du cinquième au douzième jour; mais il n'a en quelque sorte qu'une valeur fictive; il dépend de causes multiples, qu'il faut bien apprécier pour déduire le chiffre réel de la mortalité de ce premier jour. Il comprend non seulement

1° Maximum du premier jour.

les enfants de zéro d'âge à un jour qui succombent à des vices de conformation ou à des lésions congéniales mortelles par elles-mêmes, mais encore les enfants viables qui, à raison de leur mauvais état de santé ou de leur faiblesse congéniale, meurent promptement faute de soins suffisants. Ces derniers devraient seuls entrer en compte pour la mortalité réelle du premier jour. On voit, d'après cela, que cete mortalité dépend de causes spéciales, différant en grande partie des causes qui produisent les deux maximum observsé dans le cours du mois.

2° Maximum d'été.

Il est vrai de dire qu'en hiver le maximum de la mortalité appartient aux quinze premiers jours ; mais il n'en est pas ainsi pendant l'été. Le maximum ne se présente pas, comme en hiver, au même degré de l'échelle du premier mois de la vie. Il existe une relation bien tranchée entre l'âge des nouveau-nés et l'époque de la saison où les décès ont lieu, ou bien, en d'autres termes, le maximum des décès subit des variations, par rapport à l'âge, suivant les saisons.

Par l'examen des courbes de statistique ci-jointes, on est d'abord frappé des différences qui existent, quant au nombre des décès, entre les mois d'hiver, novembre, décembre, janvier, février, mars, avril, et les mois d'été, mai, juin, juillet, août, septembre, octobre (1) ; mais on ne tarde pas à remarquer

(1) L'expérience prouve que le mois d'avril doit faire par-

les variations de position que subit le maximum des décès dans l'échelle des mois.

Le surcroît de mortalité qu'on voit en hiver est constitué principalement par un maximum qui ne s'observe pas en été, et, en général, ce maximum correspond du cinquième au quatorzième jour, il ne s'étend guère au delà ; il s'explique par la nature des affections qui dominent à cette époque de l'année. En été, au mois de juillet, par exemple, le maximum observé en hiver s'affaiblit, et s'efface presque complétement ; mais alors on voit le maximum s'établir plus bas, du douzième au vingt-deuxième jour environ. En hiver, ce second maximum se fait bien sentir, il coexiste avec le premier ; mais, en été, il augmente et s'observe seul. Il s'ensuit que le surcroît des décès en été n'a plus lieu du quatrième au quatorzième jour, mais bien à compter du douzième jour seulement ; il est expliqué à son tour par la nature des affections qui dominent dans cette saison, telles que les phlegmasies gastro-intestinales, le muguet, etc... S'il était permis d'emprunter à M. Villermé (1) l'expression d'une idée bien précise, on pourrait dire que la loi suivante résulte en quelque sorte des considérations qui précèdent : *En hiver, le maximum de la mor-*

3° Maximum d'hiver.

4° Loi générale de la mortalité de zéro d'âge à un mois.

---

tie des six mois d'hiver, et le mois d'octobre des six mois d'été.

(1) Rapport sur le second volume des *Recherches statistiques de la commission supérieure de Turin*, page 23.

talité de 0 d'âge à un mois tend à se rapprocher du moment de la naissance; en été, il tend à s'en éloigner. Il suffit, pour la démonstration de ce fait, de comparer le somme des décès par jours d'âge des mois d'hiver avec la somme des décès des mois d'été; par ce moyen, on saisit facilement les modifications que les saisons apportent dans l'âge des décédés. Afin de rendre les différences plus sensibles, on n'a qu'à dresser en courbes les six mois d'hiver parallèlement aux six mois d'été : on aperçoit tout d'un coup l'énorme proportion pour laquelle entrent les six mois d'hiver dans les décès des dix premiers jours de la vie. Par exemple, sur 702 décès d'enfants d'un jour, 431 appartiennent aux six mois d'hiver et 271 aux six mois d'été; sur 512 décès d'enfants de deux jours, 331 sont pour les premiers, 181 pour les seconds, et ainsi de suite. On voit, d'un autre côté, que le maximum d'été l'emporte sur celui d'hiver, ou bien, en d'autres termes, que les mois d'été, à leur tour, fournissent le maximum à compter du quinzième jour. Ce fait est non seulement établi par cette simple donnée de statistique, exempte de toute complication, mais encore il est confirmé par tous les documents que viennent fournir la physiologie et la pathologie.

Ces observations s'appliquent principalement aux mois extrêmes; le passage s'effectue d'une manière insensible par les mois intermédiaires. D'un autre côté, les variations qu'éprouvent les maximum dans les différents mois correspondent aux variations de température et d'humidité que subit l'atmosphère, suivant les saisons. Par là on se rend facilement compte des irrégularités qui peuvent survenir; mais il faut en même temps ne pas négliger l'influence des constitutions médicales sous forme épidémique.

5° De la mortalité dans les classes aisées et indigentes.

Dans toutes les classes de la société, le cours de la mortalité présente les mêmes particularités. Seulement, là où les ressources sont moindres, les causes de maladie agissent avec plus d'intensité, et les décès ont lieu en plus grand nombre; là aussi les variations du cours de la mortalité sont plus faciles à saisir. Si, dans les relevés faits d'après le douzième arrondissement de Paris, on arrive à démontrer d'une manière évidente et sur une plus grande échelle la marche véritable de la mortalité dans le premier mois de la vie, la statistique des onze autres arrondissements donne les mêmes résultats (1). Seulement il est bon d'observer qu'en compulsant les feuilles de statistique du douzième arrondissement, il a été bien plus facile de rassembler en un temps limité un nombre suffisant de décès, pour mettre en évidence les modifications que subit le cours de la mortalité du premier âge.

6° Écueil que la statistique doit éviter.

La statistique offre certains écueils qu'il faut faire

(1) L'auteur a dressé des courbes d'après les onze premiers arrondissements. Les résultats sont exactement les mêmes que ceux fournis par le douzième.

en sorte d'éviter. Ainsi la statistique qui a pour base le rapport des décès avec les naissances est le plus souvent incertaine. Ce rapport devient indispensable pour l'exposition comparative de la mortalité dans les douze mois de l'année ; mais les résultats laissent toujours à désirer. Les changements qui s'opèrent continuellement dans la population des différentes localités empêchent de dresser d'une manière rigoureuse la juste proportion qui doit exister entre les naissances et les décès. Ainsi beaucoup d'enfants sont emportés hors de Paris et meurent en nourrice, d'autres restent en ville ; mais il arrive souvent que, nés dans un arrondissement, ils viennent mourir dans un autre, dans le douzième, par exemple, s'ils sont apportés à l'hospice des enfants trouvés. Il n'était pas nécessaire, pour la question dont il s'agit, de rapporter le chiffre des décès à celui des naissances ; il suffisait tout simplement de distribuer dans chaque mois de l'année les décès d'après l'âge des décédés.

§ V. *De l'utilité et de l'application à faire de ces recherches de statistique.*

Rechercher les causes de la mortalité excessive de zéro d'âge à un mois, pour tâcher ensuite d'y porter remède, est le but de cette étude. A cet effet, il était d'abord utile de faire connaître dans ses détails le cours que suit la mortalité exceptionnelle de cette première période de la vie. Les recherches de statistique frappent l'attention, et révèlent des causes dont on soupçonnait à peine l'existence; les recherches physiologiques et pathologiques, comme on le verra tout à l'heure, en expliquent les fâcheux effets. C'est à ce double titre que les circonstances spéciales dans lesquelles se trouvent les enfants nés avant terme, et même à terme, excitent un intérêt tout particulier. Parmi les enfants nés avant terme, ceux que l'on parvient à élever ne sont pas transportés à l'état civil, appartiennent à la classe aisée, et sont l'objet de soins exceptionnels, dont la connaissance est fort peu répandue; ils sont soustraits avec grand soin à l'intempérie de l'air extérieur. Voltaire, par exemple, qui naquit avant terme, n'aurait très probablement pas vécu s'il avait été, dès les premiers jours, transporté à l'état civil. Il vint au monde le 20 février 1694; il était dans un état de débilité si grande qu'on fut obligé de l'ondoyer; il ne put être baptisé que le 22 novembre de la même année. Il en fut de même de Fontenelle : il était si faible qu'il ne parut pas pouvoir vivre une heure; on ne le transporta pas à l'église dès les premiers jours qui suivirent sa naissance. M. le duc de Montmorency, ainsi que nous l'a rapporté M. le professeur Chomel, naquit à six mois et demi, dans un état d'exiguïté tel, qu'il fut placé, entouré de coton, dans une boîte à eau de Cologne. Sous l'influence des plus grands soins d'incubation, il continua à vivre; il est devenu plus fort et plus robuste que ses frères venus à terme; il leur a survécu long-

Cas remarquables d'enfants nés avant terme.

temps, et est mort, il y a quelques années, dans un état de vieillesse avancé.

Des enfants nés à terme.

L'enfant né à terme n'est pas non plus dans les conditions de développement qui puissent le rendre propre à la vie indépendante; il est, de tous les animaux, celui dont l'organisation est la plus exposée à des accidents (1). La révolution que subissent les organes les plus importants du nouveau-né s'accomplit pendant les huit premiers jours de l'existence, période durant laquelle le repos et surtout une chaleur douce et toujours uniforme sont les conditions physiologiques les plus essentielles pour que la vie nouvelle achève de s'établir. Pendant cette période de temps, la calorification est si minime, et l'état de faiblesse si grand, que le nouveau-né perd promptement sa chaleur propre pour descendre au niveau de la température ambiante. C'est alors que, sensible à toute espèce de refroidissement, et incapable de suffire par lui-même à toutes les causes de déperdition qu'il éprouve, il contracte ou aggrave avec la plus grande facilité les affections qui sont la cause du maximum de mortalité qu'on observe, en hiver, pendant les quinze premiers jours de la vie.

Conséquences déduites de la statistique.

Les accidents qui peuvent résulter de la sortie prématurée du nouveau-né contribuent à augmenter non

(1) Voir dans les *OEuvres complètes de Buffon*, t. II, l'admirable description de l'état de l'homme à sa naissance.

seulement le chiffre des décès, mais encore le nombre des individus qui, par leurs infirmités, sont pendant toute leur vie à charge à l'état et aux familles. Aux yeux de quelques personnes, l'augmentation des décès n'est pas un mal, parce qu'elle peut mettre obstacle à l'accroissement de la population ; mais la diminution des gens infirmes ou malades, incapables de travailler, doit, aux yeux des mêmes personnes, être un sujet d'étude digne d'intérêt, car il en résulte aussi augmentation des individus impropres au service militaire, impossibilité d'arriver au contingent, encombrement de tous les établissements publics (hospices et autres), établissements dont l'entretien exige de grands frais sans profit pour l'état. Mais, en dehors du point de vue strict de l'utilité, les institutions civiles doivent être envisagées au point de vue de la moralité. Si l'augmentation de la population est un mal pour la masse, les moyens qu'on pourrait imaginer afin d'y remédier seraient toujours insuffisants. L'accroissement de la population est une loi naturelle, à laquelle nos moyens civils ne sauraient mettre obstacle. Toutes les petites mesures dont on voudrait maintenir l'existence n'auraient pour effet que de nuire à la santé, à la moralité publiques, et d'étioler les générations, sans pouvoir jamais en arrêter l'accroissement. Il n'y a que les émigrations, les guerres, et surtout les grands fléaux de la nature, tels que les épidémies, les inondations, les trombes, les ouragans, tremblements de terre, etc., etc., qui puissent arrêter l'accroissement des populations, ou même les anéantir. Les efforts que nous faisons alors pour diminuer l'intensité de ces fléaux restent toujours impuissants, et ne suspendent en aucune manière les effets de ces terribles catastrophes.

CHAPITRE II.

Des conditions physiologiques dans lesquelles se trouvent l'homme et les animaux à la naissance.

§ I. *Des conditions physiologiques en général.*

Travaux antérieurs.

Vers le milieu du XVIIIe siècle, Haller, dans ses éléments de physiologie, avait fait remarquer que la chaleur des animaux nouveau-nés était généralement moins élevée que celle des adultes. En 1824, Edwards (Williams) publia son ouvrage : *Influence des agents physiques.* Ses belles expériences sont venues mettre en évidence cette loi de physiologie applicable au premier âge, que la faculté productrice de la chaleur est en général trop faible chez les animaux à sang chaud qui viennent de naître pour que leur température puisse demeurer constante lorsqu'on les éloigne de leur mère, lorsqu'on les abandonne sans défense à l'action de l'air ambiant, et que, s'il est souvent fâcheux pour les adultes de changer d'air, de pays, de climat, le changement plus grand que subit l'enfant sortant du sein maternel doit le rendre encore plus susceptible d'affections graves et souvent mortelles.

M. le professeur Flourens, de son côté, dans un mémoire lu à l'Académie des sciences le 18 novembre 1829, vint établir par une série d'expériences que le froid chez tous les animaux naissants était la cause d'accidents; que la chaleur était la source de tout leur bien-être et la condition essentielle de leur existence. Il démontra par ces expériences le parti qu'on pouvait tirer de la pathologie comparée pour éclairer la pathologie humaine, en confirmant d'une manière aussi directe que décisive, et l'effet pernicieux du froid, et l'effet salutaire de la chaleur, et en indiquant, avec la dernière évidence, et où est la source du mal, et où est la source du bien.

En 1829, MM. Villermé et Milne Edwards firent à l'homme l'application des recherches d'Edwards (Williams) sur la production de la chaleur animale, et des expériences de M. Flourens relativement à l'action du froid sur les jeunes animaux. C'est à cette occasion qu'ils publièrent leur beau mémoire : *De l'influence de la température sur la mortalité des nouveau-nés*, présenté à l'Académie des sciences le 2 février 1829, et dans lequel, cherchant les rapports constants qui pouvaient exister entre l'état thermométrique de l'atmosphère et la mortalité des enfants pendant le premier âge de la vie, ils ont pu conclure de leurs recherches de statistique que le froid de même que les chaleurs excessives accroissaient d'une manière positive les chances de mort des nouveau-nés.

Le professeur Duméril, dans un rapport lu à l'Académie des sciences, de concert avec Fourier, a aussi insisté sur l'importance de cette question (1).

Beaucoup d'autres auteurs, en France et à l'étranger, se sont occupés de recherches relatives à la mortalité des nouveau-nés. De ces travaux, les uns ont rapport à la statistique, les autres à la physiologie. Parmi ces derniers se trouvent les recherches de Billard Dugès, Liebig, de MM. Magendie, Desprets, Andral, Gavarret, Roger (Henri), etc.

Divisions du chapitre.

Dans l'étude des conditions physiologiques des nouveau-nés, nous avons pensé qu'il était possible d'ajouter aux résultats déjà obtenus quelques considérations nouvelles, et c'est le but que nous nous sommes proposé en traitant successivement :

1° Du degré de développement que présentent les animaux en venant au monde, et des conséquences qui en résultent ;

2° Des conditions physiologiques dans lesquelles se trouve l'homme en naissant, à terme ou avant terme; de la révolution qui s'opère à la naissance dans ses organes les plus importants ; du temps nécessaire pour que cette révolution s'opère ;

3° De l'état thermométrique et de la calorification chez les nouveau-nés ;

4° De l'influence des conditions physiques et chimiques de l'atmosphère sur les nouveau-nés.

---

(1) *Annales des sciences naturelles*, 1re série, tome XIX, page 110.

§ II. *Des conditions physiologiques dans lesquelles se trouvent les animaux en venant au monde.*

1° Différents degrés de développement que chacun d'eux présente.

Tous les animaux, l'ovipare sortant de l'œuf, le vivipare expulsé de la matrice, ne sont pas parvenus au même degré de développement lorsqu'ils prennent naissance. Si quelques uns d'entre eux sont assez complets dans leur organisation pour entrer dès le principe en possession de la vie indépendante, la plupart ont besoin d'une incubation nouvelle pour achever leur développement. Après l'incubation utérine, il est de toute nécessité que l'animal vivipare soit soumis à une incubation secondaire, que l'on pourrait appeler incubation extra-utérine, par opposition à la première.

2° La chaleur est la condition essentielle de leur existence ; nécessité d'une incubation secondaire.

La chaleur pour les animaux naissants est la condition la plus impérieuse exigée par la nature dans cet acte secondaire d'incubation ; sans elle, la vie ne peut exister. Tous les efforts des êtres qui procréent ont pour but de la conserver, lorsque la calorification du nouveau-né est suffisante, et de suppléer à cette faculté, lorsque celle-ci est encore imparfaite.

Les animaux mettent bas dans les saisons où dominent la chaleur et les autres conditions atmosphériques les plus favorables au développement de leurs petits ; s'il existe quelques exceptions à ces lois, elles n'ont lieu qu'en apparence, et à l'égard d'individus dont la constitution est naturellement robuste.

Parmi le petit nombre d'animaux qui doivent jouir

immédiatement de la vie indépendante, ceux qui par quelque accident fortuit ne se trouvent pas assez développés ne tardent point à succomber faute de soins d'incubation, dont leurs parents n'ont pas reçu l'instinct, pour cette époque prématurée de la naissance. Les autres animaux, ovipares ou vivipares, au contraire, peuvent naître prématurément, et ils achèvent de se développer pendant l'incubation extra-utérine. Le degré de développement qu'ils atteignent au terme de la gestation utérine n'est pas le même pour tous; il varie suivant les espèces, et l'on voit des vivipares être régulièrement expulsés de l'utérus à une époque de développement si peu avancé que ce serait pour d'autres un véritable avortement.

3° Appareil complet d'incubation chez certains animaux.

Les animaux dont les petits sortent de l'utérus si peu développés à l'état fœtal, à l'état d'embryon suivant l'expression de Cuvier, nous offrent l'appareil le plus complet qu'on puisse rencontrer pour l'incubation extra-utérine. Tel est le cas de l'ordre entier des mammifères compris sous le nom de Marsupiaux. Voici en quoi consiste cet appareil :

A la partie inférieure de l'abdomen existe une poche formée par un repli de la peau garnie d'une partie osseuse, constituée par deux os appelés os marsupiaux. Cette poche est pourvue d'un appareil musculaire; elle peut s'ouvrir et se fermer à volonté, et à son intérieur est disposé merveilleusement tout l'appareil mammaire. Là sont reçus les petits à leur sortie de l'utérus, ils y trouvent réunies les conditions les plus favorables à l'incubation dont ils ont besoin : chaleur toujours égale, repos absolu, mamelons des tétines toujours à leur disposition. En moins de deux mois ils acquièrent le développement qui doit les rendre propres à la vie indépendante. A cette époque la poche s'entr'ouvre ; ils peuvent la quitter et y rentrer à volonté. Barton, à qui on est redevable d'observations intéressantes sur les mœurs des sarigues, eut occasion de rencontrer une femelle qui suffisait à la fois à deux portées, l'une tirant à sa fin et l'autre venant à commencer. Cette mère nourrissait sept petits déjà gros, assez forts pour vivre d'aliments solides. Ils allaient, venaient et recouraient encore aux tétines pour y puiser du lait, lorsqu'un jour la bourse se ferma et refusa de les admettre : elle était devenue le nouveau domicile de sept autres petits.

Tel est l'appareil d'incubation extra-utérine le plus complet. Cette description sommaire doit suffire pour en donner une idée.

4° Moyens artificiels d'incubation chez la plupart des animaux.

Chez le plus grand nombre des animaux la naissance a lieu à une époque beaucoup plus avancée : l'incubation, bien que nécessaire n'a pas besoin d'être aussi prolongée ni aussi parfaite ; et les organes incubateurs ne sont plus indispensables, ils peuvent manquer en partie ; mais alors l'instinct chez les animaux, l'intelligence chez l'homme, viennent suppléer aux organes qui manquent, et le but de la nature est toujours atteint.

Les animaux, guidés par l'instinct, nous offrent, en ce qui concerne l'incubation, des différences nombreuses ; mais il y a toujours harmonie entre la perfection des moyens incubateurs, bien qu'ils aient un type particulier suivant les espèces, et le degré de développement de l'embryon. Les petits des oiseaux et des mammifères, qui naissent moins développés, le plus souvent aveugles et nus, soumis à l'incubation dans un nid, arrivent au même degré de développement que celui qu'atteignent d'autres espèces dans l'œuf ou dans l'utérus. Et dans l'espèce humaine, l'enfant né avant terme, pourvu qu'il soit viable, peut être élevé, comme l'enfant à terme, s'il reçoit des soins d'incubation suffisants.

Chez les oiseaux, la perfection des moyens d'incubation est toujours en rapport avec le degré de développement de l'embryon, avec la nature des soins dont celui-ci a naturellement besoin à l'état physiologique. Ainsi les passereaux font des nids construits avec art, profonds, bien chauds, dans lesquels les petits, qui éclosent faibles et sans plumes, achèvent de se développer ; la femelle se tient toujours sur sa couvée, et souvent le mâle vient à son aide. Les gallinacées, au contraire, les palmipèdes, les échassiers, etc., ne construisent que des nids sans artifice, presque plats, moins chauds ; mais leurs petits naissent déjà formés, tout couverts de plumes, de sorte qu'ils ont à peine besoin de rester quelques jours dans le nid après l'éclosion. Il en est de même chez les mammifères : avant de mettre bas, ils choisissent une retraite convenable, et y construisent une couche qui a beaucoup d'analogie avec le nid des oiseaux ; ils y apportent d'autant plus de soin, que leurs petits sont moins avancés en venant au monde. Leur but principal est d'éviter l'humidité et le froid. Ils garnissent la couche de mousse, de feuilles sèches, de chaume, de plumes, etc. ; quelques uns s'arrachent parfois des poils pour en tapisser l'intérieur. Il y a toujours la même harmonie ; ainsi les carnassiers construisent leur retraite d'incubation avec bien plus de soin que les herbivores, qui naissent en général plus développés, et n'ont souvent pas besoin de soins incubateurs.

5° Animaux privilégiés.

Les animaux qui naissent plus développés, les yeux ouverts, et qui ont la faculté de calorification la plus grande, bien que leurs parents prennent moins de précautions pour les réchauffer, nous offrent un exemple qui doit profiter à l'espèce humaine : l'instinct maternel prescrit aux mères de se tenir continuellement sur leurs petits pendant les quatre ou huit premiers jours. Et cependant on rencontre chez eux l'organisation la plus complète, puisqu'ils peuvent déjà pourvoir à leurs besoins.

§ III. *Des conditions physiologiques dans lesquelles se trouve l'homme à la naissance.*

L'homme peut naître à deux états bien différents et vivre. S'il est né avant terme, il se trouve dans le cas des animaux nés prématurément : il a absolument besoin d'être soumis à une incubation minutieuse et prolongée, afin qu'il puisse atteindre le développement qu'il aurait dû acquérir avant de naître. S'il naît à terme, abandonné à lui-même, il ne saurait vivre; il n'est pas dans des conditions de développement qui puissent le rendre propre à la vie indépendante, comme il en est pour certains animaux. Les organes sensoriaux et locomoteurs sont chez lui fort incomplets, les organes centraux de la circulation subissent des changements dont la révolution exige un certain temps pour se compléter. Pendant ce temps, l'enfant, même né à terme, doit être soumis, à l'instar de ce qui a lieu chez les autres animaux, qui n'ont que l'instinct pour guide, à des soins particuliers; l'oubli de ces soins entraîne de graves inconvénients, même pour l'enfant qui naît dans les conditions physiologiques les plus favorables. « Si » quelque chose est capable de nous donner une idée » de notre faiblesse, a dit Buffon (1), c'est l'état où » nous nous trouvons immédiatement après la nais- » sance. Incapable de faire encore aucun usage de

(1) *OEuvres complètes*, t. XI.

» ses organes et de se servir de ses sens, l'enfant qui
» naît a besoin de secours de toute espèce. C'est une
» image de misère et de douleur; il est, dans ces pre-
» miers temps, plus faible qu'aucun des animaux; sa
» vie incertaine et chancelante paraît devoir finir à
» chaque instant; il ne peut se soutenir ni se mou-
» voir; à peine a-t-il la force nécessaire pour exis-
» ter, et pour annoncer, par des gémissements, les
» souffrances qu'il éprouve. »

1° *De l'enfant né avant terme; débilité de ses organes; besoin impérieux qu'il a d'une incubation prolongée.*

Nous verrons tout à l'heure que l'enfant né à terme présente des organes dont la disposition anatomique est incomplète, et dont les fonctions nouvelles ne s'établissent pas sans difficultés. Il en est ainsi à plus forte raison de l'enfant né avant terme, et les imperfections qu'on rencontre chez le premier existent à un plus haut degré chez le second. Celui-ci a donc besoin pour vivre des plus grands soins d'incubation. Je ne puis mieux établir ce fait qu'en rapportant les observations suivantes :

1° Observations d'enfants nés avant terme; soins minutieux dont ils sont l'objet.

Le 12 janvier 1844, à cinq heures du matin, par un temps de forte gelée, une dame habitant Paris, ayant déjà eu plusieurs enfants, accoucha de deux jumeaux du sexe féminin. L'un d'eux, remarqua-

1re *Observation.*

ble par son exiguïté, offrant à peine le développement d'un fœtus de six mois, ne vint au monde qu'après un travail assez long pour nécessiter l'application du forceps. L'autre, plus fort, suivit sans difficulté; il avait à peu près le développement d'un fœtus de sept mois et demi à huit mois, et paraissait réunir toutes les chances de viabilité. Dans les premiers moments, l'enfant né le premier fut abandonné à lui-même; la respiration néanmoins s'établit facilement, mais sa débilité était si grande, la vie paraissait chez lui si précaire, qu'il devint de suite l'objet principal de tous les soins. Pendant les quarante-huit premières heures, on employa tous les moyens qu'on put imaginer pour maintenir autour de ces deux êtres un degré de chaleur convenable. Ces moyens, d'abord imparfaits, furent promptement perfectionnés. Cependant, malgré tout, l'enfant venu au monde en dernier lieu, bien que le plus développé, succomba le second jour, et l'enfant le plus faible continua à vivre. On redoubla de soins et d'attentions pour entretenir cette existence éphémère. Ce pauvre petit être, d'une conformation apparente régulière, d'une constitution physique assez satisfaisante, c'est-à-dire sans émaciation ni embonpoint, avait vingt-huit centimètres de longueur. Emmailloté avec soin dans une couche de mousseline, recouverte de deux langes, l'un de molleton très fin, l'autre de laine très moelleuse, il fut placé, entouré de la tête aux pieds d'une peau de cygne bien fournie, doublée de soie, dans un berceau ouaté lui-même et garni de grands rideaux. Autour de l'enfant ainsi enveloppé, on plaça des bidons remplis d'eau chaude, un de chaque côté, un troisième aux pieds; on renouvelait l'eau avec soin, et constamment la température dans laquelle l'enfant se trouvait était de $+35°$ à $+40°$ centigrades.

Pendant les douze premières heures, on se contenta de lui faire avaler quelques cuillerées d'eau sucrée légèrement alcoolisée; il fut ensuite confié à une nourrice sur lieux. Six semaines s'écoulèrent avant qu'il parvînt à bien saisir le mamelon; la nourrice suppléait à cette alimentation insuffisante au moyen de quelques gouttes de son lait qu'elle faisait jaillir de son sein. Les trois premiers jours s'écoulèrent sans accidents; l'enfant était continuellement couché dans son berceau bien chauffé; on le levait pour l'approcher du feu, afin de le changer et de l'approprier sans qu'il pût éprouver le moindre refroidissement, et on le replaçait au plus vite dans son lit, car le plus petit mouvement semblait le fatiguer et augmenter son anxiété.

Du reste, toutes les fonctions paraissaient s'effectuer avec régularité; la sortie d'un méconium noirâtre ne s'était point fait attendre, l'excrétion de l'urine avait également eu lieu sans retard. L'état habituel de l'enfant était l'assoupissement; son réveil s'annonçait par de petits cris aigus, que l'on avait même peine à entendre, et l'on reconnut bientôt que ces cris annonçaient également une excrétion, et le besoin que l'enfant éprouvait d'être changé de linge, ce que l'on faisait avec le plus grand soin.

La déclaration de la naissance fut faite à la mairie; l'enfant ne fut pas présenté : il n'était pas transportable; il fut ondoyé promptement par un prêtre. Pendant trois mois entiers on continua les soins précédents avec la plus scrupuleuse exactitude. Nuit et jour deux personnes se tenaient auprès de l'enfant, épiant attentivement ses besoins, veillant sans cesse au maintien constant de sa température. Les digestions se faisaient facilement, sans vomissement; seulement l'enfant paraissait souvent tourmenté par des coliques qui lui arrachaient des cris. Vers la troisième semaine se manifesta une desquammation de l'épiderme correspondant aux membres inférieurs : la peau était rouge, crevassée, excoriée et très sensible au toucher; cette affection vint aggraver la position de l'enfant et persista près de six semaines. La vaccination fut pratiquée à l'âge de deux mois et ne donna lieu à aucun accident. Vers la fin du quatrième mois, on fut obligé de changer de nourrice. Le mois de mai arriva, sa température extérieure était très douce; l'enfant avait acquis de la force : on commença à lui faire prendre l'air à la croisée, qui était au midi, puis on ne tarda pas à le mener à la promenade. Vers le neuvième mois, quelques cuillerées à café de biscote cuite furent ajoutées à l'allaitement. A compter du mois de juillet, on supprima graduellement les bidons d'eau dont il était entouré dans son lit; on se contentait de faire nuit et jour à la cheminée un feu très modéré, dont on pût user pour changer le linge de l'enfant; on remplaça les couches de mousseline par des couches de toile fine. L'hiver suivant, qui fut assez froid, on continua à envelopper l'enfant dans du linge fin et vieux, entouré de langes de laine bien moelleux. On n'eut pas besoin de recourir aux bidons d'eau chaude. L'enfant à cette époque paraissait développer plus de chaleur et la conservait plus facilement. Seulement on remarqua qu'il se refroidissait la nuit avec facilité; il fallait pour le réchauffer que la nourrice le prît dans son lit et vînt ajouter à la température de l'enfant sa température propre. On ne peut se faire une idée de la multiplicité des soins dont il fut l'objet. La mère présidait à tout; elle veillait nuit et jour sur son enfant, toujours attentive à la moindre indication, au moindre souffle. Jusqu'à dix mois, l'enfant fut toujours emmaillotté : ce moyen parut le meilleur pour le maintenir chaudement. Néanmoins, à quatorze mois, il marcha presque subitement. A vingt-deux mois il avait pris du développement, de la force; sa santé était bonne, mais sa constitution était délicate, sa figure pâle; il avait surtout de remarquable un air sérieux. Toutes les fonctions se faisaient bien, le sommeil était profond et tranquille, il existait de l'embonpoint. L'enfant mangeait par jour plusieurs soupes au bouillon de bœuf et de poulet; on y ajoutait parfois un peu de viande hachée. A cette époque, on le sevra, sans qu'il survînt le moindre accident, et on lui fit suivre scrupuleusement un régime doux et léger, mais substantiel : côtelette de mouton rôtie et hachée, viande de poulet bouillie et hachée. Bien que la constitution fût délicate, la santé se maintint toujours bonne, et tout le corps prit du développement. Aujourd'hui, 6 janvier 1847, cette petite fille, âgée de trois ans, est au niveau des enfants de son âge ; elle est extrêmement vive et intelligente, très gaie, et ne conserve plus de trace de l'état précaire qu'elle avait présenté au début de la vie. La dentition seule est en retard ; les premières dents, quatre incisives, n'ont paru qu'à dix-huit mois ; il n'en existe encore que douze, huit incisives, et quatre petites molaires.

Le 21 janvier 1846, naquit dans la ville de Nancy, à la suite d'un accouchement prématuré et laborieux, un enfant remarquable par son exiguïté. Il pesait 1,500 grammes, avait trente et quelques centimètres de longueur, et ne portait aucune trace d'ongles ni aux pieds ni aux mains. D'après l'opinion du médecin, et suivant les supputations des parents, cette petite fille ne devait avoir que six mois et demi environ d'existence utérine. A part son exiguïté, elle avait une conformation régulière et satisfaisante. Pendant les dix minutes qui suivirent l'accouchement, la viabilité de l'enfant fut douteuse. Il respirait avec peine et ne pouvait pousser aucun vagissement. Il fut immédiatement plongé dans un bain d'eau tiède alcoolisée, lavé et frictionné avec soin. Sous *2e Observation.*

l'influence de ces moyens, la respiration s'établit, et l'on put espérer de la conserver. Pendant les huit et même les quinze premiers jours, ce ne fut qu'incertitude et craintes. Les forces vitales étaient si languissantes que le plus souvent on désespérait de revoir le lendemain cet être qui donnait à peine quelque signe de vie. Nuit et jour la température de la chambre fut maintenue à une hauteur toujours égale, à quinze degrés pour le moins. On n'eut pas l'idée d'avoir un thermomètre pour apprécier au juste le degré de température, et de la chambre et de l'intérieur du berceau. Ce dernier était ouaté, doublé, et recouvert par des rideaux d'une étoffe de laine. Deux cruchons qu'on remplissait d'eau à 80° centigrades environ étaient constamment tenus, l'un devant le feu, l'autre dans le berceau aux pieds de l'enfant; quelquefois même ils étaient tous deux dans le berceau, de chaque côté du corps. Malgré la précaution qu'on avait de renouveler souvent l'eau des cruchons, il était rare qu'au bout de deux à trois heures les pieds de l'enfant eussent conservé une température convenable; aussi avait-on pris l'habitude, pour activer la circulation, qui paraissait toujours languissante, de démaillotter l'enfant de temps en temps devant un bon feu, et de malaxer légèrement ses membres avec les mains, ou de les frictionner avec de la laine. Quand on renouvelait l'air de l'appartement, le berceau, bien fermé, était abrité sous de grands rideaux ou transporté dans une chambre voisine. Trois mois s'écoulèrent avant que l'enfant fût exposé à l'air extérieur; il n'avait point été porté à la mairie pour la présentation, et il ne fut transporté à l'église pour le baptême que dans le cours du quatrième mois; on l'avait ondoyé. A toute heure du jour et de la nuit, aussitôt qu'il était humide, on le prenait, et immédiatement il était essuyé, lavé, séché, saupoudré de lycopode, changé de linge. Aussi les chairs ont-elles toujours été parfaitement saines. A ces soins de propreté vint s'ajouter l'usage des bains. Trois fois par semaine on lui donnait des bains d'eau de son à la température de 26 à 30° centigrades. La durée du bain, d'abord de 15 à 20 minutes, fut bientôt poussée jusqu'à 30.

Pendant les trois premiers jours, l'enfant ne prit pour toute nourriture que quelques cuillerées d'eau sucrée. Il était plongé dans un sommeil ou plutôt dans une torpeur continuelle. La mère, forte et bien constituée, désirait être nourrice. Quand le lait parut, l'enfant fut trop faible pour prendre le sein. Alors la mère tirait elle-même de son lait à l'aide d'une pipette en verre, et en donnait quelques cuillerées à café à son enfant. Ce fut seulement vers le neuvième jour que celui-ci put saisir le sein; mais la succion s'opérait d'une manière si imparfaite que la mère fut encore obligée de tirer de son lait pour le lui faire boire. Ce ne fut guère qu'au bout de trois semaines qu'il put assez bien téter pour se nourrir. Comme il était continuellement assoupi et que la faim ne l'éveillait point, on lui donnait régulièrement toutes les deux ou trois heures un peu de lait. Un jour on voulut respecter son sommeil, on crut devoir attendre quatre heures ; on trouva l'enfant pâle, inanimé ; on éprouva une peine inimaginable pour le tirer de sa torpeur. Aussi, dès ce moment, on le réveillait régulièrement pour lui faire prendre ses repas. Pendant les deux premiers mois, le lait de la mère fut assez abondant et assez substantiel ; mais, au troisième mois, il devint moins abondant ; il fallut songer à joindre à l'allaitement naturel l'allaitement artificiel. Dans le voisinage de la maison se trouva une laitière, qui soir et matin fournissait du lait de la même vache. Ce lait naturel était mêlé avec de l'eau de gruau et du sucre. On avait adopté un biberon très simple et très commode.

A mesure que la belle saison avançait, l'enfant se développait et se fortifiait ; les soins subissaient des modifications convenables et graduées. Par exemple, ses vêtements devinrent plus légers, les promenades au grand air plus longues. Enfin, à partir du mois de mai, on l'habitua peu à peu à passer la journée au jardin, libre et demi-nu, couché sur une large paillasse, et exposé à toutes les influences bienfaisantes de la lumière, de la chaleur, de la verdure et des couleurs. A neuf mois (octobre 1846), il est au niveau des enfans de son âge ; il a six dents, sa santé est parfaite ; à deux ans, il ne présente aucune trace de sa faiblesse congéniale ; c'est un enfant superbe, très gai et très intelligent.

Enfant de Mme ***, du sexe masculin, né à sept mois au plus d'existence utérine, d'après le dire de M. le professeur Moreau, accoucheur de cette dame, le 20 mars 1847, à neuf heures du matin : état d'asphyxie, respiration très lente à s'établir, chance de vie fort incertaine pendant les huit premiers jours, soins les plus minutieux mis en pratique. *3e observation.*

L'enfant est entouré de mousseline et de ouate durant plusieurs semaines; il est continuellement ou tenu sur les genoux devant un bon feu, ou placé dans un berceau bien garni, avec deux bidons d'eau chaude, un de chaque côté; la chambre est chauffée jour et nuit. M. Moreau avait strictement défendu le transport de l'enfant à la mairie pour la présentation; on vint constater la naissance à domicile (3e arrondissement). La première sortie n'eut lieu que deux mois après la naissance (fin mai).

Le 21 janvier 1848, ce petit être est bien portant, il est à peu près au niveau des enfants de son âge; il a six dents, il tète encore, et offre les meilleures chances de vie qu'on puisse désirer.

Les observations que je viens de rapporter doivent suffire pour établir la nécessité et la nature des soins incubateurs dont il faut entourer les nouveau-nés. Les faits de cette nature doivent aussi servir à combattre l'idée que les enfants nés prématurément ne constituent que des êtres faibles et délicats, qu'il faut dès le principe abandonner. Parmi les faits qui pourraient trouver place ici, nous rappellerons les observations de

Voltaire, de Fontenelle, du duc de Montmorency, déjà citées page 60.

Application à faire de ces recherches à l'éducation des nouveau-nés.

Nous ne multiplierons pas les observations, et nous nous bornerons à répéter que la statistique met hors de doute les tristes résultats que l'on observe pour les enfants nés prématurément dans la classe indigente. Les soins d'incubation sont le plus souvent nuls, ou insuffisants, ou fort irréguliers. L'enfant né avant terme doit être soumis à une chaleur beaucoup plus grande que l'enfant né à terme. A cet égard, on a lieu d'être étonné qu'à Paris, dans l'hospice des Enfants-Trouvés, qui est un établissement modèle, il n'existe pas pour les enfants nés avant terme des salles spéciales convenablement disposées et dont la température soit maintenue à un degré convenable. La salle dite de la Crèche, par exemple, reçoit tous les enfants indistinctement; la température qu'on y observe est fort insuffisante pour les enfants nés avant terme; ils exigeraient une température de 10 à 15° plus élevée.

Salle de la Crèche à l'hospice des Enfants-Trouvés de Paris.

Maison impériale d'éducation à Saint-Pétersbourg.

En Russie, dans la maison impériale d'éducation de Saint-Pétersbourg, ainsi appelée parce qu'elle est placée sous le patronage et la direction spéciale de l'impératrice, les mesures les plus minutieuses sont prises pour assurer sans interruption aux enfants abandonnés les bienfaits d'une douce température. On peut lire des détails intéressants à ce sujet dans le premier volume de l'ouvrage de M. de Gouroff. Quand ces enfants sont transportés chaque matin dans la maison centrale, les berceaux, les langes, sont chauds, et les voitures chauffées avec le plus grand soin. On prend les mêmes précautions à leur arrivée dans la maison principale.

§ II. *De l'enfant né à terme.*

Du temps nécessaire à la révolution qui s'opère dans ses organes.

L'imperfection de la calorification, l'état de faiblesse générale chez le plus grand nombre de mammifères nouveau-nés, et chez l'homme en particulier, se trouvent en rapport avec les changements qui s'opèrent dans les fonctions des organes les plus importants à la vie. Les organes de la respiration et de la circulation, agents principaux de ce nouvel acte, subissent des modifications dont l'étude offre quelque intérêt. La respiration se fait d'abord d'une manière fort incomplète. La circulation par le trou de Botal ne s'interrompt pas immédiatement; le canal artériel reste aussi accessible à du sang fluide. Le sang doit pouvoir refluer et s'échapper par quelque voie collatérale; il ne peut dès le principe traverser en totalité le poumon : s'il arrivait tout d'un coup et en trop grande quantité à travers le tissu de cet organe, il en résulterait des accidents encore plus fréquents que ceux qu'on a occasion d'observer. Mais tout dans l'organisation doit s'enchaîner, et la disposition des parties et l'exercice de leurs fonctions : une révolution brusque et inattendue viendrait interrompre l'ensemble et l'harmonie des phénomènes de la vie indépendante qui s'établit. Les irrégularités que présentent alors ces fonctions importantes nous fournissent l'explication de l'état précaire du nouveau-né, et servent à démontrer la nécessité des soins dont on cherche à l'entourer.

Changements que subissent les organes de la respiration.

Les changements que subissent ces organes n'arrivent pas tout d'un coup ; ils varient, quant au degré, en raison de l'individualité et de diverses circonstances dont on doit tenir compte. Il est un fait dont on peut facilement se convaincre par la simple inspection du thorax, c'est que les phénomènes mécaniques de la respiration ne sont bien établis que quelques jours après la naissance. La voussure et la distension latérales de la poitrine sont d'abord peu sensibles, et la dilatation du thorax ne paraît guère s'effectuer que par l'abaissement du diaphragme ; elle n'est, en quelque sorte, que partielle, et en rapport avec la pénétration de l'air dans les vésicules pulmonaires. En effet, la respiration ne s'effectue pas d'une manière simultanée et uniforme dans toutes les parties du poumon. On a vu certaines portions de cet organe, ou même un poumon tout entier, ne point être susceptible de surnager, quoique l'enfant ait vécu, respiré et crié, non seulement pendant plusieurs jours, mais même pendant six semaines. Ainsi Torres (1) a rapporté des cas dans lesquels des poumons d'enfants qui avaient vécu douze jours gagnaient le fond de l'eau : la masse non encore rem-

(1) *Mémoires des savants étrangers*, t. 1, p. 147, 148.

plie d'air l'emportait par son poids sur celle dans laquelle ce fluide s'était introduit. Meckel a cité aussi des exemples d'enfants de quatre et six semaines chez lesquels des portions de lobe pulmonaire, et même des lobes entiers, sains en apparence, avaient été absolument incapables de surnager. L'état particulier que présente alors le tissu pulmonaire doit être rapporté à ce que M. le docteur Legendre a compris sous la dénomination d'état fœtal des poumons. La non-pénétration de l'air est la cause directe la plus générale de cet état, mais elle peut dépendre de causes très variées. On a reconnu généralement que la partie supérieure des poumons respirait plutôt que l'inférieure : elle est, en effet, plus rapprochée de la trachée artère ; l'observation est venue également démontrer que, chez les enfants qui succombaient peu de temps après la naissance, on trouvait souvent que le poumon droit surnageait très bien, tandis que le gauche ne surnageait pas, ou ne le faisait que d'une manière imparfaite. Dès l'année 1765, Portal avait cherché à prouver que le poumon droit respirait le premier, parce que la bronche droite était plus ample, plus courte, plus libre que la gauche, qui se trouvait placée au dessous de la crosse de l'aorte. D'autres causes accidentelles très variables peuvent par leur action toute mécanique avoir une influence très grande sur l'établissement de la respiration : la présence de quelques mucosités peut empêcher le libre passage de l'air dans une ramification bronchique,

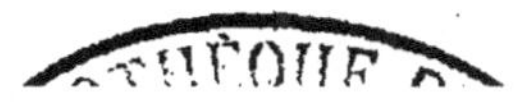

et s'opposer à la dilatation de la partie correspondante du poumon. La compression accidentelle d'un côté du thorax peut entraver la respiration; le décubitus de l'enfant sur un côté du corps au moment de la naissance peut gêner la dilatation du côté correspondant de la poitrine, sans qu'il y ait le moindre état pathologique; dans le cas de faiblesse native, il pourra en être de même de la constriction trop forte exercée par le maillot, de l'immobilité à laquelle sont condamnés les enfants, et du décubitus, quel qu'il soit, dorsal ou latéral trop long-temps prolongé, etc. D'après ce qui précède, on peut déjà considérer 1° l'absorption moins grande d'oxygène, 2° la faculté peu développée de produire de la chaleur, comme les conséquences naturelles des irrégularités que présente l'établissement de l'acte respiratoire au début de la vie.

Changements qui s'opèrent dans les organes de la circulation.

Oblitération du trou oval, dit de Botal.

Au terme de l'incubation utérine, le trou de Botal, qui dans le principe était une large ouverture de communication entre les oreillettes, a acquis des dimensions bien moindres et a fait de grands progrès vers son oblitération; les valvules qui doivent servir à le fermer se sont développées. Si, dans quelques circonstances, on a trouvé cette ouverture oblitérée dès le jour de la naissance, il est bien plus commun de la rencontrer béante de manière à permettre facilement le passage du sang d'une oreillette à l'autre. Tant que le sang qui arrive dans l'oreillette droite rencontre des obstacles à sa libre circulation à travers les poumons, tant que la circulation dans le cœur est irrégulière et mal établie, les replis valvulaires du trou de Botal ne suffisent pas pour résister à l'effort qu'ils ont à supporter; ils ne sont pas encore maintenus dans le contact nécessaire pour que leur adhérence puisse s'effectuer, et le sang continue à traverser cette ouverture, dont l'oblitération complète se fait attendre un temps très variable. Cette oblitération coïncide la plupart du temps avec la fin de la première année; mais l'interruption complète du cours du sang par cette ouverture a lieu beaucoup plus promptement; elle s'effectue dans les premières semaines de la vie, et on pourra se faire une idée plus juste des changements que subit la disposition de ces parties en jetant un coup d'œil sur le tableau suivant :

ETAT DU TROU DE BOTAL CHEZ LES NOUVEAU-NÉS.

Nombre d'enfants observés.	Age.	Trou de Botal tout à fait libre.	A moitié libre.	Oblitéré.
18	1 jour	14	2	2
22	2 id.	15	3	4
22	3 id.	14	5	3
27	4 id.	17 (6 très large)	8	2
29	5 id.	13	10	6
20	8 id.	5	4	11

Oblitération du canal artériel.

Dès que la respiration a commencé, la circulation par le canal artériel ressent son influence. Ce canal, par suite de la dilatation des poumons, change de direction; il devient plus horizontal, il s'allonge d'avantage, et cet allongement tend naturellement à rétrécir son calibre. Dès la première inspiration, d'après Bernt, il éprouve dans son orifice aortique un rétrécissement qui lui fait prendre la forme d'un cône ; et, d'après Jennings, son volume, qui est à peu près celui du tronc de l'artère pulmonaire, se réduirait instantanément, à la faveur de l'élasticité de ses parois, à tel point que ce ce canal prendrait non seulement la forme conique, mais qu'il présenterait à peine le diamètre d'une des branches de cette même artère. Il s'oblitère beaucoup plus promptement que le trou oval, et son oblitération marche par degré de l'aorte vers l'artère pulmonaire. Dès le second jour il est sensiblement plus étroit, dès le troisième il renferme ordinairement un caillot (1), et au bout de deux mois il est converti en un cordon fibreux. Chez le poulet, Vicq d'Azyr a observé que le canal artériel droit s'oblitérait le quatrième jour après l'éclosion, et le gauche au sixième (2). Voici un tableau dans lequel se trouvent rassemblés les résultats fournis par l'examen du canal artériel sur 140 fœtus âgés de 1 à 8 jours.

---

(1) Burdach.

(2) Bulletin de la société Philomatique, tome I, page 50.

ETAT DU CANAL ARTÉRIEL CHEZ LES NOUVEAU-NÉS.

Nombre de sujets observés.	Age.	Nul travail d'oblitération. Sang fluide.	Oblitération commençante.	Oblitération complète.
20	1 jour	14	4	2
22	2	13	6	3
22	3	15	5	2
27	4	17	7 (simple pertuis)	3
29	5	15 (10 larg. ouverts)	7 id.	7
20	8	3	6 id.	11
140	23	77	35	28

§ IV. *De la chaleur vitale et de la calorification chez les nouveau-nés.*

L'examen que nous venons de faire de ce qui se passe dans les organes les plus importants à la vie organique du fœtus met en évidence l'imperfection de la circulation et de la respiration aux premiers jours de la vie, et vient confirmer les résultats qu'a obtenus Edwards (Willams) de ses expériences. La source principale de la chaleur est dans l'acte respiratoire, le sang artériel sortant du poumon présente le maximum de la température animale, et la calorification se trouve toujours en rapport avec l'amplitude et la perfection de la respiration; or ce n'est

De la caloricité chez les animaux

De l'état languissant de cette faculté chez les nouveau-nés.

guère avant le quinzième jour que les fonctions respiratoire et circulatoire sont bien établies chez l'homme; aussi avant cette époque la faculté de produire de la chaleur est-elle très minime. Les autres fonctions sont également languissantes, elles ne viennent pas coopérer pour leur juste part à la calorification ; cet état de langueur se prolonge, et les soins dont les nouveau-nés ont besoin d'être entourés pendant un temps plus ou moins long viennent suppléer au défaut de leur influence. Le nouveau-né est dans un état de somnolence continuelle et de repos absolu; cet état, même chez l'adulte, nuit à production de la chaleur animale. Hunter a évalué l'abaissement de celle-ci à un degré et demi. Les conditions les plus favorables à la calorification résultent de la pleine activité de toutes les fonctions. Or la plupart de ces fonctions sommeillent chez le nouveau-né, l'innervation est presque nulle, les organes des sens ne fonctionnent pas, la locomotilité est restreinte à quelques mouvements partiels.

De l'état thermométrique et de la colorification de zéro d'âge à un mois.

La moyenne de la chaleur humaine à l'état physiologique est généralement portée à +37° centigrades. Quant à l'appréciation de la température chez les nouveau-nés du premier au quinzième jour, on rencontre quelques différences dans les estimations données par les expérimentateurs. Ainsi Liebig la porte à +39° centigrades, sans indiquer, il est vrai, les expériences par lesquelles il justifie ce chiffre élevé (1). La moyenne établie par Edwards (W.) est de +34°,75 centigrades, les limites des variations ayant été de 34° à 35°,06 centigrades (2). M. Despretz, auquel la science doit beaucoup pour l'étude des lois de la chaleur, la porte à +35°,50 centigrades après la naissance (3). M. Henry Roger, médecin des hôpitaux, dans des expériences assez récentes, sur vingt enfants âgés de une minute à deux jours et bien portants, a trouvé pour moyenne +36°,68 centigrades. Mais s'il a dû conclure de ses expériences que la chaleur du nouveau-né était plus forte que ne l'avait indiqué Edwards, il a ajouté : « Nous sommes tout à fait d'accord avec cet observateur si » consciencieux et si habile sur la tendance au re» froidissement, beaucoup plus grande dans les pre» miers jours de la vie; de sorte qu'on peut dire » avec lui que la faculté de produire de la chaleur est » chez l'enfant nouveau-né à son minimum, et qu'elle » s'accroît successivement (4) ». De notre côté, nous avons obtenu pour moyenne 36°,25, les limites de

---

(1) *Chimie organique*, traduction de C. Gerhardt. Paris, 1842.

(2) *Loc. cit.*, p. 23.

(3) *Recherches expérimentales sur les causes de la température animale; Annales de chimie et de physique*, tome XXVI, p. 335.

(4) *De la température chez les enfants à l'état physiologique et pathologique*, page 15. Extrait des *Archives générales de médecine*, 1844 et 1845.

température ayant été de 35°,50 à 37° centigrades.

Quelles sont maintenant les conditions de température de l'enfant né avant terme? Chez lui, la tendance au refroidissement est excessive. La chaleur est l'élément le plus précieux de son existence. On a pu en juger par les observations précédentes. Edwards (W.) a trouvé + 32° centigrades chez un enfant né à sept mois depuis deux à trois heures (1). M. Roger, sur un enfant de six mois, une minute après la naissance, a observé +36° centigrades, inférieure de 0,25 à celle de sa mère (2). Dans les premiers jours d'avril dernier, chez un enfant chétif et faible, paraissant né quelques semaines avant terme, j'ai trouvé, dix heures après l'accouchement, +35°,7 centigrades, la température extérieure étant de 17°, et les jours suivants 36°,25. Chez un autre enfant, robuste et fort, né à terme, à quelques jours d'intervalle, la température dans les premiers jours a été de 37°,5.

MM. Nonat, Roger, etc., m'ont dit avoir constaté, lorsqu'ils étaient chargés du service des nourrices, que la température des nouveau-nés observée dans les premiers jours était d'autant moins élevée que l'enfant était venu au monde à une époque moins avancée, c'est-à-dire que chez eux la faculté de produire la chaleur était moindre.

---

(1) *Agents physiques*.

(2) *De la température chez les enfants*, 1844, page 19.

Remarque importante sur l'exacte appréciation de la chaleur vitale propre au premier âge.

Un point essentiel pour apprécier à leur juste valeur ces différentes expériences serait d'observer d'une manière bien distincte : 1° la température de l'enfant immédiatement après l'accouchement ; 2° la température qu'il présente du premier au huitième jour et au delà, en tenant compte toutefois de l'influence des moyens incubateurs employés. La première n'est pas sa température propre, elle lui est en grande partie communiquée par sa mère ; la seconde lui appartient, elle peut être considérée comme dépendant de sa caloricité particulière. Ainsi M. Roger (Henry) oppose au fait de M. Edwards (W.), de 32° centigrades observés dix heures après la naissance chez un enfant né à sept mois, le fait d'un enfant né à six mois, dont la température est prise immédiatement après l'accouchement. Les circonstances ne sont plus les mêmes ; elles ne sont pas comparables. M. Roger, d'autre part, avance que d'après ses expériences la température lui a paru indépendante de la respiration et de la circulation ; il tire sa conséquence de la fréquence des mouvements respiratoires et des battements du cœur. Mais la fréquence de la respiration n'indique pas son amplitude ; elle indique le plus souvent au contraire la gêne et l'imperfection de cette fonction, de même que la fréquence des battements du cœur indique quelque trouble. C'est l'amplitude de la respiration qui comprend le degré de pénétration de l'air dans les poumons et le degré d'hématose.

De la tendance qu'ont les jeunes animaux à perdre leur chaleur sans pouvoir la remplacer par eux-mêmes.

Quoi qu'il en soit, la température du nouveau-né, qu'il se trouve à terme ou avant terme, est de beaucoup supérieure à la température habituelle de l'atmosphère. C'est à la faculté qu'ils ont de produire de la chaleur que les animaux à sang chaud doivent la possibilité de maintenir leur température à peu près constante, malgré les fluctuations du milieu dans lequel ils vivent, et ils sont d'autant plus exposés à se refroidir que la calorification chez eux est moins développée. Cette faculté varie suivant les individus, suivant l'activité et la régularité de leurs différentes fonctions. A cet égard, les nouveau-nés sont dans les circonstances les plus défavorables, en raison de l'état de faiblesse de leur force vivante; ils perdraient promptement leur chaleur propre, et descendraient au niveau de la température ambiante, s'ils ne se trouvaient continuellement en contact avec d'autres corps vivants ou inertes qui puissent leur communiquer de la chaleur, ou leur conserver celle qu'ils possèdent déjà par eux-mêmes. Ils sont incapables de suffire par eux-mêmes à toutes les déperditions qu'ils éprouvent. « C'est une chose remarquable, a dit Dugès, que la facilité avec laquelle les nouveau-nés » se refroidissent, surtout lorsqu'ils sont nés avant » terme. Eloignez-les quelque temps du feu dans » une chambre peu chaude, et bientôt, quoique bien » couverts, vous trouverez les mains, les pieds et la » face glacés. »

Mais la Providence a voulu que les nouveau-nés

fussent soumis à une incubation nouvelle, qui a pour but de maintenir le degré température nécessaire à leur développement, de les mettre à même de remplacer par eux-mêmes ou de recevoir la chaleur qu'ils perdent ou qui leur manque.

§ V. *De l'influence qu'exercent sur les nouveau-nés les conditions physiques et chimiques de l'atmosphère.*

I. Des conditions physiques de l'atmosphère comme agent malfaisant.

Afin de mieux apprécier les effets malfaisants que produisent les différents états de l'atmosphère sur l'organisme délicat des nouveau-nés, il est utile d'examiner, pour point de comparaison, l'état moyen de l'atmosphère qu'on appelle tempéré et qui est celui du printemps et d'une partie de l'automne. Cet état moyen de l'atmosphère est de + 17,5 therm. centig. sous une pression de 0,^{m}76, et environ vers le 30e ou 40e degré de l'hygromètre de Saussure. Ces limites ne sont cependant pas tellement rigoureuses, que l'on ne puisse supposer quelques degrés au dessus ou au dessous, sans un grand inconvénient. Les propriétés de l'air, qui tiennent à sa pesanteur, à sa pression, à sa densité, sont à peu près toujours uniformes et offrent des variations trop peu appréciables dans une même localité pour qu'elles puissent avoir une influence marquée sur l'existence ; mais il n'en est pas de même des différents états thermométriques ou hygrométrique que l'atmosphère peut présenter. Les deux conditions de l'air atmosphérique qui ont le plus d'influence sur l'organisme sont relatives, d'un côté, à la chaleur et au froid, de l'autre à la sécheresse et à l'humidité. Ce sont ces deux conditions que les animaux, guidés par l'instinct, cherchent le plus à modifier, et sur lesquelles il est nécessaire de fixer l'attention.

1° De la température de l'air ambiant comparée à celle des nouveau-nés.

Le calorique n'exerce pas sur nos organes une action purement physique : car, s'il en était ainsi, il s'ensuivrait, d'après sa tendance à l'équilibre, que la chaleur du corps humain évaluée à + 37° centigr. abandonnerait le corps toutes les fois que l'air se trouverait au dessous de ce degré, et que nous devrions en conséquence éprouver la sensation du froid. Il s'ensuivrait encore que le degré où le froid cesserait de se faire sentir sur nous serait le 32e degré ; et cependant il s'en faut de beaucoup que les choses se passent ainsi. L'air fait sur nos organes l'impression d'un corps chaud dès qu'il atteint le 25e degré cent., et la plus grande chaleur de l'atmosphère, dans nos contrées, n'excède pas le 40e ou 40e,5 degré centigrade ; il faut admettre une force vivante qui lutte contre ces lois physiques, et « cette force c'est la vie », a dit le professeur Rostan.

L'air est réputé chaud dès qu'il parvient au 25e degré centigr. et au delà. La chaleur la plus élevée de

(1) En été, au soleil, nous avons vu + 48° centigr. au thermomètre de M. Chevalier.

l'atmosphère du globe terrestre n'excède pas le 40e degré centigr. (1) ; il est réputé froid à la température de + 7° centigr., surtout lorsque le passage s'effectue d'une température élevée à un degré inférieur : tel est le cas des enfants naissants.

La moyenne température de l'air extérieur, la plus convenable pour les adultes, est de + 14, 15, 16 à + 17° centig. ; elle se trouve insuffisante pour les jeunes animaux. La moyenne de la température de l'utérus chez la femme immédiatement après l'accouchement a été de 37°,06° centigr. dans des expériences faites à l'Hôtel-Dieu de Paris (2).

M. Gavarret a rencontré 40° centigr. chez une brebis.

Granville (3) prétend avoir constaté chez la femme 49° centigr. dans la matrice pendant les contractions utérines, et 46° centigr. après l'accouchement; on est porté à croire qu'il y a eu erreur.

Le passage de la température utérine à la température atmosphérique ne peut s'opérer que d'une manière insensible, de telle sorte que la calorification ait le temps de faire quelques progrès.

2° De la température la plus favorable au développement des jeunes animaux.

La chaleur de la poule qui couve est de + 40° centigrades (32° Réaumur) ; on peut se faire une idée de la température la plus favorable aux éclosions

(1) En été, au soleil, j'ai vu + 48° centig. au thermomètre de Chevalier sur le Pont-Neuf.

(2) *Mémoires* de M. Roger, p. 153.

(3) *Homes lectures*, t. V, p. 208.

et aux incubations antérieures et postérieures à la naissance, en jetant un coup d'œil sur le tableau suivant :

+ 35° centigr.	(28° Réaum.)	chaleur trop faible.
+ 37°,5	30°	chaleur faible.
+ 40°	32°	chaleur la plus convenable (chaleur de la poule qui couve).
+ 42°,5	34°	chaleur forte.
+ 45°	36°	chaleur trop forte.

Au dessus de + 50° l'albumine, qui forme la base principale des embryons, tend à se coaguler et à se rapprocher des conditions incompatibles avec la vie.

La moyenne la plus convenable au développement des jeunes animaux est de + 30° à + 40° centigr. ; tel est du moins le degré de température que doivent présenter les nouveau-nés : lorsqu'il n'existe pas, tous les efforts doivent être dirigés pour le produire. Les animaux, guidés par leur instinct, cherchent à l'obtenir, et l'homme, éclairé par son intelligence, met à sa disposition tous les moyens de tempérer la rigueur des saisons, et de modifier les températures extrêmes.

3° Expériences sur le degré de chaleur et de froid au-delà duquel la vie des jeunes animaux est compromise.

Il n'est pas nécessaire d'exposer les animaux nouveau-nés à un abaissement bien considérable de température pour que leur vie soit compromise ; la température de + 14° à + 20° centigr., qui est la chaleur moyenne de l'année, ne leur suffit pas, et abandonnés à eux-mêmes ils ne tardent pas à succomber.

Les effets fâcheux du manque de chaleur sur les nouveau-nés commencent à se manifester peu après leur exposition à l'air; ils augmentent à mesure que la température baisse, et la mort survient si l'exposition est prolongée. La température n'a pas besoin d'être rigoureuse. La chaleur moyenne de l'année, celle de + 17° centigr., comme nous l'avons déjà dit, et même la température de l'été et du printemps, quoique plus élevée, sont pour eux insuffisantes.

Les expériences le démontrent : si on ne laisse pas trop long-temps les animaux nouveau-nés sous l'influence des symptômes d'affaiblissement et de souffrance déterminés par l'abaissement de leur température, ils peuvent être facilement ranimés et réchauffés soit devant un bon feu, soit par l'immersion dans un bain convenablement chauffé, lors même qu'ils sont privés de tout mouvement et paraissent sur le point d'expirer. Ces épreuves peuvent être plusieurs fois répétées, mais non pas sans inconvénients : car, s'ils y survivent, pour la plupart ils sont exposés à des accidents consécutifs qui les font périr (1). Des chiens et des chats nouveau-nés peuvent vivre deux à trois jours sous l'influenee d'une température de + 20°, et même de deux à trois degrés au dessous; mais il ne faut pas que l'air extérieur soit plus froid,

(1) Edwards Williams, *Agents physiques*; M. Flourens, *loco citato.*

sans quoi ils seraient bientôt privés de sentiment et de mouvement, et cet état de mort apparente ne tarderait pas à être suivi de la mort réelle (1). La température de l'air extérieur maintenue dans les limites de + 30° à + 40° centigr. réunit les conditions les plus favorables à l'activité de la force vitale, et l'état thermométrique de + 45° centigr. est à peu près la limite de la température la plus élevée que puissent supporter les animaux; ceux d'entre eux qui sont placés dans une étuve à une température de + 56° à + 65° centigr. ne tardent pas à succomber. Si l'air est humide ou chargé de vapeurs, les animaux adultes sont incapables de supporter une élévation de température aussi grande. L'homme adulte ne peut également braver une chaleur aussi forte sans être exposé à des accidents. Il est cependant des exemples d'individus qui ont résisté pendant un court espace de temps à des températures plus élevées, telles que + 98°,88 centigr. pendant 20′ (2); + 109°,48 centigr. pendant 7′ (3), et même + 115°,55 centigr. à + 127°67 centigr. pendant 8 (4). Dans ces différentes expériences, l'homme et les animaux ont la

(1) Edwards W., *loc. cit.*

(2) Exp. de Dobson, *Transactions philosophiques*, 1775, page 464.

(3) *Exp. de Delaroche et Berger sur les effets qu'une forte chaleur produit sur l'économie.* Paris, 1806.

(4) Blagden, *Transactions philosophiques*, 1775, pages 111 et 484.

faculté de maintenir leur température à un degré inférieur à celui des milieux ambiants ; et lorsque la chaleur extérieure dépasse de beaucoup la chaleur propre de l'économie, ils acquièrent un accroissement de température bien limité : les limites de ces variations sont de 6°,25 à 7°,18 centigr. au dessus de la température propre de l'animal (1).

4° De l'état hygrométrique de l'atmosphère, et de son influence nuisible sur les nouveau-nés.

L'air humide qui approche le plus de l'état de saturation ne dépasse pas le 97e degré de l'hygromètre de Saussure. Il exerce sur les divers appareils organiques une influence considérable. Si la température atmosphérique est élevée, l'action nuisible de l'humidité tenue en dissolution dans l'air est peu appréciable et ne peut nuire à la santé qu'après une action prolongée. Mais il n'en est pas de même de l'air froid et humide, c'est-à-dire chargé de brouillards. Son action pernicieuse est presque instantanée : son influence trouble l'organisme, dérange l'harmonie des fonctions ; il produit une impression beaucoup plus vive que le froid sec. L'air froid saturé de vapeurs est plus avide de calorique ; il ne s'approprie qu'avec difficulté l'humidité provenant de l'air expiré et de la transpiration, et il impressionne d'une manière plus fâcheuse toute la surface du corps. La sensation du froid, qui, considérée chez les adultes, commence à cinq degrés au dessus de zéro dans l'air sec, se ma-

(1) Edwards W., *Agents physiques*, pages 367 et 375.

nifeste beaucoup plus tôt dans l'air humide. L'atmosphère froide et trop humide ne peut être que nuisible : c'est donc à l'éviter qu'il faut mettre toute son attention ; c'est vers ce but que l'on voit l'instinct des animaux diriger tous ses efforts ; et à plus forte raison doit-il en être ainsi de l'intelligence de l'homme. Les mauvais effets de l'air froid chargé d'humidité ne se font pas souvent sentir sur les constitutions robustes, qui bravent impunément l'intempérie des saisons ; mais il n'en est pas de même des constitutions faibles et délicates. A ce point de vue, les deux âges extrêmes de la vie offrent quelque analogie. Ils sont l'un et l'autre très sensibles à l'action du froid. Si l'abaissement de la température dépasse certaines limites, si le thermomètre descend au dessous de zéro, les vieillards mal couverts et mal chauffés étouffent presque tous, et bientôt ils sont frappés d'inflammations thoraciques toujours graves ; les jeunes enfants, sous l'action des mêmes causes, sont exposés à des affections tout aussi graves. Chez les premiers, la mortalité est plus grande parce que les organes centraux de la circulation ont subi, par suite des progrès de l'âge, des altérations qui les rendent sensibles aux moindres influences ; chez les seconds, parce que les mêmes organes ne sont pas encore en état d'agir d'une manière parfaite et régulière, et que la circulation générale est également mal établie.

Les changements variés que l'air éprouve dans le

5° Des mouvements de l'atmosphère, et des dangers qui en résultent pour le jeune enfant.

rapport de ses différentes parties ont trop d'influence sur ses propriétés pour ne pas fixer un instant notre attention. Certains courants réguliers et doux qui s'établissent dans le milieu où l'animal respire produisent des effets salutaires, maintiennent la pureté de l'air nécessaire à la respiration, dispersent les vapeurs et les miasmes nuisibles, égalisent la température, etc., etc.. Mais il n'en est pas de même de tous les grands mouvements qui peuvent s'opérer dans l'atmosphère. Certains vents agissent d'une manière nuisible, moins par leur violence que par leurs propriétés particulières, souvent inconnues. Ainsi, nous n'avons pas en Europe ce vent de mer que dans les régions intertropicales l'on regarde comme la cause du tétanos des nouveau-nés exposés prématurément au contact de l'air extérieur. Mais il y règne d'autres vents accidentels qui exercent sur la santé des effets extrêmement nuisibles. Lorsqu'on passe d'un milieu chaud dans un milieu froid, un courant d'air froid n'a pas besoin d'être violent pour déterminer des accidents; tous les jours on voit des ophthalmies, des otites, des bronchites, des pleurésies, etc., causées par de simples vents coulis.

D'autres vents nuisent par leur violence; le vent est fort dès qu'il parcourt huit mètres par seconde. Dans le même espace de temps, il franchit quelquefois quinze à seize mètres, et dans l'ouragan il peut parcourir quarante à cinquante mètres par seconde.

Dès que le vent est fort, il a sur l'organisme deux effets différents : d'un côté, il cause brusquement dans l'atmosphère des variations considérables de température et d'hygrométricité, etc., variations que ressentent très profondément les corps vivants ; de l'autre, il agit d'une manière toute mécanique, et le choc de ses molécules mises ainsi en mouvement, ou celui des corps étrangers dont il est le véhicule, donnent lieu à des commotions, à des lésions toutes physiques, proportionnées à la rapidité de sa marche, et en rapport avec la susceptibilité et la délicatesse des organes soumis à son action. Or les nouveau-nés, à cet égard, sont bien plus susceptibles que les adultes d'en éprouver les funestes effets.

II. Des conditions chimiques de l'atmosphère comme agent malfaisant.

Si les altérations que l'air atmosphérique peut éprouver compromettent souvent la santé des adultes, il est de toute évidence que les nouveau-nés doivent être beaucoup plus sensibles à leur action.

La chimie a démontré par l'analyse que l'air le plus convenable pour la respiration des mammifères était composé de 79 parties de gaz azote, de 21 parties de gaz oxygène, de 2 parties de gaz acide carbonique, et d'une quantité variable de vapeur d'eau. Mais il s'en faut de beaucoup qu'elle ait pu déterminer la nature de toutes les substances étrangères qui viennent accidentellement donner à l'atmosphère des qualités nuisibles. Sans subir de changement dans sa composition, l'air peut être le véhicule de substances étrangères, minérales, végétales ou animales, plus ou moins délétères. Il existe en Asie et en Afrique des poussières sablonneuses et brûlantes que charrient certains vents, et qui forcent les animaux à se tenir enfermés pour se soustraire à leur funeste influence. L'air dans nos contrées est souvent le véhicule, tantôt d'émanations de gaz et de vapeurs méphytiques faciles à reconnaître, tantôt de miasmes délétères qui ont échappé jusqu'à présent à toute analyse; ces différents agents sont néanmoins la cause évidente de beaucoup d'affections sporadiques, épidémiques ou endémiques, qu'on voit régner dans certaines saisons, et auxquelles on expose les nouveau-nés par une sortie intempestive à l'époque la plus critique de leur existence.

CHAPITRE III.

Des conditions pathologiques dans lesquelles peut se trouver l'enfant nouveau-né.

§ I. *Des conditions pathologiques en général.*

L'enfant, au moment de sa naissance, n'est pas toujours dans un état de santé parfait; l'état de souffrance ou de maladie est ce qui existe le plus souvent, et il est naturel qu'on cherche à prévenir les conséquences fâcheuses qui résultent de l'oubli des préceptes d'hygiène et de thérapeutique médicale proclamés par la science et sanctionnés par l'expérience de chacun de nous.

En 1787, Toaldo de Padoue fut conduit par des faits nombreux qu'il avait constatés lui-même à signaler la fâcheuse influence que la sortie prématurée des nouveau-nés exerçait sur leur mortalité; il avait dit : « Les enfants ne meurent pas de suite, mais ils » contractent des affections qui les font bientôt suc- » comber. » Or, avant lui, Morgagni, cet esprit élevé dont les travaux ont eu et auront une si grande influence sur les progrès des sciences médicales, avait appelé l'attention, dans sa 48e lettre, sur l'oubli dans lequel était resté toute la pathologie des enfants nouveau-nés; il avait dit (paragraphe 64) : « Vides, ut » amplissima eademque propemodum intentata pa-

» teat via ad recens natorum morbos. » On lui doit en quelque sorte les beaux travaux de Dugès en 1821, et de Billard en 1824, travaux qui ont ouvert une voie nouvelle, féconde en résultats, dans laquelle se sont engagés bon nombre d'observateurs. On doit à Morgagni cette impulsion, et les résultats publiés jusqu'à ce jour sont la conséquence naturelle des progrès de la science, qui, sur ce point, est restée long-temps dans un état vraiment déplorable.

Ce n'est point en naissant que l'homme, comme l'ont dit les philosophes, *voit commencer la série des maux qui affligent son espèce ; la source en remonte beaucoup plus loin : elle commence avec l'organisation* (1).

En effet, le fœtus, pendant la vie intra-utérine, n'est pas toujours à l'état normal. Il participe souvent aux maladies de sa mère ; il a ses maladies particulières, ses accidents propres ; par suite, en naissant il peut être infirme, malade, ou convalescent de maladies qu'il a eues avant de naître. Alors si, immédiatement après la naissance, on le soumet à des influences pernicieuses, celles-ci ne peuvent qu'aggraver son mauvais état de santé, et contribuent à augmenter non seulement la mortalité qu'on observe, mais encore le nombre des citoyens infirmes à charge tant à l'état qu'à la société.

Il est des affections plus ou moins graves qui se

---

(1) Billard, *Traité élémentaire des maladies des enfants nouveau-nés*.

développent pendant le travail de l'accouchement. Il en est enfin qui se manifestent dans les premiers jours de l'existence, et dont la nature et les effets offrent une foule de variétés. C'est sur ces dernières que nous devons fixer particulièrement l'attention.

§ II. *Affections qui datent d'une époque antérieure à la naissance.*

Bien que les auteurs les plus anciens, Hippocrate, par exemple (1), aient consacré quelques passages relatifs aux affections du fœtus dans le sein de sa mère, les connaissances positives que l'on possède sur ce point de pathologie sont dues à des auteurs postérieurs, à Morgagni. Elles sont fort incomplètes, et cependant leur importance est généralement reconnue. Voici comment Desormeaux et M. Paul Dubois s'expriment à ce sujet (2). « Ce n'est qu'après que le fœtus a été » expulsé du sein de sa mère que nous pouvons » constater sa mort, reconnaître ses maladies, et » celles-ci le plus ordinairement ne sont pour nous » que l'objet d'une étude d'anatomie pathologique. » Quelques unes cependant se prolongent au delà de » la naissance, et sont susceptibles de guérison. Sous » ce dernier point de vue, ces maladies mériteraient » déjà toute notre attention. Elles en seraient encore

---

(1) *De Genitura*, caput VI.

(2) *Dictionnaire de médecine*, article Pathologie de l'œuf humain.

» dignes comme simple objet d'anatomie pathologi-
» que, à cause de leurs rapports avec la pathologie de
» l'homme né, et comme complément nécessaire de
» la philosophie anatomique et pathologique; mais
» qui peut limiter les résultats possibles de cette étude,
» quand on s'y sera livré avec tout le soin qu'on ap-
» porte dans les autres parties de l'étude des mala-
» dies? Qui oserait dire qu'on ne parviendra pas à
» établir le diagnostic de ces maladies, à reconnaître
» leurs causes, à prévenir leur développement ou à
» obtenir leur guérison? Jusqu'à présent, il est vrai,
» rien ne légitime de si belles espérances ; mais aussi
» à peine s'en est-on occupé, à peine a-t-on soup-
» çonné que le fœtus pût être malade, lui prémuni
» avec tant de soin contre l'action des causes exté-
» rieures, lui qui est si loin encore de ressentir ces
» affections morales, ces passions, sources de tant
» de maux pendant le cours de la vie, lui dont les
» organes, essayant à peine l'exercice de leurs fonc-
» tions, n'ont pas encore éprouvé les effets de la fa-
» tigue et de l'épuisement. »

Les affections qui doivent être rapportées à la vie intra-utérine sont nombreuses; elles peuvent être des vices d'organisation, de conformation, des maladies accidentelles, idiopathiques ou constitutionnelles.

Les maladies du placenta et d'autres annexes de l'œuf sont des causes de maladies pour le fœtus.

Dès les premiers moments de son existence, l'embryon est exposé à des affections pathologiques dans lesquelles on pourrait trouver l'explication des phénomènes morbides que l'on observe à une époque plus avancée. Ne voulant en aucune façon traiter de ce point de pathologie, nous renvoyons aux ouvrages qui ont rapport à ce sujet difficile. Alors l'embryon est un être microscopique : ses organes ne se distinguent qu'avec peine, et ses maladies, à plus forte raison, sont peu appréciables. Mais dès le principe les affections des annexes du fœtus, du placenta, des membranes, du cordon, ont une grande importance; elles exercent une influence marquée sur le développement de l'embryon du fœtus, et par suite sur les conditions dans lesquelles se trouve l'enfant au terme de la grossésse. Qu'il nous suffise de rappeler l'hépathisation, l'atrophie, l'hypertrophie, les hydatides du placenta; ces affections, quelle que soit leur origine, qu'elles soient la conséquence d'une inflammation ou d'une hémorrhagie placentaire, si elles ne sont pas assez étendues pour produire la mort du fœtus et l'avortement, elles deviennent souvent, en mettant obstacle à la libre circulation du sang de la mère au fœtus et réciproquement, la cause de ces différents états de débilité et de maigreur si fréquemment observés chez l'enfant naissant. L'inflammation du placenta est aussi une source assez commune de monstruosités, en déterminant des adhérences morbides entre ce corps et le fœtus (1).

Anomalies de conformation et de structure.

Les anomalies de conformation ou de structure dites

(1) Désormeaux, *Dictionnaire de Médecine.*

congéniales appartiennent essentiellement à la vie intra-utérine. Nous ne parlerons pas des variétés anatomiques sans influence fâcheuse sur les conditions d'existence de l'enfant naissant, non plus que des monstruosités nécessairement mortelles, ou qui, sans l'être, peuvent s'opposer au développement de la vie indépendante, et sont d'une gravité évidente; nous nous contenterons de fixer l'attention sur les vices de conformation proprement dits. Ils ne s'opposent nullement à la viabilité du fœtus, seulement ils apportent une gêne plus ou moins grande aux fonctions de l'organe où siége l'anomalie. Leur gravité est en raison directe de l'importance de l'organe affecté; et ils constituent des maladies qui, venant s'ajouter aux chances de mort de l'enfant, nécessitent d'une manière plus ou moins pressante des soins particuliers. Tel est le cas cité par Voisin (1) de cet enfant qui naquit avec une tumeur du volume d'un gros pain à café; elle couvrait toute la partie antérieure de la face, depuis les narines jusqu'au menton, et depuis l'un des angles de la mâchoire jusqu'à l'autre; elle tirait son origine des cavités nasales, et sa prompte ablation permit à la respiration de s'établir, et l'opération eut un plein succès.

Nous ne pouvons énumérer ici toute la série des vices de conformation auxquels le fœtus est exposé;

(1) *Thèse*. Paris 1806.

nous en citerons seulement quelques exemples pris au hasard.

Bec de lièvre avec scissure de la voûte palatine.

La division des lèvres, avec scissure de la voûte palatine, du voile du palais, est, quelles que soient ses complications, une affection susceptible de guérison, comme l'ont prouvé les beaux résultats obtenus par le professeur Roux, de l'Institut; mais elle exige de grandes précautions pour que l'enfant soit mis à l'abri des phlegmasies des voies aériennes, auxquelles il est alors encore plus sujet. L'air non réchauffé arrive presque directement sur les bronches et y produit facilement une impression funeste; le coryza, la bronchite et la pneumonie en sont le plus souvent la conséquence.

Imperforation de l'urètre, du rectum.

L'occlusion de l'urètre, du rectum, réclame dans les premiers jours de la naissance des secours pressants dont les résultats peuvent être facilement compromis par la même cause.

Vices de conformation du cœur.

Les vices de conformation du cœur, la persistance du trou de Botal par exemple, qui rendent l'hématose si précieuse, exigent que l'on prenne toutes les mesures afin d'éviter les phlegmasies des organes pulmonaires, promptement funestes en pareilles circonstances. L'enfant atteint de ce vice de conformation, développant encore moins de chaleur que s'il était à l'état normal, réclame de grands soins pour que la température nécessaire à la vie soit maintenue.

Bien que ces affections soient d'un prognostic très grave par elles-mêmes, les lois civiles, pas plus que les lois de l'humanité, n'autorisent, en aucune manière l'abandon de ces pauvres êtres à toutes les chances de mort dont ils sont entourés. Nous ne multiplierons pas les exemples relatifs aux vices de conformation, et passerons de suite aux maladies qui déterminent dans la texture des organes des altérations plus ou moins profondes.

Les maladies particulières aux premiers jours de la vie peuvent aussi affecter le fœtus.

Les maladies qu'on est appelé à observer pendant la vie peuvent affecter le fœtus dans le sein de sa mère. Tous les organes y sont sujets : il est facile de mettre ces faits en évidence par l'énumération rapide de quelques unes de ces affections.

Lésions physiques, plaies, contusions, fractures, mutilations.

Le fœtus, quoique prémuni avec un soin infini contre l'action des violences extérieures, n'est pas cependant à l'abri des lésions physiques, telles que plaies, contusions, fractures, et l'on est souvent appelé à constater, après la naissance, le résultat de ces lésions.

Hippocrate avait émis, dans son *Traité de la génération*, la pensée que, si pendant la grossesse la mère vient à recevoir un coup sur le ventre, l'enfant sera lui-même mutilé dans le point correspondant à la partie qui aura reçu le coup. Depuis cette époque des faits nombreux et bien observés viennent chaque jour à l'appui de cette opinion. Voici ce que Désormeaux et M. Paul Dubois disent à ce sujet : « Le » fœtus dans le sein de sa mère est passible de toute » espèce de lésions physiques; il peut recevoir des » plaies de tout genre, lorsque la matrice elle-même » est blessée et que l'instrument vulnérant pénètre

» jusqu'à lui. Il a même quelquefois été blessé par un » instrument porté sur lui dans des intentions coupa- » bles à travers les ouvertures naturelles. L'impression » d'un coup violent porté sur les parois de l'abdomen » peut même, sans intéresser le tissu de ces parois, » ni celui de l'utérus, produire des contusions graves, » et principalement du foie, des ecchymoses plus » ou moins étendues, des épanchements de sang, des » hernies, des fractures, des luxations. De fortes se- » cousses imprimées au corps ont aussi causé la plu- » part de ces lésions; on prétend même que des im- » pressions extrêmement vives de l'âme ont pu avoir » cet effet (1). » Nous nous contenterons de rappeler l'exemple publié par Lesage (2) d'un fœtus portant au front les traces d'une lésion qui semblait avoir été produite par un coup que la mère avait reçu au ventre, et l'observation rapportée par le docteur Carus de fracture du tibia avec plaie chez un fœtus au sixième mois de la grosesse (3). Voici cette observation : « Une jeune fille âgée de vingt-cinq ans, fortement constituée et enceinte de six mois, fit une chute sur le ventre. Aussitôt elle sentit l'enfant se remuer avec beaucoup de force; mais ces mouvements ne tardè-

---

(1) *Dictionnaire de médecine*, article *Pathologie de l'œuf humain.*

(2) *Bulletin de la faculté*, 1805.

(3) *Archives générales de médecine*, mars 1805.

rent pas à cesser. Le terme de la grossesse arrivé, elle accoucha, sans accidents, d'un enfant maigre, très faible, donnant peu de signes de vie et offrant à la jambe droite une plaie transversale de neuf lignes de longueur. Cette plaie, dont les lèvres étaient pâles et flasques, passait d'une malléole à l'autre, intéressait la peau et les muscles sous-jacents, et était accompagnée d'une fracture du tibia. Le corps de cet os était tout à fait séparé de l'épiphyse intérieure; il sortait par la plaie en se dirigeant en dehors, avait perdu son périoste et offrait un mauvais aspect. On tenta vainement d'en faire la réduction; on fut obligé d'y renoncer, parce que les bords de la plaie furent frappés de sphacèle et que la nécrose fit des progrès. Le mal s'étendit, et l'enfant mourut au treizième jour. »

Que n'aurions-nous pas à dire de ces mutilations que le fœtus subit dans le sein de sa mère, et que l'on a comprises sous le nom d'amputations spontanées. Ce sont des séparations de portions plus ou moins considérables de membres, s'opérant sous l'influence de causes fort obscures, mais qui paraissent devoir être rapportées à des gangrènes spontanées, ou à des constrictions plus ou moins fortes exercées autour des membres par des brides, ou par le cordon ombilical lui-même. Lorsque de pareils accidents arrivent à une époque peu éloignée de l'accouchement, l'enfant vient au monde avec un moignon à moitié cicatricé ou bien en pleine suppuration.

La structure de l'appareil cérébro-spinal est si dé- **Hydrocéphale, menyngite, etc.**

licate que l'on n'est point surpris de voir les moindres affections congéniales de ce système se réduisant quelquefois à de simples prédispositions morbides, donner lieu à des symptômes plus ou moins graves de menyngyte, d'hydrocéphalie, de ramollissement cérébral, et sous l'action de causes en apparence très légères : telle est l'observation citée par Billard (81e observation) d'un enfant qui, le troisième jour de sa naissance, fut pris de convulsions générales ; ses membres se raidissaient et se tordaient avec violence, les muscles de la face étaient dans un état continuel de contraction. Les convulsions diminuèrent sous l'influence d'une application de sangsues ; mais elles ne tardèrent pas à recommencer avec une nouvelle intensité et à déterminer promptement la mort. On put constater à l'autopsie les traces d'une ményngite intense.

Pneumonie et tubercules pulmonaires.

Les affections des organes respiratoires peuvent exister chez les enfants naissants ; Dugès, Billard et d'autres auteurs, nous ont consigné des observations de pleurésie, de pneumonie, qui remontaient à la vie intra-utérine. On doit à M. Husson, ancien médecin de l'Hôtel-Dieu de Paris, et à d'autres, des faits qui prouvent que le fœtus peut naître avec des tubercules ramollis et déjà en suppuration.

De la péritonite chez le fœtus.

La péritonite chez le fœtus avant terme est assez commune. Des faits bien observés en sont la preuve : Dugès, Billard, Sympson d'Edimbourg, ont trouvé sur des enfants frais et vigoureux morts peu de temps après la naissance, ont trouvé, dis-je, pour seules lésions qui expliquassent la mort, les traces d'une péritonite dont l'origine devait remonter à une époque bien antérieure à la naissance. En effet, les causes de cette affection sont nombreuses : outre les violences extérieures auxquelles le fœtus est exposé et les lésions physiques des viscères abdominaux, telles que l'invagination intestinale, la rupture de la vessie dans le cas d'obstruction de l'urètre, on a remarqué que les hernies abdominales étaient fréquemment accompagnées d'une péritonite, qui, bien que limitée à la naissance, était susceptible de s'étendre.

Affections générales. Variole.

Les affections cutanées ne sont pas rares chez le fœtus. Parmi les éruptions, la variole ne se présente-t-elle pas souvent, que la mère ait eu ou n'ait pas eu la variole pendant ou avant sa grossesse? On rencontre à ce sujet de nombreuses variétés; ici nous nous contenterons de rappeler l'observation de Jenner, consignée dans le tome 1er des *Transactions médico-chirurgicales*. La petite vérole régnait dans un village près Arhburton. Jenner vaccina, le 6 mai 1808, une femme enceinte, qui, le 11 juin, mit au monde un enfant ayant sur le corps une éruption commençante de variole. De nouvelles pustules varioliques bien caractérisées survinrent les jours suivants; huit jours après la naissance, l'enfant périt de convulsions. On a chaque jour occasion d'observer des faits analogues. Vogel et Rosen citent des observations de rougeole chez les nouveau-nés. MM. Guersant et Blache ont eu aussi occasion de la voir chez un enfant qui l'apporta en naissant, l'ayant gagnée de sa mère (1). La sortie prématurée des nouveau-nés qui se trouvent sous de pareilles influences ne peut avoir évidemment que des résultats funestes.

Syphilis.

La syphilis contractée par la mère pendant la grossesse produit souvent les mêmes effets chez le fœtus. Ce serait fatiguer l'attention que d'énumérer ici en détail les différentes affections idiopathiques du fœtus; qu'il me suffise de dire d'une manière générale que les maladies qui se développent après la naissance ont été également rencontrées pendant la vie intra-utérine. Il est important d'observer que souvent, chez le fœtus, des affections restent stationnaires ou exercent à peine une influence fâcheuse sur le développement, tandis qu'immédiatement après la naissance elles font des progrès rapides, ne tardent pas à porter atteinte à la santé, mettent la vie de l'enfant en danger, et nécessitent promptement les secours de la thérapeutique. Les violences auxquelles le fœtus a été exposé pendant le travail de l'accouchement peuvent souvent donner l'explication des progrès du mal. D'autres maladies intra-utérines guérissent complétement à la naissance; l'enfant peut n'en conserver aucune trace, et se trouve dans les conditions les plus favorables à l'existence; mais, dans d'autres circonstances, l'enfant est à peine convales-

Des maladies stationnaires chez le fœtus font des progrès après la naissance.

(1) *Dictionnaire de médecine*, article *Rougeole*.

cent, et il témoigne encore par la faiblesse de sa constitution physique l'état de souffrance dans lequel il s'est trouvé ; alors de combien de soins minutieux ne doit-il pas être entouré ?

§ III. *Des affections qui surviennent pendant le travail de l'accouchement.*

L'accouchement est un travail pénible pour la mère et pour l'enfant ; il ne peut pas avoir lieu sans qu'il en résulte quelque commotion ou quelque dérangement dans l'état physiologique de chacun d'eux. L'enfant qui a le plus souffert dans ce travail présente les conditions les plus défavorables à la lente succession des phénomènes dont l'accomplissement constitue le passage d'une vie à l'autre, et exige toujours plusieurs jours.

Les lésions dues au travail de l'accouchement sont la plupart des lésions physiques. Il en est qui, en quelque sorte accidentelles, tiennent à la conformation vicieuse du fœtus : tel est le cas rapporté par M. Duparcque, de la Société de médecine de Paris, d'un accouchement rendu difficile par la présence d'un kyste séreux qui occupait toute la partie inférieure de la région dorsale ; quelques tractions modérées, secondant l'action des contractions utérines, déterminèrent la rupture du kyste et donnèrent naissance à un enfant vivant, que l'on put ensuite débarrasser des restes de la tumeur, et qu'on eut, dans 1° Lésions physiques.

(1) *Bibliothèque médicale*, t. LXXVII.

les premiers jours de la naissance, à traiter avec les plus grands soins d'une opération assez grave par elle-même.

Contusions, plaies, déchirures, fractures, luxations, etc.

Nous ne devons pas entrer dans le détail de toutes les conséquences plus ou moins fâcheuses des différents cas de dystocie qui peuvent se présenter, et de l'application plus ou moins bien faite des instruments employés dans ces sortes d'accouchements. Certains accouchements entraînent après eux des contusions, des plaies, des luxations, des fractures, affections qui compromettent plus ou moins la vie de l'enfant naissant. Lorsque la tête du fœtus, appuyée contre l'angle sacro-vertébral, reste long-temps soumise à de violents efforts, quand le détroit pelvien est réniforme, quand une tête volumineuse est forcée de se mouler, comme dans une filière, à travers le bassin qu'elle parcourt, il peut en résulter des lésions plus ou moins graves. Parmi ces lésions, on doit mentionner l'enfoncement du pariétal ou du frontal avec ou sans fracture. Le chevauchement des os, la tumeur séro-sanguine, dite tumeur du cuir chevelu, le céphalœmatome externe ayant son siége au niveau des pariétaux, entre l'aponévrose épicranienne et les os, le cephalœmatome interne, affection toujours grave, existant au dedans du crâne, entre la durémère et les os, sur les menynges elles-mêmes, etc., ces différentes lésions exposent à des accidents primitifs ou consécutifs, tels que paralysies, convulsions, abcès, dénudations d'os, carie, suppuration opiniâtre, etc.

Chevauchement ou enfoncement des os du crâne.

Conséquences fâcheuses de ces lésions.

Ces phénomènes morbides, par leur gravité, viennent fournir une preuve nouvelle de la multiplicité des causes de mort dont le nouveau-né est entouré.

Lésions organiques; apoplexie des nouveau-nés.

Dans certains cas, l'enfant naissant, quoique fort et robuste, présente un état de mort apparente; ses organes sont gorgés de sang. Cet état du nouveau-né, que l'on désigne sous le nom d'apoplexie, met souvent des obstacles insurmontables à l'établissement de la vie. S'il arrive que par des secours bien dirigés l'enfant soit rappelé à la vie, il se présente aussi des circonstances dans lesquelles la mort en est la conséquence. Alors les altérations que l'on rencontre à l'autopsie sont variables. On trouve assez fréquemment du sang fluide épanché entre les ménynges ou dans la substance cérébrale elle-même. D'autres fois le sang ne s'est point échappé des vaisseaux; il ne forme que de légères ecchymoses dans différentes parties, mais il est en excès dans tous les systèmes organiques, qui en sont comme gorgés et partout imbibés. Par suite de cet état, la masse centrale du système nerveux est paralysée dans ses fonctions, la respiration ne peut s'établir, l'hématose ne peut avoir lieu. Les trois grandes fonctions nécessaires à l'établissement de la vie sont anéanties, et la mort est la conséquence nécessaire de la prolongation de cet état. La maladie en est souvent la suite, et la santé ne peut guère lui succéder sans inspirer quelques craintes. Aussi l'enfant qui a passé par cette alternative de vie et de mort, doit, malgré ses apparences robustes, être préservé de toutes les causes qui peuvent agir sur lui d'une manière défavorable, car il est exposé plus que tout autre à beaucoup d'affections.

Asphyxie ou état anémique.

Par opposition à l'état précédent, que l'on pourrait appeler hypérémie, l'enfant peut naître dans cet état que l'on connaît sous le nom d'asphyxie des nouveau-nés, que Gardien appelait syncope, et qui devrait plutôt recevoir celui d'anémie. L'enfant faible et chétif y est particulièrement sujet. La faiblesse est quelquefois portée à l'extrême; le fœtus ne crie, ni ne respire; sa peau est pâle, la circulation languit, le cœur bat à peine; sans la chaleur qui se conserve encore et les mouvements plus ou moins obscurs des artères ombilicales et de l'organe central de la circulation, la vie paraîtrait tout à fait éteinte. La mort n'est que trop souvent la conséquence de cet état. Si l'enfant est rappelé à la vie, les éléments de l'existence sont tellement faibles qu'il est arrivé plus d'une fois de rétablir les mouvements du cœur et de la respiration pendant plusieurs heures, sans que pour cela l'enfant ait été sauvé. Né sous de telles conditions, l'enfant exige de grands soins, et on peut lui appliquer ce que nous avons dit de l'enfant né avant terme.

§ IV. *Affections particulières aux premiers jours de la vie.*

Il vient d'être question des différents états pathologiques que l'enfant apportait en naissant; ces conditions morbides congéniales, d'un diagnostic entouré de difficultés, sont faciles à méconnaître et s'aggravent aux moindres occasions. Elles rendent le nouveau-né très susceptible de contracter les maladies accidentelles auxquelles est lui-même exposé l'enfant né dans les conditions physiologiques les mieux établies. Ce sont ces affections postérieures à la naissance, et particulières aux premiers jours de la vie, qui vont nous occuper.

Faits généraux de statistique relatifs à la part que chacune de ces maladies fournit au chiffre de la mortalité.

La nosologie des nouveau-nés de zéro d'âge à un mois, considérée dans son ensemble, nous a présenté quelques faits généraux que nous avons cru devoir placer ici comme préliminaires de l'examen que nous avons à faire des maladies particulières au premier mois de la vie. Ces faits sont relatifs aux variations que subissent les maladies dans leur nature et leur fréquence, suivant les jours d'âge des nouveau-nés, et par suite à la part plus ou moins grande qu'elles prennent dans le chiffre de la mortalité.

Ces variations ne sont pas des phénomènes physiologiques et réguliers, conséquence nécessaire de l'organisation primitive ; ils ne sont pas non plus un pur effet du hasard : si quelques unes d'entre elles sont le résultat d'une disposition organique, la plupart sont l'effet d'affections accidentelles, produites le plus souvent par des influences extérieures.

Le degré de fréquence de ces maladies n'est pas en raison de la part que chacune d'elles prend à ce chiffre.

Il ne faudrait pas juger du degré de fréquence de toutes ces affections en raison de la part que chacune prend au chiffre de la mortalité. Plusieurs d'entre elles, bien que très fréquentes, très connues par leurs effets, figurent à peine dans ce chiffre. Ces affections, par leur nature, ne sont pas mortelles, et leurs effets les plus graves se bornent aux organes qui en ont été le siége; elles donnent lieu tantôt à des infirmités (ex. : les ophtalmies, produisant la cécité), tantôt à des affections chroniques qui finissent par réagir d'une manière plus ou moins prompte sur toute la constitution (ex. : la pneumonie, la bronchite, les phlegmasies gastro-intestinales, la péricardite, etc.).

Les maladies causes principales de la mortalité se réduisent à quelques unes, et varient suivant les saisons.

Le chiffre des décès de chacun des jours du premier mois de la vie n'est pas le produit des mêmes affections. L'on observe successivement les effets des maladies accidentelles qui déciment les nouveau-nés de zéro d'âge à un mois. Ces maladies ne sont pas nombreuses; elles se réduisent tout au plus à quelques unes : telles sont la pneumonie, la bronchite, l'endurcissement du tissu cellulaire, la gastro-entérite, le muguet, etc. La faiblesse congéniale figure comme la cause presque exclusive du maximum de la mortalité des trois premiers jours de la vie : ainsi, sur 159 décès d'enfants de 1 jour d'âge, la faiblesse de naissance y entre pour 158; sur 144 décès d'enfants de 2 jours d'âge, elle entre pour 105; à compter du quatrième jour, son influence sur la mortalité décroît rapidement et se trouve promptement dépassée par les affections spéciales des organes respiratoires, la congestion pulmonaire, la pneumonie, et par l'endurcissement du tissu cellulaire dans les lieux où il s'observe.

Après la faiblesse congéniale considérée comme cause de mort, la congestion sanguine des poumons est l'affection dont les effets sur l'existence des nouveau-nés surviennent le plus promptement. Dans le second jour, ils commencent à se faire sentir; mais ce n'est guère qu'à dater du quatrième jour qu'ils vont en augmentant, jusque vers le dixième et le onzième jour, pour décroître ensuite; c'est l'affection dont l'influence se montre le plus tôt et se maintient le plus long-temps. L'endurcissement du tissu cellulaire suit à peu près le même cours; seulement il arrive plus promptement vers son summum, et décroît plus vite. L'affection la plus meurtrière des nouveau-nés est sans contredit la phlegmasie gastro-intestinale; elle entre pour une part considérable dans le chiffre de la mortalité du premier mois. Le cours qu'elle suit présente une particularité digne de frapper l'attention. Ses effets ne commencent guère à se faire sentir qu'à partir du sixième jour. Le maximum de son effet sur la mortalité du premier mois n'arrive que du quatorzième au vingt-deuxième jour. Le muguet suit le même cours que la phlegmasie gastro-intestinale proprement dite; c'est également vers le quinzième jour que commence son maximum d'effet.

D'autres affections, telles que les convulsions, les ményngites, les péricardites, les péritonites, les fièvres éruptives, les accidents primitifs de syphilis, entrent aussi pour quelque chose dans le chiffre de la mortalité, mais dans des proportions si minimes qu'elles ne deviennent que des affections secondaires, eu égard à leur effet sur le cours de la mortalité.

Parmi les affections particulières aux premiers jours de la vie :

Des maladies particulières aux premiers jours de la vie en général.

1° Il en est qui sont indépendantes de l'exposition prématurée à l'intempérie de l'air extérieur ; et l'effet du transport à la mairie est seulement d'aggraver le mal, et non pas de le déterminer ;

2° D'autres sont évidemment la conséquence de cette exposition, et constituent principalement les accidents qui peuvent être le résultat du transport à la mairie.

Il n'entre pas dans le plan de ce travail de faire l'énumération complète des premières ; nous nous bornerons à en citer quelques exemples, et nous fixerons plus particulièrement l'attention sur les secondes.

De leur étiologie.

L'étude que nous avons faite des conditions physiologiques des nouveau-nés doit nous conduire à mieux apprécier le mode d'action des causes morbifiques qui sévissent sur eux. D'un autre côté, les changements qui ont lieu dans leurs organes pour accomplir ce grand acte du passage de la vie intra-utérine à la vie extra-utérine nous donnent aussi une explication suffisante de la multiplicité des affections accidentelles auxquelles ils sont exposés. Les affections congéniales antérieures à la naissance ou produites par la prolongation du travail de l'accouchement viennent à leur tour exercer sur le développement de ces dernières une influence dont il est facile de pressentir l'importance. Dans le cas de forte constitution, de même que dans le cas de faiblesse congéniale, les obstacles très variés qui surviennent si fréquemment aux fonctions respiratoire et circulatoire, ont pour effets communs de retarder l'établissemen régulier de la vie. Si le mode d'action des causes de maladies est différent, les effets sont toujours les mêmes, et la susceptibilité pathologique est à peu près égale. L'enfant fort et robuste par son excès de volume est plus exposé aux conséquences de la prolongation et des difficultés de l'accouchement, à toutes les congestions pulmonaires et cérébrales, aux différents états compris sous le nom d'apoplexie. La force de sa constitution donne aux phlegmasies qui surviennent un caractère d'acuïté remarquable. La faiblesse congéniale, à raison de l'état de langueur, rend pour l'enfant le travail de l'accouchement toujours pénible, l'établissement de l'acte respiratoire toujours difficile, la réaction vitale toujours languissante, la susceptibilité à l'impression du froid beaucoup plus grande, et, par suite, les chances de mort beaucoup plus nombreuses. La respiration est souvent encore incomplète le troisième jour de la vie, et des portions de poumon sont encore à l'état fœtal.

La mortalité des nouveau-nés de 0 d'âge à 15 jours, beaucoup plus grande en hiver qu'en été, force à reconnaître que dans les saisons froides et humides les causes de maladie et de mort sont plus nombreuses, et agissent avec plus d'intensité, et que la sortie prématurée expose à plus de dangers. Ces dangers résultent des maladies qui sont aggravées, ou bien des accidents nouveaux qui surviennent ; ces derniers doivent surtout nous occuper.

Si le passage d'un air chaud et sec à un air froid et humide aggrave encore plus facilement qu'aux autres époques de la vie les maladies qui attaquent si fréquemment le nouveau-né et le vieillard, les accidents qui sont produits par la même cause, lorsque le nouveau-né est à l'état physiologique le plus complet qu'on puisse désirer, sont assez réels pour fixer l'attention. Dans toutes les saisons on voit souvent des accidents plus ou moins graves résulter de l'exposition de l'enfant naissant à l'air extérieur avant le laps de temps nécessaire à l'établissement de la vie nouvelle. Ces accidents varient non seulement suivant les saisons, mais encore suivant les latitudes. Le tétanos, par exemple, ne s'observe guère que dans les régions intertropicales; l'endurcissement du tissu cellulaire appartient presque exclusivement au nord de l'Europe; les pneumonies sont beaucoup plus fréquentes en hiver, l'endurcissement du tissu cellulaire ne se voit pas en été, etc., etc.

Des maladies qui sont la conséquence du transport à la mairie.

Parmi les maladies déterminées d'une manière évidente par l'exposition prématurée à l'air extérieur, nous devons remarquer les suivantes; énumérons par ordre alphabétique, en soulignant les plus fréquentes : angine, *bronchite*, convulsions, *coriza*, endurcissement du tissu cellulaire, faiblesse congéniale, péricardete, *pleurésie*, *pneumonie*, *ophtalmie*.

Des maladies aggravées seulement par le transport à la mairie.

Parmi les maladies qui reconnaissent d'autres causes déterminantes, mais qui sont aggravées par cette exposition, se trouvent quelquefois les précédentes, mais plus particulièrement, la congestion, l'apoplexie pulmonaires, l'erysipèle des nouveau-nés, la faiblesse congéniale, les phlegmasies gastro-intestinales, les méningites, l'ictère, la péritonite, la rougeole, la scarlatine, la variole.

Nous allons entrer dans le détail de faits relatifs à chacune de ces affections.

ANGINE.

Observations : Enfant fort et robuste âgé de deux jours. Exposition au froid, angine œdémateuse, mort en trois jours, en octobre. — 61e *observation* (1).

Autre cas, communiqué à l'auteur par M. Rayer, de l'Institut.

L'angine est moins fréquente dans les premiers jours de la vie qu'à un âge plus avancé. Elle existe rarement seule et ne survient le plus souvent qu'après l'inflammation des fosses nasales; sa marche est rapide, son début obscur; mais aussitôt que l'inflammation est devenue un peu intense, elle donne lieu à une altération particulière dans le timbre et la force du cri et à une rougeur érythémateuse des parois du pharynx et du voile du palais, que l'on peut apercevoir en ouvrant la bouche de l'enfant. « Le larynx étant fort étroit, dit Billard, la moindre tuméfaction qui résulte de l'inflammation cause la suffocation, et par suite un état de spasme et d'anxiété pendant lesquels

(1) Billard, *Traité des maladies des Enfants*, 1re édition.

l'enfant semble éprouver un malaise qu'atteste très bien l'expression de sa physionomie. En effet, celle-ci devient violette, surtout autour des ailes du nez et de la bouche, les narines se dilatent avec peine, la bouche reste béante, et à chaque mouvement d'inspiration une sorte de contraction spasmodique de toutes les parties du corps accompagne la dilatation des parois thoraciques ; cet état de spasme s'observe chez les enfants les plus jeunes. C'est sans doute à l'ensemble de ces symptômes que les auteurs ont donné le nom d'angine suffocante. Nous pouvons assurer qu'elle s'observe assez souvent chez les enfants et que nous avons presque toujours trouvé sur ceux qui étaient morts de cette maladie une très grande abondance de mucosités fort épaisses qui s'étaient agglomérées dans la cavité du larynx, en avaient causé l'obstruction, et avaient, pour ainsi dire, étranglé l'enfant. » Elle peut se terminer par résolution au bout de quelques jours, passer à l'état chronique, ou enfin causer promptement la mort de l'enfant, qui périt quelquefois axphyxié dès le début de la maladie. Quant à l'angine et à la bronchite pseudo-membraneuses, elles ne s'observent pas chez les très jeunes enfants.

BRONCHITE.

Observations : Quatre observations de bronchite latente, mortelle dans les huit ou dix jours après la naissance. (Billard, *loc. cit.*, page 525.)

Cas divers de bronchite aiguë, mortelle dans les cinq

premiers jours, de bronchite grave, suites de coryza. (Billard, *loc. cit.*, p. 528.)

La cause la plus ordinaire de la bronchite aiguë est l'impression subite ou prolongée du froid, et principalement du froid humide, lorsque le corps est échauffé (1). Cette inflammation peut avoir lieu sans produire aucun symptôme bien apparent chez les nouveau-nés. Ainsi Billard dit avoir pu constater après la mort tous les caractères anatomiques de la bronchite chez plusieurs enfants qui n'avaient offert ni râle ni toux pendant la vie. Il n'y a quelquefois d'autre symptôme que le râle muqueux, ou la respiration bruyante, courte et très fréquente, sans râle bien caractérisé. Mais le plus souvent les symptômes sont les suivants : Respiration fréquente suspireuse, râle bronchique s'entendant quelquefois sans le secours de l'auscultation, quintes de toux plus ou moins violentes, accompagnées d'accès de suffocation, en outre chaleur à la peau, fréquence et petitesse du pouls, thorax sans matité à la percussion, etc. Si l'affection n'est pas intense, elle peut être de courte durée et se terminer par résolution ou passer à l'état chronique; mais pour peu qu'elle ait d'intensité, son prognostic acquiert toujours de la gravité.

---

(1) M. Chomel, *Dict. de médecine*, article *Bronchite*.

APOPLEXIE PULMONAIRE.

OBSERVATIONS : Enfant âgé de trois jours. — Enfant âgé de deux jours.

« *L'apoplexie pulmonaire*, dit Billard, est une affection plus commune chez les nouveau-nés que chez les adultes et les vieillards; la fréquence des congestions des poumons à cette époque de la vie explique très bien la fréquence de la maladie. »

Cette affection appartient essentiellement aux premiers jours de la naissance. Les observations que les auteurs en rapportent ont pour sujet des enfants de deux à trois jours. Françoise Redon, par exemple, entre à l'infirmerie des Enfants-Trouvés âgée de trois jours, elle succombe huit jours après; Auguste Bonnet n'est âgé que de deux jours, il continue à vivre quelques jours encore, et meurt en vomissant des matières spumeuses et sanguinolentes. A l'autopsie de chacun d'eux on trouve des épanchements de sang dans le tissu des poumons. Quant aux symptômes, ils se réduisent aux suivants : difficulté de la respiration, suffocation imminente, matité de la partie du thorax où siége le mal, parfois expulsion de matières sanguinolentes.

CONVULSIONS.

OBSERVATIONS : Eclampsie mortelle observée chez la petite fille de Berriat-Saint-Prix, après la sortie pour aller à la mairie et à l'église. (Communiquée par M. Berriat-Saint-Prix.)

Trois cas d'éclampsie mortelle rapportés par MM. Guersant et Blache. (Article *Eclampsie* du *Dictionnaire de médecine*, en 21 vol.)

Eclampsie. — En Europe, le tétanos est rare, mais les convulsions comprises sous le nom d'éclampsie sont assez fréquentes.

Sur 70 cas de convulsions observées dans le premier mois, 43 ont eu lieu dans les huit premiers jours de la vie et ont pu être déterminées par l'influence extérieure. L'impression subite d'un air froid, de même que l'insolation, le refroidissement occasionné par la pluie, par le contact d'un liquide froid avec le chaud, ont été regardés comme des causes de convulsions, et cela avec d'autant plus de raison que les convulsions paraissent résulter d'une inflammation des méninges cérébrales ou rachidiennes, ainsi que le démontrent les observations de Billard, qui, sur 30 cas de convulsions de nouveau-nés, a trouvé vingt fois une méningite rachidienne, et, sur 20 cas, six fois une inflammation de méninges du cerveau et de la moelle épinière.

Tétanos. — Aux Antilles françaises et autres régions intertropicales, l'expérience a démontré que lorsque le nouveau-né était porté au dehors avant neuf jours, le tétanos était le plus souvent la conséquence de cette imprudence. On peut consulter sur ce point le rapport de Poissonnier, Desperières, Andry, Carrère, Thouret, fait par la Société de Médecine au ministre de la marine les 15 et 19 juillet 1785, et contresigné par Vicq-d'Azyr. L'exposition subite du nouveau-né à un courant d'air frais et humide est considérée comme la cause déterminante de cette affection. Pour la prévenir on recommande aux nourrices d'éviter les alternatives de chaud, de froid ou de frais, et de ne pas exposer les enfants à l'air extérieur.

CORYZA.

OBSERVATIONS : Faits indiqués et détaillés dans le cours de l'article.

Le coryza est très fréquent chez les nouveau-nés, et parmi les exemples les plus remarquables de cette affection on doit citer les observations de M. Rayer (1), de Danyau père (2), de Billard (3), de madame Lachapelle (4), de M. Dupuch-Lapointe (5). La congestion sanguine habituelle, l'irritabilité et l'abondance de sécrétion de la membrane pituitaire, démontrent la grande disposition de cette membrane à s'enflammer, et expliquent la fréquence de cette affection dans les premiers jours de la vie. Très souvent on voit des enfants qui viennent de naître éternuer presque aussitôt qu'ils sont en contact avec l'air extérieur; c'est un des premiers symptômes de l'affection qui nous occupe ici.

L'exposition subite à un air froid et humide, le refroidissement des pieds, le refroidissement partiel de

(1) In-8° publié en 1820. — (2) Observations sur la fréquence du coryza chez les nouveau-nés. — (3) *Loco citato*. — (4) Citée par Dugès dans son *Traité des accouchements*. — (5) *Lancette française*, 1831, t. V, p. 246.

la tête, qui s'est toujours trouvée, pendant la vie intra-utérine, soumise à une température élevée et uniforme, l'exposition à la chaleur d'un feu trop vif, et l'insolation suivie du passage dans un milieu frais, sont regardés par Billard, et par MM. Rayer, Chomel, Blache, comme les causes les plus ordinaires du coryza.

Avant le beau Mémoire de M. Rayer, publié en 1820, on méconnaissait le plus souvent cette affection, et les symptômes remarquables qu'elle présentait, lors même qu'elle était intense, étaient rapportés à des maladies étrangères. Cette circonstance explique l'ignorance dans laquelle on est resté si long-temps sur ce point, et les préjugés qui peuvent encore subsister sur l'innocuité de cette affection. Cependant le coryza chez les nouveau-nés est une maladie très importante à connaître, parce qu'elle s'observe très fréquemment, et qu'elle peut entraîner après elle des accidents mortels. Nous croyons qu'il est nécessaire d'entrer ici dans quelques détails sur la description de cette maladie, trop souvent méconnue.

La plupart des symptômes que l'on a donnés pendant long-temps ne pouvaient guère être appréciés chez les jeunes enfants, dont les pleurs et les cris expriment les douleurs sans en indiquer le siége et la nature. On peut en juger par la description suivante : «Le coryza des enfants s'annonce ordinairement par la sécheresse des narines ; l'odorat se perd, la tête devient lourde et quelquefois très douloureuse. Les sinus frontaux semblent être bouchés; il y a du prurit; les yeux sont rouges et humides; les oreilles sifflent et bourdonnent; l'enfant nasille et éternue plus ou moins fréquemment; il est sans appétit. Ensuite la sécrétion du mucus se rétablit et devient très abondante; elle est d'abord limpide, visqueuse, puis blanche, opaque et d'une odeur particulière; la membrane muqueuse passe par divers degrés de rougeur, de gonflement, avant de reprendre sa couleur naturelle. Lorsque cette espèce de catarrhe est très intense, la fièvre l'accompagne et redouble surtout le soir ou la nuit; il survient alors des frissons vagues, et le petit malade est plus inquiet et plus accablé que dans le jour. Mais tous les symptômes s'apaisent à mesure que *l'écoulement du nez augmente.* » Tel est le récit que Capuron faisait de cette affection en 1820 (1). Les symptômes précurseurs tels que le prurit, la céphalalgie, le bourdonnement des oreilles, etc., ne peuvent être reconnus chez les enfants à la mamelle. Il existe d'autres caractères positifs et faciles même à prévoir si l'on réfléchit à la conformatiou des fosses nasales, aux effets de l'inflammation et au mode d'introduction des aliments chez les enfants à la mamelle.

Voici la description de cette maladie du premier âge, d'après Billard et MM. Rayer, Chomel, Blache, etc. : enchifrènement, éternuements fréquents, tumé-

(1) *Traité des maladies des enfants*, in-8°. Paris, 1820.

faction plus ou moins prononcée du nez et des paupières, couleur luisante de la peau qui recouvre ces parties, bouche béante, lèvres et langue un peu sèches, respiration bruyante et accompagnée d'un sifflement qui se passe dans les fosses nasales, déglutition facile des liquides s'ils sont donnés par cuillerées, impossibilité d'exercer, comme les jours précédents, une succion prolongée : l'enfant prend le sein, mais à peine a-t-il fait une ou deux succions que la respiration paraît gênée, la face devient violette, il abandonne alors précipitamment la mamelle, pousse des cris aigus et plaintifs, ou bien il éprouve une forte quinte de toux, à la suite de laquelle il s'engoue. Ces accidents se calment peu de temps après s'être manifestés ; ils se renouvellent toutes les fois qu'on veut faire téter l'enfant. Si la maladie prend plus d'intensité, la difficulté de respirer augmente à mesure que les mucosités nasales deviennent plus visqueuses et plus abondantes, et que la membrane est elle-même tuméfiée davantage. L'enfant, qui dort presque toujours la bouche fermée, ne peut alors dormir sans la tenir ouverte ; l'agitation, les cris et la physionomie du petit malade expriment la douleur et la gêne excessive qu'il éprouve. Si on lui donne le sein, son état d'anxiété et de suffocation redouble ; il abandonne promptement le mamelon, parce qu'il ne peut exercer la succion, puisqu'il ne respire plus que par la bouche, et que celle-ci est alors remplie par le lait qui s'en écoule, de sorte que, se trouvant continuellement agité par le besoin de la faim et l'impossibilité de la satisfaire, il tombe bientôt épuisé de fatigue, de douleur et d'inanition, et ne tarde pas à périr avant même d'être arrivé à un degré de marasme avancé. La marche des symptômes est quelquefois très rapide, et la mort peut avoir lieu en trois ou quatre jours. Le coryza, quel que soit son degré d'intensité, est toujours une affection très pénible pour les enfants à la mamelle; il est d'autant plus dangereux que l'enfant est plus jeune : alors il est souvent mortel par lui-même ou par les complications auxquelles il donne lieu. De toutes les complications, la plus fréquente est la bronchite; elle met très promptement les jours de l'enfant en péril. Le mal peut passer à l'état chronique; mais le plus souvent il se termine par résolution. La gravité de la maladie est toujours subordonnée au degré de tuméfaction de la membrane pituitaire, à l'abondance et surtout à la consistance des mucosités sécrétées par la membrane enflammée. Le coryza ne présente pas de danger et n'est qu'une affection légère tant que l'enfant peut téter. Le danger commence avec la difficulté de la respiration et de la succion. La variété la plus grave est celle qui existe avec formation de concrétions pseudo-membraneuses. D'après les symptômes précédents on peut se convaincre, d'un côté, des souffrances et de l'anxiété qu'éprouve le nouveau-né affecté de coryza, quel qu'en soit le degré d'intensité; de l'autre, des dangers auxquels il est exposé, et de l'importance qu'offre l'affection à cette époque de la vie.

Voici quelques observations de coryza terminées par résolution ; je les extrais du mémoire de M. Rayer.

Faits dignes d'attention.

Première observation. — « Mme *** était accouchée depuis huit jours d'un enfant mâle bien conformé, mais d'une faible constitution. Il avait pris le sein de sa mère cinq heures après sa naissance, et, dès lors, il avait continué de téter comme le font habituellement les enfants. Le huitième jour, cet enfant parut agité, sa bouche était entr'ouverte, il avait la langue et les lèvres un peu sèches, la respiration était gênée et accompagnée d'un bruit, espèce de sifflement nasal propre au coryza. Vainement essayait-on plusieurs fois dans le jour de lui donner à téter ; à peine avait-il la figure appliquée sur la poitrine de sa mère qu'il poussait des cris d'abord aigus, puis plaintifs ; si, par hasard, il saisissait le mamelon, ou, lorsqu'il était introduit dans sa bouche par sa mère, elle observait que, dès qu'il avait exercé une ou deux succions, l'enfant devenait violet, quittait brusquement le sein et s'engouait après avoir éprouvé quelques quintes de toux.

» Persuadée que ces accidents pouvaient tenir à une conformation peu favorable du mamelon ou aux qualités malfaisantes de son lait, la mère essaya avec un biberon de faire prendre à l'enfant du lait de vache coupé avec un tiers d'eau d'orge. Les accidents dont j'ai parlé s'étant renouvelés, on m'envoya chercher. La mère me parut avoir toutes les qualités nécessaires à une bonne nourrice ; le mamelon en particulier était bien conformé. Ayant introduit mon petit doigt dans la bouche de l'enfant, il le suça légèrement, l'abandonna et se mit à crier. Voulant m'assurer de l'exactitude de tout ce qu'on m'avait rapporté, j'engageai la mère à introduire le mamelon dans la bouche de l'enfant. A peine avait-elle senti une ou deux succions, que la petite figure de l'enfant devint violette ; il s'engoua à force de crier, et tomba dans une espèce de pamoison après avoir éprouvé une violente quinte de toux. Une tentative avec le biberon, dont je fus témoin, fut également infructueuse et accompagnée ou suivie des mêmes phénomènes. J'essayai alors de faire prendre à l'enfant une cuillerée d'eau sucrée : il l'avala facilement et presque avec avidité. J'en donnai plusieurs autres avec le même succès. L'absence d'aucun vice de conformation de la langue ou de la bouche, la facilité de la déglutition, l'existence des quintes de toux se renouvelant toutes les fois qu'on voulait faire téter l'enfant, la certitude que j'avais que les jours précédents il s'était nourri en tétant sa mère, toutes ces circonstances, réunies à quelques symptômes particuliers que j'observai, tels que la couleur un peu luisante de la peau qui recouvre le nez, avec un léger gonflement de cet organe et des paupières inférieures, le sifflement nasal, la manière de respirer par la bouche, me convainquirent que tous ces accidents, et notamment l'impossibilité de la succion étaient le résultat d'une inflammation des narines. J'ordonnai de faire du feu dans la chambre très froide qu'habitait l'enfant, de le tenir chaudement et à l'abri des coups d'air, de lui faire prendre du lait par cuillerée, de bassiner les narines avec de l'eau de guimauve, d'enlever avec soin le mucus qui les remplissait, et j'annonçai que l'enfant recourrait à la succion aussitôt que l'état des fosses nasales lui permettrait de respirer la bouche fermée. Six jours suffirent pour justifier ce prognostic. Pendant ce laps de temps, le mari de cette dame fut chargé de dégorger les seins au fur et à mesure qu'ils seraient tendus. »

Deuxième observation. — « Le 20 février 1820, je fus consulté par une femme du peuple pour un enfant venu à terme, bien conformé, âgé de six jours, et qui avait refusé de téter depuis 48 heures, quoique sa mère lui eût présenté le sein un très grand nombre de fois. On craignait qu'il n'eût le filet, et c'était en grande partie pour s'en assurer qu'on me l'avait amené. On me dit que la mère se portait bien, qu'elle avait le mamelon bien conformé et suffisamment de lait; l'enfant avait tété les quatre premiers jours comme le font en général ceux que l'on élève parfaitement. Après avoir doucement promené mon petit doigt sur les lèvres de l'enfant, je l'introduisis dans sa bouche; il le saisit, et je sentis sa langue s'appliquer sur sa face; il aspira comme s'il eût voulu téter; mais il abandonna aussitôt mon doigt en poussant des cris aigus et plaintifs. La femme qui me l'avait amené ajouta que lorsqu'on voulait le faire téter il criait beaucoup plus fort, et qu'alors il avait quelquefois de si violentes quintes de toux qu'il s'engouait de manière à leur donner beaucoup d'inquiétude. La respiration était gênée et produisait un bruit ou sifflement nasal particulier au coryza. L'enfant avala plusieurs cuillerées d'eau sucrée qu'on lui donna, pour m'assurer de la manière dont s'opérait la déglutition.

» Considérant que l'enfant avait tété les quatre premiers jours, que la bouche et la langue étaient bien conformées, que la déglutition des liquides par cuillerées s'opérait facilement; rapprochant ces circonstances de quelques autres, telles que l'état particulier du nez et des paupières, la manière de respirer par la bouche, j'admis l'existence de l'inflammation des narines, confirmé d'ailleurs dans cette idée par des renseignements qui établissaient que la mère habitait une chambre très froide et sans rideaux. Je conseillai de nourrir l'enfant avec du lait de vache coupé avec un tiers d'eau d'orge, qu'on lui ferait prendre par cuillerées, de le préserver de l'impression du froid, de bassiner et nettoyer ses narines avec de l'eau de guimauve, de faire dégorger les seins de sa mère s'ils étaient trop distendus, de les présenter le lendemain et jours suivants quelquefois à l'enfant, sans le fatiguer par d'inutiles et nombreuses tentatives, espérant qu'il téterait aussitôt que l'air pourrait traverser librement les fosses nasales. Il vécut pendant quatre jours exclusivement de lait de vache coupé avec de l'eau d'orge. Les 26 et 27 février, il commença à téter quelques gorgées; le 28, il prit du sein de sa mère toute la nourriture dont il avait besoin. »

ENDURCISSEMENT DU TISSU CELLULAIRE.

En 1826, sur 777 nouveau-nés reçus à l'hospice des Enfants-Trouvés de Paris, le nombre des enfants affectés d'endurcissement s'est élevé à 240.

Sur 338 cas d'œdème observés par M. Valleix dans le cours d'une année, 233 appartiennent aux six mois d'hiver et 105 aux six mois d'été. Sur 514 cas d'œdème observés dans tout le cours d'une année, 364 sont pour les six mois d'hiver et 150 pour les mois d'été.

L'endurcissement du tissu cellulaire, dont on voit à peine quelques cas dans les mois les plus chauds (juin, juillet, août), est une affection très meurtrière en hiver à l'hospice des Enfants-Trouvés. Dans la pratique civile, on ne le rencontre guère parmi les classes indigentes. On ne l'observe pas chez les gens riches, dont les enfants sont chauffés, couverts, avec la plus scrupuleuse attention. Les enfants faibles et chétifs y sont particulièrement exposés; pour eux les chances sont à peu près nulles. Cette affection débute dès les premiers jours de la vie, rarement plus tard que le quatrième jour (1).

La faiblesse congéniale et l'action du froid, mais l'action prolongée du froid, sont les deux causes pré-

(1) Désormeaux et Paul Dubois, *Dictionnaire de médecine*, article *Nouveau-né*.

disposantes et occasionnelles, dont l'efficacité est bien démontrée dans la production de cette affection. Les effets du froid les plus évidents et les plus généraux, même chez l'adulte, lorsqu'il n'y a pas une réaction suffisante de la part de l'animal soumis à cet agent, sont tous les phénomènes propres à l'endurcissement du nouveau-né, Ainsi l'on observe : abaissement de la température, condensation des solides et des liquides, gêne constante de la respiration, même dans les cas les plus légers, faiblesse et ralentissement de la circulation, congestion sanguine ou stase du sang dans les différents tissus, engourdissement profond, etc. La fréquence de l'hépatisation pulmonaire et de la matité du thorax, la gêne constante de la respiration, les troubles de la circulation, ont fait penser à différents auteurs que cette affection avait pour point d'origine une pneumonie ou plutôt un état pathologique survenu dans les poumons et mettant obstacle à la circulation générale. Les résultats obtenus par M. Flourens relativement à la prompte action du froid sur les poumons des jeunes animaux sont favorables à cette opinion, et alors les causes de la pneumonie seraient applicables à l'endurcissement. Cependant on s'accorde généralement à admettre que l'endurcissement est bien le résultat de l'action du froid sur toute l'économie, mais que la pneumonie pulmonaire donnant lieu à l'engoûment pulmonaire n'est pas l'affection primitive, qu'elle ne survient que secondairement. Telle est l'opinion émise dans ces derniers temps par

M. Valleix. Un fait qui tend à établir quelques liaisons entre ces deux affections, c'est que la mortalité produite par l'endurcissement suit à peu près le même cours que la pneumonie. Ces deux affections ne sont pas de même nature; et cependant elles paraissent offrir, quant aux causes qui les produisent, et aux effets qu'elles déterminent, quelques points de contact et d'union. Le cours de la mortalité pour chacune d'elles présente les mêmes phases d'origine, d'augmentation et de décroissement.

AFFECTIONS GASTRO-INTESTINALES (GASTRO-ENTÉRITE).

OBSERVATIONS : *Enfant naissant* assez développé, sans amaigrissement, exposé à sa crèche le 7 juin, mort dans la nuit du 7 au 8, gastrite avec ulcérations multiples au grand cul-de-sac de l'estomac. (Billard, 28e observation.)

Enfant naissant avec une entérite congéniale des mieux caractérisées. Cet enfant exige les plus grands soins pendant les premières semaines; il finit par être ramené à l'état de santé. (Le professeur Désormeaux, art. 9 du *Dictionnaire de médecine.*)

Enfant âgé de quatre jours, remarquable par la coloration de la face et la fermeté des chairs, entré le 1er janvier, mort le 6 : gastrite érythémateuse. (Billard, 31e observation.)

Enfant d'une forte constitution, ayant de l'embonpoint, âgé de trois jours, entré à l'infirmerie le 3 mars, mort le 5 : ramollissement de la muqueuse gastrite. (Billard, 35e observation.)

Huit cas d'enfants nés à terme dans un état de faiblesse et de maigreur très prononcées, chez lesquels on a pu constater les caractères anatomiques les plus prononcés d'une phlegmasie gastro-intestinale. (Billard, page 70, première édition.)

Bien que les affections gastro-intestinales puissent dater d'une époque antérieure à la naissance, bien qu'elles puissent aussi se développer dès les premiers jours de la vie, ce n'est guère que vers la fin de la deuxième semaine et dans la seconde moitié du mois qu'elles entrent pour une bonne part dans le chiffre de la mortalité du premier mois. Elles n'appartiennent pas directement aux accidents qui sont la conséquence de l'exposition prématurée de l'enfant à l'intempérie de l'air extérieur; elles sont quelquefois déterminées dès le moment de la naissance par la pratique de coutumes vicieuses, par l'ingestion dans l'estomac de liquides irritants, tels que vins, purgatifs ou autres. Mais elles sont, pour la presque totalité des cas, le résultat du mode d'allaitement, et les mauvais effets de l'allaitement ne se font guère sentir qu'à la fin de la première semaine. Dans tous les cas, dès que ces affections existent, elles sont aggravées par le froid, qui, refoulant le sang dans les parties profondes, détermine promptement l'accroissement du mal et hâte la terminaison fatale; de même que chez les adultes l'action sympathique du froid sur les affections abdominales est prompte, de même chez les nouveau-nés l'action du froid ne doit pas être sans influence sur certaines affections intestinales décrites par Billard et qui s'observent assez fréquemment, telles que l'invagination intestinale, le spasme des intestins, les coliques, le choléra des nouveau-nés, etc.

FAIBLESSE CONGÉNIALE OU DE NAISSANCE.

Sur 656 enfants de zéro d'âge à un mois morts dans l'état désigné sous le nom de faiblesse de naissance (1), 410 sont fournis par les cinq premiers jours dans les proportions suivantes : 1er jour, 158 ; 2e jour, 105 ; 3e jour, 58 ; 4e jour, 47 ; 5e jour, 42 ; 6e jour, 32 ; 7e jour, 22, etc. Restent 192 pour les trois autres semaines du mois.

Les enfants viables nés avant terme ou nés à terme dans un état de faiblesse et de débilité très prononcé succombent promptement sous les moindres influences nuisibles, s'ils ne se trouvent pas placés dans les conditions de température nécessaire à leur existence. Il suffit de quelques heures pour qu'ils périssent, et les altérations qu'on est appelé à constater après la mort, si la vie se prolonge un peu, sont celles que M. le professeur Flourens, dès l'année 1826, avait signalées à l'attention dans les expériences qu'il fit à cette époque sur de jeunes animaux. Le chiffre élevé des décès par suite de faiblesse de naissance porte presque en totalité sur les trois premiers jours de la vie. Il n'est pas hors de propos de rappeler ici

(1) Dénomination complexe dans laquelle, outre les cas de faiblesse congéniale proprement dite, on comprend souvent des maladies non déterminées.

les causes les plus directes de cette mortalité. Un enfant est-il né débile et faible, on s'empresse de le porter à la mairie et à l'église, parce qu'on a la crainte de le voir succomber à chaque instant; on va justement l'exposer à l'action des causes extérieures qui lui sont le plus funestes, et on néglige de l'entourer des soins dont il a le plus pressant besoin pour vivre. Il en résulte que la presque-totalité succombe promptement. Si quelques uns d'entre eux échappent à la mort, c'est qu'ils appartiennent à la classe aisée, et qu'ils ont été l'objet de soins exceptionnels, ainsi qu'on pourra en juger par les observations rapportées précédemment d'enfants nés avant terme. Ces observations pourront servir aussi à démontrer 1° l'insuffisance des soins qu'ils reçoivent le plus ordinairement, et 2° la nature de ceux dont ils auraient besoin d'être entourés.

ICTÈRE DES NOUVEAU-NÉS.

Presque tous les enfants nouveau-nés du deuxième au quatrième jour sont affectés d'ictère physiologique ou morbide. La surface du corps de l'enfant naissant exprime exactement l'état de la respiration et de la circulation; si, au moment de la naissance, la circulation ne peut s'établir, il survient promptement une teinte bleuâtre générale symptomatique de l'état intérieur; si le trou de Botal reste béant, la cyanose de toute la surface de la peau en devient la conséquence. Il en est de même de l'ictère des nouveau-nés : il est la traduction à l'extérieur des changements qui s'opèrent dans la circulation, ou bien de quelque maladie de l'appareil gastro-hépatique. Les changements qui surviennent dans la circulation et les fonctions du foie, qui d'organe d'hématose devient un organe sécréteur du fluide destiné à la digestion, donnent lieu, chez presque tous les enfants, à l'ictère proprement dit des nouveau-nés, phénomène par lequel il est indiqué que l'établissement complet de la vie nouvelle ne s'est point encore achevé. Il apparaît du deuxième au quatrième jour ; à cette époque, la peau de l'enfant devient jaune; cette teinte ictérique, qui est marquée même sur les conjonctives, augmente d'intensité pendant un ou deux jours, puis se dissipe peu à peu dans l'espace de trois à quatre jours. Ce phénomène dénote les changements qui s'opèrent dans un des organes les plus importants à la circulation du nouveau-né. Son apparition du deuxième au quatrième jour, lorsque l'enfant a été exposé à l'air extérieur, ne pourrait-elle pas dans certains cas être considérée comme un des effets de cette exposition, ou, du moins, comme favorisée par elle? Jusqu'à présent on n'a point étudié quelle pouvait être l'influence du premier contact de l'air sur la peau du nouveau-né. De même que chez l'adulte on voit souvent survenir l'ictère à la suite de l'immersion du corps dans l'eau très froide, de même il est permis de se demander s'il n'existe pas quelque relation entre l'ictère et le passage subit d'un milieu élevé en température dans un milieu beaucoup plus froid. Levret avait émis l'opinion que cette coloration générale pouvait être le résultat d'une ecchymose universelle de toute la peau, produite par le poids tout nouveau de l'air sur la surface du corps du nouveau-né. On a admis aussi qu'en raison des changements survenus dans la circulation du sang à travers le foie, par suite de l'oblitération de la veine ombilicale, cet organe était plus disposé à recevoir l'action des causes irritantes, et à devenir le siége d'une affection dont l'ictère annonçait l'imminence. L'ictère morbide des nouveau-nés ou symptomatique des maladies de l'appareil gastro-hépathique survient presque toujours après la naissance; mais souvent aussi il remonte à une époque antérieure; les causes qui le produisent sont multiples et très variables. Il résulte le plus fréquemment d'une entérite plus ou moins grave; mais il peut dépendre aussi d'une hépatite (Désormeaux), d'un endurcissement du tissu cellulaire, du spasme du canal cholédoque, de l'obstruction de ce conduit par une matière visqueuse, etc. — Il n'est pas toujours facile à distinguer dès le principe de l'autre variété d'ictère, le prognostic est toujours subordonné à l'affection dont il est la conséquence. Dans tous les cas, l'ictère est un phénomène annonçant un état anormal de maladie ou de transition.

OPHTHALMIE.

Affection très fréquente ; ses conséquences fâcheuses.

OBSERVATIONS : Plusieurs cas d'ophthalmie communiqués par M. Blache à M. Ségalas, membre du conseil général de la Seine (session 1847).

Ophthalmie observée chez la petite-fille de M. Pelassy de l'Ousle à la suite du transport à la mairie. (Fait communiqué par M. le docteur Rendu.)

Ophthalmie grave et pneumonie mortelles chez l'enfant de la femme Baudet, indigente du premier arrondissement, survenues le quatrième jour après sa naissance. (Observation propre à l'auteur.)

Autres faits cités par M. Bourjot St-Hilaire dans un Mémoire présenté à la chambre des Pairs.

Cette affection est très fréquente, et les conséquences en sont souvent fâcheuses. Hors les cas de certaines ophthalmies contagieuses ; hors les cas d'ophthalmie syphilitique ou purulente communiquée par la mère à son enfant au moment de l'accouchement ; hors les cas d'ophthalmie épidémique ou contagieuse observés dans les endroits où sont réunis un grand nombre d'enfants ; hors les cas d'ophthalmie idiopathique que, dans l'état physiologique de la mère le mieux établi, le contact avec la conjonctive de matières irritantes, telles que mucus vaginal, lochies, urines, matières intestinales, peut avoir déterminés, les auteurs qui se sont occupés d'ophthalmologie ou des maladies du premier âge,

Weller, MM. Sichel, Blache, Baudelocque, etc., s'accordent tous pour reconnaître comme cause occasionnelle et directe d'ophthalmie chez les nouveau-nés l'exposition de l'enfant naissant au grand air ou à la vive lumière. On ne doit point s'étonner que l'ophthalmie survienne fréquemment chez les nouveau-nés par suite de l'exposition de l'enfant, peu de temps après sa naissance, à l'intempérie de l'air extérieur, à la lumière vive du soleil ou du grand jour. Ces nouveaux rapports des yeux qui n'ont jamais vu la lumière exigent certaines précautions pour éviter des accidents. La marche de cette affection est rapide, son prognostic toujours douteux; si l'inflammation se borne à l'extérieur et n'occupe que la conjonctive et les paupières, elle peut se résoudre sans laisser de traces. Le prognostic est encore assez favorable si les suites de l'inflammation se bornent à l'obscurcissement de la cornée, ou bien à un simple ectropion de la paupière supérieure. L'obscurcissement est susceptible de se guérir ou de disparaître spontanément, de même que l'ectropion; seulement ces affections, en gênant la vision, exposent au strabisme. Mais si l'ophthalmie virulente survient, ce qui est très fréquent, si l'inflammation attaque les parties constituantes du globe de l'œil, le prognostic est toujours grave, bien que le mal ne soit pas mortel : car les conséquences de l'inflammation sont des lésions qui compromettent pour toujours la vision, et entraînent trop souvent après elles la cécité. « Quand la cornée a été perforée, dit Weller (1), il s'établit facilement une adhérence partielle de l'iris avec cette membrane, et de plus une cicatrice plus ou moins étendue avec perte complète de la vue. On observe quelquefois dans ces cas, avec ou sans synéchie antérieure, une cataracte centrale, dont il n'est pas facile d'expliquer ici la formation. Lorsque pendant la durée de l'inflammation l'iris a contracté en grande partie ou dans toute son étendue une adhérence avec la cornée sans que celle-ci soit perforée, il se forme, dans le premier cas, un staphylôme partiel; dans le second cas, un staphylôme complet de la cornée. Cependant, s'il y a atrophie et destruction complète du globe de l'œil, il reste à sa place une petite tumeur informe et blanchâtre; les paupières tombent en dedans et se ferment pour toujours. »

PÉRICARDITE.

OBSERVATIONS : Péricardite chez un enfant de deux jours. (Billard.)

Six cas d'épanchement séro-albumineux avec pseudo-membranes adhérentes à la surface du cœur. (Billard.)

Plusieurs cas communiqués à l'auteur par M. Fournier, ancien interne de l'hôpital des Enfants-Trouvés.

La péricardite est sans contredit une des affections

---

(1) *Traité des maladies des yeux*, etc.

particulières aux nouveau-nés. Billard dit qu'elle est peut-être plus fréquente chez les nouveau-nés qu'à tout autre âge de la vie. D'où vient cette fréquence, quelles peuvent être les causes prédisposantes ou occasionnelles de cette affection redoutable? La péricardite est plus commune chez les nouveau-nés que la pleurésie. L'importance et l'activité des fonctions du cœur au moment de la naissance nous fournissent par elles-mêmes une explication suffisante de la susceptibilité du péricarde à s'enflammer, beaucoup plus grande que celle des plèvres, dont les fonctions n'ont point encore commencé. Il en résulte que les causes qui produisent la pleurésie dans l'état ordinaire déterminent de préférence l'inflammation du péricarde, dont l'irritabilité propre s'est considérablement accrue. C'est surtout en hiver qu'on observe cette affection. Comme il en est pour la pleurésie, le refroidissement subit, l'exposition au froid, sont souvent les causes occasionnelles de la péricardite. La faiblesse de constitution, la maigreur, en favorisant l'action du froid, doivent être regardées comme causes prédisposantes. L'action directe du froid à travers les parois thoraciques peut déterminer la péricardite. Il peut aussi agir en surexcitant les contractions du cœur, ou bien en donnant lieu, par suite du refoulement du sang vers les parties profondes, à la gêne de la circulation, à des mouvements extrêmes de dilatation et de rétraction dans les parois du cœur. L'activité plus grande survenue dans les fonctions de l'organe central de la circulation pour l'établissement de la vie indépendante peut seule suffire au développement de cette inflammation. Dans tous les cas, dès que celle-ci a pris naissance, les mouvements continuels dont le cœur est le siége accroissent le mal avec promptitude. La marche de cette affection est très rapide, les symptômes très insidieux; les enfants périssent rapidement dans un état général d'anxiété, de malaise et de souffrance, sur la nature desquels il est bien difficile de fixer son opinion. Chez un enfant de deux jours, il existait des adhérences assez solides; dans six autres cas, le péricarde contenait un épanchement séro-albumineux, avec des flocons blanchâtres adhérents à la surface du cœur et des brides très légères entre les deux feuillets de cette enveloppe séreuse. L'auscultation, la percussion, ne dissipent pas toujours les incertitudes du diagnostic.

PÉRITONITE DES NOUVEAU-NÉS.

OBSERVATIONS : Plusieurs cas de péritonite ayant fait périr des nouveau-nés dans les trois premiers jours de la vie. (Billard, Dugès.)

Vingt-quatre observations de péritonite chez les nouveau-nés par le docteur James Ysompson d'Edimbourg. Autre observation de péritonite congéniale. (**Désormeaux**, *Dictionnaire de médecine*.)

La péritonite est beaucoup plus commune qu'on ne le pense chez les enfants naissants. Sa cause première est le plus souvent indépendante de l'action du froid ; mais tous les auteurs s'accordent à reconnaître que le froid exerce une grande influence sur les progrès ultérieurs de cette affection, et en aggrave les symptômes de manière à compromettre promptement l'existence.

La péritonite que l'on observe dans les premiers jours de la vie peut avoir commencé à une époque antérieure à la naissance ; elle est souvent la conséquence de lésions survenues à quelque viscère de l'abdomen, au foie, par exemple, pendant le travail de l'accouchement ; on l'a vue se développer dans les premiers moments de l'existence, par suite, soit d'un étranglement interne, soit de la rupture de la vessie dans le cas d'oblitération de l'urètre, soit de certains vices de conformation, etc.

PLEURÉSIE.

OBSERVATIONS : Enfant de deux jours fort et vermeil, du sexe masculin, exposé au froid le 14 novembre, mort dans la nuit du 15 au 16 : pleurésie aiguë double. Les deux cavités de la poitrine renferment une grande quantité de sérosité d'un beau jaune, au milieu de laquelle se trouvent quelques flocons albumineux ; il n'y a pas encore d'adhérence entre les plèvres. Les deux poumons flottent sur l'eau (73e observation de Billard.)

Enfant fort, âgé de quelques jours, présentant toutes les apparences de la santé, du sexe féminin, né le 30 octobre, mort le 5 : pleurésie double. Le poumon droit offre un léger degré d'hépatisation à son bord extérieur.

La plèvre des deux côtés est çà et là le siége d'un pointillé rouge très fin ; il y a environ deux cuillerées à café de sérosité floconneuse épanchée dans chaque cavité thoracique, et la base des deux poumons adhère au diaphragme par de légers filaments albuminiformes d'une très faible consistance et d'une couleur citrine comme le fluide épanché. (Billard, 74e observation.)

Plusieurs cas de pleurésie chronique chez des enfants naissants, par M. Véron. (*Dictionnaire de médecine*, 2e édition, t. 21.)

Autres cas cités en séance par plusieurs membres de l'Académie. (*Dictionnaire de médecine*, 2e édition, t. 21.)

La pleurésie est beaucoup plus commune qu'on ne pourrait le croire chez les nouveau-nés; elle se développe souvent sans que le poumon participe à son inflammation. Le froid est la seule cause évidente de cette affection. C'est dans l'hiver qu'on les observe presque toutes; la faiblesse de constitution, la maigreur, en favorisant l'action du froid, paraissent être des causes prédisposantes.

Le diagnostic de la pleurésie chez les jeunes enfants est toujours obscur et difficile. On peut cependant soupçonner que cette affection existe lorsqu'on observe beaucoup d'anxiété, d'agitation, de difficulté de respirer, une dilatation pénible des parois du thorax, des contractions rapides et plus prononcées du diaphragme et des muscles abdominaux; et au milieu de tous ces symptômes, l'intégrité du cri, qui n'offre d'autre altération que celle de la fatigue et de l'épuisement. L'absence de la respiration, la matité, sont les signes qui indiquent la présence de l'épanchement dans la cavité pleurale. On sait aujourd'hui que l'œgophonie peut tout aussi bien s'entendre à cette époque de la vie qu'à un âge avancé. C'est dans ces circonstances que l'on a pu apprécier le tact admirable de M. Baron père pour déterminer par la percussion l'état des différents points du thorax.

PNEUMONIE.

OBSERVATIONS : Pneumonie mortelle dans les cinq premiers jours de la vie par suite de l'exposition au froid. (Billard, 67e observation.)

Pneumonie mortelle dans les quatre premiers jours de la vie. (Billard, 7e observation.)

Deux cas de pneumonie mortelle attribuée au transport à la mairie par M. Blache, médecin de l'hôpital des enfants, etc. (Lettre à M. Ségalas, membre du conseil général de la Seine, session 1847.)

Pneumonie mortelle attribuée à la même cause, communiquée par M. le docteur Baron fils.

Pneumonie mortelle dans les six premiers jours; enfant du sexe féminin, né le 29 décembre, entré à l'infirmerie le 31, mort le 4 janvier. (Valleix.)

La pneumonie se déclare dans les trois premiers jours qui suivent la naissance. C'est une des affections qu'on est appelé à observer le plus fréquemment chez les nouveau-nés. Tous les auteurs (Billard, Dugès, Valleix, etc.) ont signalé la fréquence de cette affection dans les mois de janvier, février, mars. On voit en effet le nombre des pneumonies s'accroître considérablement dans les mois les plus froids, pour décroître d'une manière très sensible dans les mois les plus chauds. Ainsi, dans un relevé pris sur plusieurs années, les mois de janvier et février ont fourni 229 décès par suite de pneumonies; tandis que les mois de juillet et d'août n'en ont offert que 91. L'action du froid en est regardée comme la cause, soit occasionnelle, soit directe. Parmi les causes capables d'exciter l'appareil respiratoire, Billard a soin de noter l'exposition subite de l'enfant à un air froid ou à un vent violent, etc. Les effets directs de l'air froid sur les poumons des jeunes animaux, quel qu'en soit le mode d'action, constituent un fait acquis à la science depuis long-temps, et les résultats obtenus dès l'année 1828 par M. le professeur Flourens dans ses expériences sur de jeunes animaux sont trop directement applicables à la pneumonie si fréquemment observée chez les nouveau-nés pour qu'il ne soit pas hors de propos de rappeler ici les conséquences qu'il a tirées de ses observations : 1° le froid exerce une action constante et déterminée sur les poumons; 2° l'effet de cette action est d'autant plus prompt et plus grave que l'animal est plus jeune; 3° quand le froid ne détermine pas une inflammation pulmonaire aiguë et promptement mortelle, il produit des inflammations chroniques, le plus souvent rebelles à toute médication. Les enfants faibles, chétifs et amaigris, sont surtout prédisposés à cette affection, parce que la débilité de leur constitution les rend très sensibles à l'action du froid sur les organes de la respiration. Les enfants forts et robustes y sont aussi sujets; ils sont, il est vrai, moins sensibles à l'action du froid; mais les congestions pulmonaires auxquelles ils sont très exposés pendant le travail de l'accouchement viennent, lorsqu'elles existent, favoriser le développement de la pneumonie sous l'influence des moindres causes de refroidissement. L'état anatomique des poumons dans les premiers jours de la vie mérite de fixer l'attention; il a une grande importance dans l'étude des accidents qu'on est appelé à observer chez les nouveau-nés. On a trop négligé peut-être de déterminer si, chez l'adulte, indépendamment des causes extérieures, certains états anatomiques des poumons ne favoriseraient pas le développement de la pneumonie, et s'il n'en serait pas de même à plus forte raison pour les nouveau-nés. Chez eux la stase du sang qui a lieu dans les organes respiratoires tant que la respiration et la circulation sont incomplètes produit facilement la congestion, l'engouement, et même l'apoplexie pulmonaire, lorsque ces fonctions éprouvent le moindre obtacle. Ces conditions anatomiques constituent la principale cause prédisposante des nouveau-nés à la pneumonie. Le sang agit à la manière d'un corps étranger; il concourt lui-même à altérer le tissu pulmonaire, avec lequel il se mêle et s'identifie de manière à former ce que l'on appelle l'hépatisation du poumon; il est la cause mécanique ou physique de cette affection. On conçoit alors facilement que les poumons dans de telles circonstances soient encore plus susceptibles d'éprouver l'influence des causes atmosphériques, dont l'action sur la production des maladies des organes respiratoires ne peut être le sujet d'aucun doute. Quant à la question de la fréquence de la pneumonie comme cause de mort chez les nouveau-nés, il est deux points importants qu'il faut prendre en considération : d'un côté, la difficulté du diagnostic; de l'autre, le petit nombre d'autopsies qu'on a occasion de pratiquer.

La pneumonie chez les nouveau-nés est une des affections dont le diagnostic offre les plus grandes difficultés. Elle peut passer inaperçue, elle peut être diagnostiquée lorsqu'elle n'existe pas. Tel est le cas de la matité d'un point du thorax causée par la présence d'une partie du poumon dans laquelle l'air n'a pas encore pénétré, et que l'on peut confondre avec la matité due à un engorgement pneumonique. Dugès et Billard citent des observations d'enfants chez lesquels trois jours après la naissance l'air n'arrivait pas à dilater toute l'étendue des poumons. Le seul fait de la grande mortalité des nouveau-nés par suite de l'action du froid a fait supposer que la pneumonie devait entrer pour une bonne part dans les causes de mort. Les observations nécroscopiques qu'ont pu faire les personnes placées dans des circonstances favorables sont bientôt venues donner à ces suppositions la valeur de faits bien établis. M. le professeur Flourens a pu après la mort vérifier les effets du froid sur de jeunes animaux soumis à son action. Les observations qu'ont recueillies Dugès, Billard, M. Valleix, pendant leur séjour à l'hôpital des Enfants-Trouvés de Paris, viennent aussi témoigner de la fréquence de la pneumonie dans les premiers jours de la vie. Dugès, par exemple, a dit que le catarrhe pulmonaire n'attaquait le plus souvent que des enfants de plusieurs années, que la pneumonie au contraire se déclarait les deuxième et troisième jours de la naissance. Billard a fréquemment observé la pneumonie dans les autopsies d'enfants morts après avoir vécu quelques jours; mais il est disposé à admettre pour la cause première de cette affection non pas le froid, mais la stase du sang, qui a lieu très facilement dans les poumons à cette époque de la vie au moindre obstacle apporté à la respiration ou à la circulation. Or, tout en admettant l'opinion de Billard, nous ne pouvons nous refuser de reconnaître qu'un des effets du froid est de déterminer ces congestions, ces engorgements pulmonaires si favorables au développement de la pneumonie, dont il doit, par conséquent, être considéré comme une des causes. M. Valleix rapporte aussi un grand nombre de pneumonies recueillies sur des enfants naissants surtout en hiver.

Hors des hôpitaux, les cas de pneumonie observés en ville, ou passent inaperçus, ou sont le plus souvent perdus pour la science, les autopsies n'étant que très rarement faites. M. Blache, médecin de l'hôpital des Enfants, m'a cité comme exemple de l'effet funeste du froid sur les nouveau-nés le fait d'un pharmacien de Paris, dont deux enfants, nés chacun en hiver, ressentirent d'une manière promptement funeste l'impression du froid, et moururent successivement des suites d'une pneumonie contractée dans les premiers jours de leur existence. Le prognostic est toujours grave; il est rendu grave par la nature même de l'affection, par la faiblesse de la constitution du malade, par les difficultés du diagnostic et par l'insuffisance du traitement. Il est important par ces seules raisons de tout faire pour diminuer la fréquence de ces affections. Si quelquefois la mort n'est pas la conséquence immédiate de la maladie, alors l'enfant se ressent plus ou moins long-temps de l'affection qu'il a eue et réclame les plus grands soins. C'est à l'occasion de la pneumonie que Billard a dit (1) : « Ne perdons pas de vue qu'il se trouve à » une époque de la vie où les divers organes sont » susceptibles en se développant de contracter certaines modifications qui les disposent à des idio- » syncrasies, dont l'influence peut se faire sentir » pendant la vie tout entière. Combien ne voit-on » pas d'enfants naître avec les apparences d'une » santé florissante, devenir pour toujours faibles et » maladifs par suite des affections qui, en les atta- » quant dès leur premier âge, laissent après elles

(1) *Traité des maladies des enfants*, page 254.

» des modifications organiques ou vitales que le » temps efface à peine et que chez quelques individus il ne détruit jamais! . . . .

» C'est peut-être à des pneumonies développées dans » les premiers jours de la vie qu'il faut attribuer » ces respirations courtes, ces voix voilées, ces asthmes, ces toux idiopathiques, dont certains individus sont affectés toute leur vie et qu'ils disent » avoir depuis leur bas âge. »

VARIOLE ET AUTRES ÉRUPTIONS CUTANÉES

Les éruptions cutanées sont fréquemment observées chez les nouveau-nés, et l'influence fâcheuse que peut avoir sur elles l'exposition prématurée de l'enfant à l'air extérieur n'est pas le sujet de la moindre contestation.

La variole se rencontre assez souvent : sans rappeler ici les faits nombreux consignés dans les auteurs, nous nous contenterons de mentionner les observations communiquées à la Société de médecine de Paris, dans sa séance du 20 novembre 1846. M. Sandras cite l'observation d'une femme entrée dans son service à l'Hôtel-Dieu annexe, et qui, vaccinée dans son bas âge, fut prise pendant ses couches d'une varioloïde, mais dont l'enfant fut affecté immédiatement après d'une variole véritable; cette variole dura plus de trois semaines et mit ses jours en danger. A cette occasion, M. Deville communique le fait observé par lui tout récemment d'un enfant qui vint au monde avec une éruption variolique sur toute la surface du corps, et mourut quelques jours après la naissance; il avait été transporté à l'état civil. Sa mère, vaccinée deux ou trois ans avant, ne fut atteinte de la variole qu'après la mort de son enfant. M. Duparcque rapporte le cas d'une femme marquée depuis long-temps de cicatrices varioleuses, et qui donna le jour à un enfant couvert de pustules de variole, sans que la mère eût été récemment atteinte de cette affection. MM. Devilliers père, Danyau, Collineau, citent des faits, qui leur sont personnels, de nouveau-nés qui vinrent au monde atteints de variole, ou qui furent pris de cette affection dans les premiers jours de la vie. On a été à même d'observer des mères qui, accouchant pendant le cours de la rougeole, ont donné naissance à des enfants dont la peau était marquée de taches rouges semblables à celles de la rougeole (Vogel, Rosen). Guersant et M. Blache (1) ont également eu occasion de voir cette affection chez un enfant qui l'apporta en naissant, l'ayant gagnée de sa mère. C'est surtout pour les nouveau-nés atteints de cette éruption qu'il faut éviter l'action d'une lumière trop vive, afin de les mettre à l'abri de l'ophthalmie, à laquelle ils se trouvent par le fait doublement exposés.

La scarlatine peut aussi attaquer les nouveau-nés. On trouve dans le *Dictionnaire de médecine* (article

---

(1) *Dictionnaire de médecine*, t. 27.

Scarlatine) le cas d'un nouveau-né dont la mère fut prise le lendemain de l'accouchement d'une éruption scarlatineuse avec complication de gangrène de la jambe droite; l'enfant, isolé immédiatement du sein maternel, n'en contracta pas moins la maladie, qui fut très intense, et qu'il supporta très bien, tandis que la mère mourut le quinzième jour. De son vivant, Baudelocque (A. E. C.), médecin de l'hôpital des Enfants-Malades, nous a communiqué, le 28 décembre 1846, l'observation d'une dame qu'il venait d'accoucher, et qui fut prise de la scarlatine le jour de son accouchement. Son enfant n'était-il pas sous l'influence de la même affection, et ne réclamait-il pas les précautions les plus grandes pour être mis à l'abri de toute répercussion, en cas d'éruption scarlatineuse? Dans de pareilles circonstances était-il raisonnablement possible, sans commettre une imprudence bien condamnable, d'effectuer le transport de l'enfant à la mairie pour la présentation ?

§ V. *RÉSUMÉ succinct des faits les plus saillants contenus dans ce chapitre.*

Aux maladies précédentes nous aurions encore à ajouter les cas de méningite cérébrale, de syphilis congéniale, d'érysipèle, et d'autres affections devenues mortelles par suite de l'exposition prématurée de l'enfant à l'air extérieur. Mais nous nous bornerons aux considérations et aux faits ci-dessus énoncés, parce qu'ils nous ont paru suffire au but que nous nous sommes proposé. Seulement, pour prouver d'une manière plus évidente l'urgence de la présentation au domicile des nouveau-nés, nous croyons devoir, en terminant ce chapitre, reproduire, sous forme de résumé succinct, une partie des faits qui se trouvent disséminés dans cette étude pathologique. Ces faits, dont l'authenticité ne peut être contestée, sont des preuves directes des effets fâcheux sur la santé des nouveau-nés du transport à la mairie dans les trois premiers jours de l'existence.

Accidents causés par le transport à la mairie.

Premier fait. Enfant fort et robuste, âgé de deux jours, exposition au froid, angine œdémateuse, mort en trois jours, en octobre (1).

Deuxième fait. Angine grave survenue à la suite du transport à la mairie (2).

Troisième fait. Eclampsie qui a enlevé la petite-fille de M. Berriat Saint-Prix, attribuée au transport de l'enfant à la mairie (3).

Quatrième fait. Coryza survenu du troisième au quatrième jour chez un enfant jusque alors bien portant. Impossibilité pour cet enfant de prendre le sein (4).

Cinquième fait. Cas d'ophthalmie qui s'est déclaré

---

(1) 61e observation de l'ouvrage de Billard.

(2) Communiqué par M. Rayer, membre de l'Institut.

(3) Communiqué par Berriat Saint-Prix, membre de l'Académie des sciences morales et politiques.

(4) Mémoire de M. Rayer sur le coryza.

sur la petite-fille de M. Pelassy de l'Ousle à la suite de son transport à la mairie.

Sixième fait. Autre cas d'ophthalmie, communiqué par M. Blache, médecin à l'hôpital des enfants, à M. Ségalas, membre du conseil général (session de 1847).

Septième fait. Ophthalmie et pneumonie mortelles survenues après le transport à la mairie chez l'enfant de la femme Baudet, indigente du premier arrondissement. Observation propre à l'auteur.

Huitième fait. Pleurésie double mortelle chez un enfant fort et vermeil exposé au froid le 14 novembre et mort dans la nuit du 15 au 16 (1).

Neuvième et dixième faits. Pneumonie mortelle sur les deux enfants d'un pharmacien de Paris survenue après le transport à la mairie.

Onzième fait. Pneumonie mortelle produite par la même influence ; communiqué à l'auteur par A. E. C. Baudelocque, médecin de l'hôpital des enfants.

Douzième fait. Pneumonie mortelle attribuée à la même cause ; communiqué à l'auteur par M. Baron fils.

Treizième fait. Tétanos mortel survenu chez un enfant âgé seulement de quelques jours attribué à son transport à l'air extérieur. Rapport de la Société de médecine au ministre de la marine en 1785.

---

(1) 73e observation de Billard.

(2) Faits communiqués à l'auteur par M. Blache.

Quatorzième fait. Enfant né avant terme dont la mort a été déterminée par le transport à la mairie.

Quinzième fait. Enfant de deux jours affecté, ainsi que la mère, de la fièvre scarlatine. Communiqué par A. E. C. Baudelocque.

Seizième fait. Variole congéniale mortelle chez un nouveau-né. La mort survint quelques jours après la naissance. L'enfant avait été transporté à l'état civil. Communiqué par M. Deville à la Société de médecine de Paris, et choisi parmi d'autres faits cités par divers membres.

Il est inutile, pour convaincre les esprits, de multiplier indéfiniment les exemples de pareils faits.

D'un autre côté, quand on songe 1° que sur 656 décès par faiblesse congéniale, que nous avons relevés de zéro d'âge à un mois, 464 appartiennent à la première semaine, et que 192 seulement se partagent entre les trois autres semaines du premier mois; 2° que, sur 70 décès par suite de convulsions relevés dans le même laps de temps, 43 sont pour la première semaine, et 27 seulement pour les trois autres, on est forcément conduit à reconnaître l'importance des soins minutieux dont le nouveau-né doit être surtout entouré dans la première semaine de la vie.

CHAPITRE IV.

Rapport de l'Académie de médecine de Paris au ministre sur la partie scientifique des travaux de M. Loir, par le professeur Hippolyte ROYER-COLLARD, rapporteur de la commission.

Séance du 2 avril 1850.

Motifs du retard qu'a éprouvé le rapport.

« Pendant le cours du mois de mars 1848, dit le professeur Royer-Collard dans son rapport, à l'époque où j'avais l'honneur de remplir les fonctions de président à l'Académie, M. le docteur Loir fut admis à lire en présence de cette compagnie le Mémoire dont je viens de rappeler le titre. Une commission, composée, sur ma proposition, de MM. Guersant, Baudelocque et moi, fut chargée d'examiner ce Mémoire, et j'acceptai la mission de rédiger pour l'Académie le rapport qui devait lui en rendre compte. Malheureusement, une

(1) Rapport de M. le professeur Hipp. Royer-Collard, au nom d'une commission dont il fait partie avec MM. Villermé et Orfila, sur un Mémoire présenté par M. le docteur Loir, membre de la Société de médecine et de la Société de chirurgie de Paris, etc., et relatif aux conditions physiologiques et pathologiques des nouveau-nés, pour démontrer la nécessité de la constatation des naissances à domicile, lu à l'Académie par M. Mélier, inséré dans les bulletins de cette compagnie, tome XV, p. 554, et copié par M. Loir sur le dossier du ministère de l'intérieur.

mort qui a laissé parmi nous de bien vifs regrets nous a enlevé peu de temps après notre savant confrère M. Guersant. Bientôt M. Baudelocque, atteint à son tour d'une maladie grave, ne put prendre dès lors aucune part aux travaux de la commission ; je restai donc seul avec le Mémoire de M. Loir entre les mains, et je fus moi-même retardé dans la rédaction de ce rapport par l'état fâcheux de ma santé, qui m'obligea un mois plus tard, à la fin de mon enseignement de 1848, de m'éloigner de Paris pour aller chercher plus loin le repos qui m'était devenu nécessaire. En 1849, je déclarai à M. Loir qu'il devait demander à l'Académie la formation d'une nouvelle commission, puisque la première se trouvait dissoute par suite de malheurs irrémédiables. Cette nouvelle commission fut, en effet, désignée ; mais bientôt nous apprîmes que les membres choisis pour le travail, pressés par d'autres devoirs, avaient répondu ne pouvoir se charger de cette tâche onéreuse. Sur mon avis, M. le docteur Loir s'adressa alors à M. le ministre de l'agriculture et du commerce, à qui la loi confie la direction et la surveillance de l'exercice de la profession médicale en France, et le pria de vouloir bien demander à cette compagnie un rapport officiel et d'urgence sur le travail qui devait être prochainement soumis aux délibérations des conseils généraux des départements. Le ministre du commerce accueillit favorablement cette réclamation de M. Loir, et le conseil d'administration revint alors à moi, me pressant d'accepter de nouveau la charge de faire un rapport sur la partie physiologique et pathologique du Mémoire de M. Loir, afin de satisfaire promptement au désir exprimé par le ministre. C'est cette tâche que je viens remplir aujourd'hui.

» Je dois d'abord donner ici un résumé succinct des vues générales qui ont inspiré à M. Loir la partie médicale du Mémoire que nous allons tâcher de juger dans ce rapport.

Coup-d'œil général sur les travaux de M. Loir.

» Les administrations municipales, dit-il, semblent méconnaître ou ignorer la nature, la diversité et l'importance des soins dont les nouveau-nés ont besoin pour être mis à l'abri des accidents funestes à leur santé. Il est généralement reconnu, c'est vrai, que la présentation du nouveau-né dans les trois premiers jours de la vie à l'officier municipal a été sagement prescrite par l'article 55 du Code civil ; mais, à la manière dont on exécute le titre de la loi, on paraît ne pas comprendre nettement son but réel. Dans le mode actuel d'exécution, on s'attache par dessus tout à la formalité la plus secondaire, et l'on semble méconnaître complétement le motif essentiel de la présentation, c'est-à-dire la constatation du fait de la naissance, du sexe, et surtout des différents cas sur lesquels la médecine devrait porter essentiellement son attention. Ainsi le repos, la chaleur douce et égale, sont les premières conditions nécessaires aux nouveau-nés pour l'établissement de la vie nouvelle. L'anatomie et la physiologie démontrent que c'est surtout pendant les huit premiers jours de la vie que l'emploi de ces moyens est impérieusement recommandé. La pathologie prouve, comme le fait très bien remarquer M. Loir, les résultats fâcheux qui sont la conséquence de leur omission. En conséquence de toutes ces observations et de bien d'autres encore que nous n'avons pas le temps de consigner dans ce rapport, déjà peut-être bien prolongé, M. Loir propose un projet de réforme qui a déjà reçu en 1829 l'approbation de l'Académie des sciences morales et politiques. Il s'attache à démontrer la gravité des dangers qui menacent les enfants par suite de l'obligation que le Code civil impose aux parents de porter les nouveau-nés à la mairie pour y faire inscrire l'acte de naissance sur les registres de l'état civil. Ce transport des enfants, dit M. Loir, les expose presque inévitablement à un refroidissement souvent mortel.

» Nous verrons tout à l'heure quels moyens il emploie pour prouver la vérité de ces assertions et persuader à tous les hommes éclairés qu'il faut nécessairement réformer les vices de la législation qui règne en ce moment. Tel est le but que M. Loir se propose et qu'il a poursuivi depuis plusieurs années avec un zèle et une persévérance dignes des plus grands éloges. Ces vues générales, exposées par lui dans un Mémoire dont nous venons de donner une courte analyse, ont été l'objet d'un rapport très favorable dans le sein de l'Académie des sciences morales et politiques. Mais M. Loir n'est pas seulement un théoricien, un statisticien, un philanthrope, ce qui serait d'ailleurs fort honorable; il est de plus un médecin, un chirurgien, un ancien interne de Dupuytren, et enfin, on peut se permettre cette expression, un véritable homme de science. Il a donc désiré, pour étudier plus complétement la question et la présenter sous toutes ses faces, appeler à lui les lumières que pouvaient lui fournir sur ce point la physiologie et la pathologie; et il est venu lire à l'Académie de médecine cette dernière partie de son travail.

Demande officielle du rapport par M. le ministre Victor Lanjuinais.

» L'Académie m'a chargé de lui faire un rapport sur cette dernière partie du travail de M. Loir. Ce rapport lui a été demandé officiellement par M. Victor Lanjuinais, ministre de l'agriculture et du commerce, qui a insisté sur la nécessité de le terminer promptement, afin de pouvoir l'adresser sans délai aux conseils généraux des départements.

But du rapporteur purement scientifique.

» La question se réduit donc pour moi à une question purement scientifique, dans laquelle l'examen attentif des faits physiologiques et pathologiques aboutit nécessairement à la rédaction d'un petit chapitre d'hygiène sur cette matière. Commençons par quelques considérations préliminaires qui nous semblent importantes.

» Ce n'est point ici le lieu de faire une leçon d'hygiène, d'exposer quels sont l'objet et le but de cette partie de la médecine, ce que c'est que la santé, quels sont ses différents degrés, ses différentes formes, et comment la santé d'un individu n'est pas la santé d'un autre, n'est point même la santé de cet individu aux époques successives de son existence. Je me bornerai à rappeler que chaque âge représente des conditions hygiéniques particulières.

» Pour apprécier convenablement les vues de M. Loir telles qu'il les a développées dans son Mémoire, je prendrai l'enfant au moment où il s'élance de la vie fœtale à la vie aérienne et indépendante. Alors s'accomplit la révolution la plus importante et en même temps la plus périlleuse qui ait jamais lieu pendant toute la durée de la vie humaine. Il change d'atmosphère; par cela seul il est changé lui-même : c'est un nouvel être qui succède au premier. Des difficultés sans nombre s'opposant au libre exercice de la respiration, chaque moment devient, pour ainsi dire, un danger pour l'enfant durant les premiers jours de sa vie respiratoire. Il suit de là qu'une autre fonction, la calorification, qui se rattache, ainsi que nous l'apprend la physiologie, au mode d'exercice de la respiration, est elle-même dérangée d'une manière plus ou moins grave, ce qui compromet sérieusement les jours du nouveau-né. Nous n'en dirons pas davantage sur ce chapitre. Nous sommes maintenant exactement sur le même terrain que M. Loir, et, comme il est impossible de n'être pas entièrement d'accord avec lui en ce point, nous nous abstenons de tout détail qui allongerait inutilement notre rapport. Le froid, on peut le dire, est le plus redoutable ennemi du nouveau-né pendant les temps qui suivent sa naissance. M. Loir a fait parfaitement ressortir cette vérité. J'ajouterai aux faits nombreux qu'il a cités ceux que nous fait connaître l'observation des animaux, et qui ont été enregistrés par la physiologie. Tous les animaux, jusqu'aux derniers

Faits curieux de physiologie comparée.

insectes, prennent des précautions infinies pour préserver leurs petits nouveau-nés du refroidissement, lorsque ces derniers sont dépourvus, en naissant, de poils ou de plumes, ou bien viennent au monde les yeux fermés. M. Duméril dit avoir vu une chauve-souris qui, pour mettre bas, s'était suspendue par les pattes de devant, et avait étalé la membrane qui se trouve entre les pattes de derrière pour y recevoir le petit nouveau-né, qu'elle prit ensuite sous son aile. On cite aussi l'exemple de quelques oiseaux échassiers qui mérite d'être ici rapporté. Leurs pattes trop longues ne leur permettent pas de se poser sur leurs œufs pour les couver. Le mâle place ces œufs sur le dos de sa femelle, qui va elle-même dans une mare ou sur une rivière; le mâle s'assied sur le dos de la femelle et couve ainsi les œufs en fendant l'eau avec ses longues pattes, comme un batelier avec les rames de son bateau. Voilà certes des faits connus et positifs, et l'on pourrait en citer bien d'autres qui prouvent clairement que l'instinct porte naturellement les animaux à procurer à leurs petits une chaleur artificielle proportionnée aux besoins de leur organisation.

» La question hygiénique, par conséquent physiologique, n'est pourtant pas aussi simple et aussi claire par elle-même qu'on serait d'abord tenté de le croire. Puisque je suis chargé d'examiner ici cette question au point de vue de l'hygiène, en l'éclairant au flambeau de la physiologie, je dois entrer encore dans le détail de certains faits curieux que la science moderne a enregistrés.

Expériences de physiologie comparée.

» Plusieurs animaux, particulièrement de jeunes oiseaux, privés momentanément de la chaleur artificielle qui était fournie par leur mère, en avaient beaucoup souffert. Quelques uns étaient morts, d'autres devenus froids, roides et immobiles. On essaya de réchauffer ces derniers au feu ou à l'eau chaude. La plupart se ranimèrent et survécurent à ces expériences. Ils ne mouraient que quand ces expériences avaient été trop prolongées ou trop souvent répétées. Ainsi donc, quand on a expérimenté sur des animaux nouveau-nés, on a vu, chose remarquable, que la chaleur artificielle, nécessaire toujours à leur existence, pouvait cependant leur être momentanément soustraite et dans une certaine mesure.

» Edwards, qui avait fait souvent ces expériences, a soumis à cette même épreuve d'autres animaux de la même espèce, mais plus âgés, dont les yeux étaient ouverts et les plumes à peu près poussées. Il a vu alors se produire les mêmes phénomènes d'engourdissement et de mort apparente qu'on avait observés chez les nouveau-nés; mais quand il voulut ensuite les réchauffer, il remarqua constamment que les animaux plus âgés, ranimés d'abord comme les autres, ne se rétablissaient néanmoins que d'une manière incomplète, et périssaient presque tous dans l'espace d'un à deux jours. Le même résultat fut obtenu sur des animaux adultes, et le refroidissement fut toujours d'autant plus nuisible que les animaux étaient plus âgés et produisaient par eux-mêmes plus de chaleur.

» Ainsi, on doit se souvenir de ce fait curieux qu'à mesure que les animaux s'éloignent du moment de la naissance d'une part, la faculté de développer de la chaleur s'accroît en eux, et en même temps celle de résister au froid extérieur; que, d'une autre part, l'aptitude à se ranimer après l'engourdissement diminue dans la même proportion.

» Ce fait m'en rappelle un autre qui pourrait fort bien tenir à une même cause. Buffon mit sous verre pendant une demi-heure trois petits chiens qui venaient de naître; deux de ces animaux subirent trois fois cette épreuve et furent parfaitement rétablis.

» De nos jours Legallois fit une expérience semblable. Plusieurs petits chats nouveau-nés vécurent, terme moyen, vingt-huit minutes sous l'eau; d'autres, âgés de cinq jours, n'y vécurent que seize minutes; d'autres, âgés de quinze jours, périrent tous presque sur-le-champ.

» Ne comprend-on pas jusqu'à un certain point que des animaux qui avaient vécu jusque alors sans respirer dans le liquide amniotique de leur mère aient supporté la privation d'air beaucoup mieux que ceux dont la respiration était établie et déjà indispensable à leur conservation? Le petit nourrisson dont la vie a été, pour ainsi dire, latente jusqu'à ce moment, n'est-il pas dans de meilleures conditions pour vivre sans air que celui qui a joui déjà de la plénitude de la vie et de l'intégrité de toutes ses fonctions? Je le répète, d'ailleurs, que la calorification dépend partout de la respiration, et que, par conséquent, les observations de Buffon et de Legallois peuvent expliquer celles de Edwards, bien qu'au premier coup d'œil elles semblent les contredire.

L'homme et les animaux à la naissance.

» Des animaux nous arrivons à l'homme. Celui-ci est soumis aux mêmes lois que les autres animaux. Comme eux, il produit de la chaleur par l'action de ses organes; mais, comme eux, il n'en produit pas assez pour résister au froid extérieur pendant les premiers temps qui suivent sa naissance. Il a donc besoin aussi à cette époque de sa vie de recevoir d'une main étrangère les secours d'une chaleur artificielle.

» Plus un animal occupe un rang élevé dans l'échelle zoologique, plus il est privé, quand il vient au monde, des moyens de vivre par lui-même et à lui seul. Les animaux inférieurs, à peine sortis de l'état d'œuf ou de larve, sont presque semblables à ceux qui leur ont donné le jour, et souvent, à peine nés, ils donnent eux-mêmes le jour à leurs descendants. Enfin, les mammifères se montrent beaucoup plus soigneux encore de leur progéniture, pour laquelle le lait sécrété dans le sein de la mère est versé aux nouveau-nés avec la chaleur, aussi long-temps que le besoin s'en fait sentir. Dans l'espèce humaine, la nature ne fait pas d'elle-même tout ce qui est nécessaire à la conservation des jours de l'enfant. L'intelligence, qui a remplacé l'instinct, et qui a mis la liberté à la place de la nécessité, impose des charges à ces êtres privilégiés, parce que chaque droit de plus entraîne un devoir ; c'est l'espèce elle-même qui doit veiller à la satisfaction de ses besoins, et chez elle la physiologie s'élève jusqu'à l'hygiène.

Raisons pathologiques.

» Je me suis borné jusqu'à présent à présenter ici les raisons physiologiques qui expliquent l'extrême susceptibilité des enfants nouveau-nés pour le froid, et l'insuffisance de leurs moyens de réaction contre cette terrible influence. C'était pour moi le seul moyen de préparer convenablement mes lecteurs à une parfaite intelligence des vues scientifiques qui rendent raison aux médecins de la partie médicale de l'excellent travail de M. Loir. Ce médecin, avons-nous dit, nous a démontré, par la lecture qu'il nous a faite de son Mémoire dans le sein de cette Académie, la gravité des dangers qui menacent les enfants par suite de l'obligation que le Code civil impose aux parents de porter les nouveau-nés à la mairie pour y faire inscrire l'acte de naissance sur les registres de l'état civil. Ce transfert des enfants, dit M. Loir, les expose presque inévitablement à un refroidissement souvent mortel.

Documents statistiques.

» Afin de prouver la vérité de cette proposition, M. Loir a dressé des tableaux statistiques d'après un procédé nouveau. La mortalité des enfants pendant le premier mois de la vie y est marquée jour par jour, avec une extrême précision. Non seulement la mortalité est, comme on sait, beaucoup plus considérable pendant le premier mois que pendant les autres ; mais il existe, ajoute M. Loir, trois maximum de mortalité parfaitement caractérisés et toujours les mêmes dans toutes les statistiques, et l'on ne les observe plus ensuite pendant les autres mois.

» Le premier maximum se rapporte au premier jour de la vie. Pour moi, après une mûre réflexion, je crois devoir le passer ici sous silence, et voici quelles sont mes raisons. Le bon sens indique manifestement aux hommes sérieux et éclairés qu'il comprend une foule de décès dont la cause est diverse, et qui, bien que comptés dans toutes les tables de mortalité dressées par les plus célèbres statisticiens, ne devraient cependant pas, selon moi, y figurer. Par exemple, on y fait figurer les enfants mort-nés, ceux qui périssent pendant l'accouchement et par le fait même de l'accouchement; ceux qui étaient déjà malades dans le sein de leur mère, ou qui sont venus au jour non viables. Il est évident que tous ces enfants ne sont pas morts le premier jour, que leur mort est un accident qui n'appartient pas plus à un jour qu'à un autre, et que la cause de la mort, certainement antérieure à la naissance, n'est pas de celles sur lesquelles l'hygiène de l'enfance ait aucune prise.

»Le second maximum, celui qui nous intéresse particulièrement ici, se rapporte surtout aux jours qui s'écoulent depuis le cinquième environ jusqu'au quatorzième, et de très peu au delà de ce dernier. On l'observe pendant les mois froids de l'année, et principalement pendant l'hiver; tandis qu'au contraire, il n'est guère sensible pendant l'été, circonstance remarquable et qui prouve manifestement que le surcroît de la mortalité est dû alors à l'abaissement de la température. Un autre fait contribue encore à le prouver : c'est que les maladies dont les enfants sont atteints à cette époque, et qui les enlèvent si promptement, ont constamment leur siége dans les organes respiratoires. La gravité et la rapidité de ces maladies sont d'autant plus prononcées, d'ailleurs, que le froid est plus intense, et que les enfants malades sont à un âge plus rapproché du moment de leur naissance. Ces faits, relevés par une statistique dans laquelle l'erreur est impossible, sont surtout significatifs en ce qu'ils s'accordent entièrement avec les données physiologiques que nous avons consignées plus haut et avec les résultats des expériences de J. Hunter, d'Edwards, de MM. Milne-Edwards, Flourens et Villermé. Je ne veux pas omettre non plus, à cette occasion, de rappeler les curieuses recherches de M. Jules Béclard, ni le bel ourvrage de notre savant confrère Jules Guyot intitulé *Théorie de l'incubation*.

» Le troisième maximum suit une marche précisément opposée à celle du second : il diminue en hiver pendant que l'autre augmente; il augmente en été pendant que l'autre diminue. Ce n'est pas qu'on ne l'observe aussi pendant l'hiver; mais comme il ne commence guère à se faire sentir qu'à partir du douzième jour, tandis que le second maximum règne du cinquième au quatorzième, il en résulte que le surcroît des décès n'a pas lieu en été, comme en hiver, du cinquième au quatorzième jour, mais qu'on le remarque surtout depuis le douzième jusque vers la fin du premier mois. Ce troisième maximum de mortalité n'a donc plus pour cause, comme le second, l'influence du froid; il s'explique par la prédominance des phlegmasies gastro-intestinales, du muguet et de toutes les maladies qui dépendent principalement du mode d'alimentation, du lait bon ou mauvais, d'une direction plus ou moins convenable de l'allaitement.

Des enfants nés avant terme.

» M. Loir s'est occupé avec grande raison d'une classe d'enfants qui mérite en effet une sollicitude toute spéciale; je veux parler des enfants nés avant terme. Plus faibles que les autres, plus exposés à la mort, par cela même qu'ils sont plus imparfaits et que leur organisation est en quelque sorte inachevée, ils produisent aussi moins de chaleur; ils meurent donc très promptement en hiver. Ce n'est point une raison pour qu'on doive désespérer de leur salut. Beaucoup d'exemples attestent que les enfants nés long-temps avant terme, à sept mois, à six mois et demi, ont traversé sans maladie grave les hivers les plus rigoureux, et sont parvenus ensuite à un âge fort avancé. On peut citer, parmi les hommes célèbres, Voltaire, Fontenelle, remarquables l'un et l'autre par leur longévité; on sait que Fontenelle mourut à l'âge de cent ans moins quelques jours, et s'écria au moment de mourir : *Il faut convenir que je perds la partie belle!* M. le professeur Chomel a communiqué à M. Loir une observation curieuse, celle de M. le duc de Montmorency, né avant terme, à six mois et demi, et dans un tel état d'exiguïté, qu'on le plaça de suite dans une boîte d'eau de Cologne garnie de coton. A force de soins assidus et de chaleur artificielle, on parvint à le faire vivre; il devint, avec l'âge, plus grand et plus robuste que ses frères nés à terme, leur a long-temps survécu, et est mort récemment, disait M. Chomel, il y a environ trois ans, dans un état de vieillesse avancée.

Dans tous les cas que je viens de citer, les enfants nés avant terme ont été l'objet de soins continuels : on les a entourés d'une température élevée et uniforme ; on ne les a laissés sortir de leur chambre qu'après qu'ils avaient acquis toute la force naturelle à leur âge et propre à des enfants vigoureux. Aussi n'est-ce guères que dans la classe aisée de la société qu'on observe de telles exceptions. L'enfant né avant terme doit donc être soumis à une chaleur artificielle plus grande que celle qu'on accorde à l'enfant qui est né à terme. « On a lieu de s'étonner, dit à ce sujet M. Loir,
» que, dans l'hospice des enfants trouvés de Paris,
» qui est, dans ce genre, un établissement modèle,
» il n'existe pas pour les enfants nés avant terme
» des salles particulières dont la température soit
» plus élevée de 10 à 15 degrés que celle des enfants
» qui sont nés à terme, et qui sont mêlés avec
» eux. »

» On ne saurait trop approuver les vues de M. le docteur Loir, ni les recommander avec trop d'insistance à la sollicitude des dépositaires de l'autorité publique. Les élus du peuple, ceux qui ont, au nom du peuple, attaqué si long-temps et si vivement leurs prédécesseurs, ne nous blâmeront pas certainement si nous leur rappelons ce que doivent aux pauvres enfants du peuple des gouvernants inspirés par le patriotisme et l'humanité. Vous trouverez juste, Messieurs, que j'élève la voix avec quelque énergie en faveur de ces malheureux, et contre ceux qui les oublient: car vous avez vu, et vous verrez bien plus encore, que l'hygiène ne peut faire un pas sans constater et déplorer sans cesse leur abandon et leurs souffrances.

Abandon où sont les nouveau-nés.

» Je ne terminerai pas ce rapport sans dire encore, ce qui n'a pas échappé à M. Loir, qu'il est également indispensable d'accorder des soins particuliers à ceux de ces enfants qui sont venus au monde malades, débiles, mal conformés, et prédisposés par leur état physique à contracter des affections mortelles, sous l'influence de tant de causes pernicieuses, qu'on devrait au moins éloigner de leur berceau. J'ajouterai enfin que le Mémoire dont je viens de vous rendre un compte abrégé contient encore nombre de vues dignes de la plus grande attention sur les applications que son travail si remarquable pourrait fournir à la médecine légale, à la physiologie et à la pathologie. Le temps et l'espace me manquent ici pour vous entretenir en détail des tableaux que M. Loir a joints à ses autres recherches. Il me suffira de l'exposé qui précède pour vous faire comprendre toute la valeur

Leurs maladies, et leurs prédispositions morbides.

Conclusions et proposition du rapporteur.

de ces investigations si longues, si patientes, si utiles, et qui donnent, à ceux mêmes qui n'en prennent qu'une idée incomplète, une si haute estime pour leur auteur. Assurément un tel labeur mériterait une récompense honorifique de la part d'un gouvernement qui saurait apprécier ces louables efforts, mais ce n'est point par nous et en ce lieu que de pareilles propositions peuvent être convenablement faites; l'Académie de médecine ne peut accorder à M. Loir d'autre distinction que celle d'ordonner l'insertion du travail de ce laborieux et savant médecin dans la collection des Mémoires que publie annuellement cette compagnie. J'ose espérer, Messieurs, que vous ne lui refuserez pas cet honneur si bien mérité. »

Une discussion s'élève par suite de laquelle les conclusions suivantes sont proposées.

Vœu émis par l'Académie.

» L'Académie émet le vœu que, pour obéir à l'ar-
» ticle 55 du Code civil, des mesures soient prises
» par les administrations compétentes, afin que la
» présentation des enfants à la mairie ne soit pas
» exigible, ou du moins reste facultative. »

Ces conclusions ont été mises aux voix et adoptées par l'Académie dans sa séance du 11 juin 1850.

Pour copie conforme,

Le secrétaire perpétuel,

Signé : DUBOIS.

Lettre de M. Royer-Collard à M. Loir, après la lecture de son rapport.

Vendredi, ce 5 avril 1850.

MON CHER CONFRÈRE,

J'ai fait lire mardi dernier à l'Académie par M. Meslier, qui s'en est très bien acquitté, et avec beaucoup de complaisance, mon rapport sur tous vos travaux. J'ai été aussi long qu'il m'était possible, dans la carrière bornée que m'avait tracée le ministre du commerce. Je vous ai loué de mon mieux, en m'étendant un peu sur quelques détails hygiéniques, afin d'en mieux démontrer l'importance.

Je vous dirai, sans me faire aucune illusion, que ce rapport a produit une très favorable impression sur tout le monde, qu'on m'a adressé toutes sortes d'éloges, ainsi qu'à vous, et qu'en somme l'effet produit a été excellent pour nous deux, sans cesser jamais de vous faire valoir encore plus que moi. La conclusion de la séance a été, à l'unanimité, que le rapport, votre Mémoire manuscrit et toutes vos brochures seraient renvoyées au ministre, comme étant la réponse de l'Académie tout entière. J'ai fait de mon mieux.

Votre bien dévoué,

Signé : HIPPOLYTE ROYER-COLLARD.

Résumé général de la première partie.

Les recherches qui composent cette première partie mettent en évidence, d'un côté, les règles que l'hygiène et l'expérience prescrivent d'observer à l'égard des nouveau-nés ; de l'autre, les conséquences fâcheuses que doit entraîner après lui l'oubli de leurs sages préceptes. La statistique nous a fourni des résultats peu connus ; elle nous a dévoilé et le chiffre élevé et le cours réel de la mortalité particulière aux premières semaines de la vie. Elle nous a mis à même d'apprécier ces causes et leurs effets.

La physiologie nous a fait connaître les conditions les plus favorables aux premiers jours de l'existence ; elle nous a démontré la susceptibilité extrême du nouveau-né aux moindres agents nuisibles avant le laps de temps strictement nécessaire à l'établissement de la vie.

La pathologie, de son côté, par des faits matériels, nous a fourni la preuve de ces influences si fâcheuses tant que la révolution qui s'opère dans les organes les plus importants n'est point accomplie.

Enfin, le rapport de l'Académie de médecine vient à son tour garantir au public la valeur des travaux que nous avons entrepris.

DEUXIÈME PARTIE

DE L'ÉTAT CIVIL DES NOUVEAU-NÉS

AU POINT DE VUE DE LA LOI.

SES RAPPORTS AVEC L'ÉGLISE ET L'ADMINISTRATION.

Nous venons de fixer l'attention sur les conditions dans lesquelles se trouve le pauvre enfant aux premiers jours de la vie, sur la fragilité de son existence et sur les dangers qui l'entourent. Cette seconde partie traitera de l'application de la loi civile en ce qui concerne la présentation, et nous verrons en quoi elle diffère de la loi religieuse. Après avoir établi la nécessité de cette coutume, sagement prescrite par l'art. 55 du Code Napoléon, nous examinerons la question de savoir si le transport de l'enfant à la mairie pour la présentation est rigoureusement exigé par la loi, et nous démontrerons qu'il est possible, et de beaucoup préférable, de mettre en harmonie la loi civile avec la loi de la nature, et de substituer au mode actuel de présentation la présentation à domicile.

CHAPITRE PREMIER.

Du transport à la mairie pour la présentation. Avantage d'un mode d'application de la loi plus rationnel.

§ I. *De la présentation. Son importance.*

La présentation, exigée rigoureusement par la loi, est d'une utilité généralement reconnue pour valider l'acte d'état civil du nouveau-né, et cependant cette formalité n'est pas remplie dans les campagnes, dans la plupart des villes de province, et même dans beaucoup de chefs-lieux de département. D'où vient cette inexécution déjà trop répandue de la loi? Rechercher et apprécier quelles en sont les causes est le but que nous nous sommes proposé dans ce chapitre.

Inexécution presque générale de la présentation.

Les renseignements recueillis en 1850 par M. Rigal, député du Tarn, parmi ses collègues de l'Assemblée nationale, prouvent l'inobservation du mode actuel de présentation dans la presque-totalité de nos départements. Ainsi, entre les chefs-lieux du premier ordre où la présentation n'est pas observée se trouvent Marseille, Bordeaux, Orléans, Toulouse, Rouen, etc. Dans 45 départements, les habitants des villes sont dispensés ou se dispensent d'apporter les nouveau-nés à l'officier de l'état civil ; dans 14 départements les habitants des villes ne sont tenus d'obéir à l'art. 55 du Code civil que dans les cas où ils y sont domiciliés depuis peu de temps. Dans 79 départements, les habitants des campagnes n'observent pas la coutume de cette prescription de la loi. Le Puy-de-Dôme et la Lozère sont désignés comme départements où la présentation recevrait son application, même dans les campagnes. Ces derniers documents sont contredits par des renseignements qui proviennent d'autre part.

Des mesures d'hygiène propres à la première enfance.

Toutes les mesures destinées à améliorer la constitution physique des enfants, à empêcher ce qui pourrait leur nuire, doit être recherché avec soin. Par l'inspection du travail des enfants dans les manufactures, on a voulu remédier à des abus qui influaient d'une manière fâcheuse sur leur organisation et sur leur développement ; par l'établissement des salles d'asile on est parvenu à améliorer le sort des jeunes enfants de la classe ouvrière ; par la création toute récente des crèches on a fait un pas de plus vers le même but.

Suivant cette impulsion, et remontant vers la naissance, disions-nous en 1846, nous venons protéger de la même manière les premiers moments de la vie. L'enfant naissant a, comme on le sait, une existence très précaire ; la constitution de ses organes est très faible, la vie, même dans l'état de santé, est mal établie, et les plus légères influences lui impriment souvent une direction vicieuse, qui se prolonge indéfiniment. Le transport prématuré de l'enfant à la mairie exerce une influence certaine sur la mortalité des nouveau-nés; il aggrave les maladies que l'enfant peut apporter en naissant; il est la cause d'affections souvent très dangereuses.

Si l'on a reconnu l'utilité des crèches, on reconnaîtra sans aucun doute la nécessité d'une mesure très simple, d'accord avec la loi civile tout aussi bien qu'avec les lois de la nature, et qui est en quelque sorte, comme on l'a dit, *une introduction aux crèches*. Cette mesure, en effet, doit contribuer à donner à celles-ci des enfants bien portants en plus grand nombre, et même à prévenir les effets désastreux de l'envoi prématuré en nourrice. Pour arriver à ce résultat, il faudrait que la mère gardât son enfant chez elle pendant les quinze premiers jours; après ce laps de temps, elle le ferait partir avec plus de sécurité, ou l'apporterait aux crèches. Les secours à domicile, la charité publique, si puissante dans les grandes villes, pourraient faciliter aux classes indigentes les moyens de garder une quinzaine de jours la nourrice et son nourrisson soit chez elles, soit au bureau des nourrices; et même il paraîtrait résulter d'observations recueillies à l'Hôtel-Dieu de Paris que l'allaitement du nouveau-né par sa mère pendant les quinze premiers jours de la naissance offrirait le grand avantage de diminuer la fréquence et la gravité des accidents qu'on est appelé à observer chez les femmes en couches. Après ce temps seulement, l'enfant serait livré à une nourrice, si l'allaitement maternel, qui par ce moyen serait rendu plus fréquent, n'avait plus lieu ; ce serait aussi avec plus de chances de succès que l'enfant pourrait être élevé au biberon.

La belle institution des crèches n'a pas été, dès le principe, accueillie par l'autorité, qui, aujourd'hui, l'a prise sous sa protection. Il est bientôt devenu évident qu'elle était appelée à soulager de grandes misères et à procurer une efficace protection au premier âge.

§ II. *Inconvénients inhérents au mode actuel de présentation.*

L'obligation du transport du nouveau-né à la mairie est peut-être une des causes de l'exécution incomplète de la loi dans la majeure partie de nos départements, ou du moins c'est ce que tend à prouver l'examen que nous allons faire des inconvénients qui résultent du mode actuel de présentation.

Ses irrégularités et ses abus.

Dans les villes où cette formalité se pratique, elle est exigée hiver comme été, et cependant on voit parfois des familles privilégiées obtenir la faveur d'une vérification à domicile, ou d'une dispense de cette formalité. Quant aux classes peu aisées, et à plus forte raison les classes indigentes, qui ont moins de ressources, quelles que soient les circonstances dans lesquelles l'enfant se trouve, qu'il soit à terme ou avant terme, qu'il soit débile ou robuste, malade ou bien portant, il doit toujours être transporté à la mairie. Cette coutume est nuisible à beaucoup d'entre eux, d'autant plus que les parents de ces pauvres enfants sont souvent privés des moyens nécessaires pour les défendre contre l'intempérie des saisons et entretenir autour d'eux une température convenable à la débilité de leur constitution. Sans nous arrêter à Paris, nous nous contenterons de citer à ce sujet Lille, où il n'y a pas très long-temps le pauvre transportait toujours son enfant pour la présentation, et la famille aisée s'en dispensait le plus souvent avec le certificat de son médecin.

Dans le cas de péril imminent, l'officier de l'état civil doit se transporter au domicile des enfants. Mais comment est-il possible d'établir sans lenteur la véritable position dans laquelle se trouve un nouveau-né? L'indigent le transporte à la mairie dans quelque état qu'il soit, parce que l'obtention de la visite de l'officier civil à son domicile offre des difficultés qu'il n'a jamais crû pouvoir surmonter, ou qui se trouvent au dessus de ses moyens. Ainsi, par exemple, en Autriche et ailleurs, pour obtenir la constatation de la naissance et le baptême à domicile, il faut payer de 50 à 60 fr., somme toujours trop élevée pour les malheureux.

Il existe un autre abus, c'est que le plus souvent on ne vérifie pas le sexe. L'employé de l'état civil se dispense de faire déshabiller le nouveau-né ; d'un autre côté, les parents qui ont été forcés de transporter l'enfant à la mairie demandent qu'on ne le démaillotte pas, afin de ne point ajouter aux inconvénients qui résultent déjà du transport. Cette demande est naturelle, elle proteste contre le transport prématuré.

Inexécution de la loi dans les campagnes.

Dans les campagnes, avons-nous dit, l'article de la loi ne reçoit le plus souvent aucune exécution. Il n'y a ni présentation de l'enfant, ni vérification du sexe ; on se contente d'envoyer une déclaration, d'après laquelle l'acte est dressé. Ainsi on est généralement en contravention avec la loi, et alors, de deux choses l'une, ou la loi est exécutable ou elle ne l'est pas. Si elle est exécutable, d'où vient qu'elle n'est pas exécutée ? L'autorité devrait l'exiger. Si le mode d'application actuel est imparfait, il doit être amélioré : car l'exécution de la loi ne doit pas porter atteinte à la vie des citoyens.

Tolérance de l'autorité dans les villes et les campagnes.

Il est une remarque toute simple à faire pour prouver le vice du mode actuel d'exécution de la loi dans les différentes localités : d'un côté, l'art. 55 du Code civil ne reçoit pas exécution de la part des citoyens ; de l'autre, l'autorité n'applique pas l'art. 346 du Code pénal, qui punit d'un emprisonnement de six jours à six mois et d'une amende de 16 à 300 fr. le défaut de déclaration dans le délai de trois jours. La non-exécution de l'article de la loi, coïncidant avec la non-application de la peine, est une preuve évidente de la nécessité de modifier la coutume. Si, malgré l'article du Code pénal 346, la loi n'est pas exécutée, il faut qu'il existe un grand obstacle à son exécution. Si, d'autre part, l'autorité tolère la non-exécution et n'applique pas la peine, il faut qu'elle ait reconnu l'extrême exigence de l'application de la loi.

Il existe en effet des difficultés sérieuses à son exécution. On ne peut supposer que ce soit par négligence que la pratique d'une loi tombe en désuétude. Le cas de maladie, la rigueur du temps, les chemins impraticables, l'éloignement de la municipalité, peuvent rendre impossible le transport du nouveau-né, et justifier les localités où l'article de la loi n'est pas observé : tel est le cas des pays de montagnes.

§ III. *Obstacles naturels au transport de l'enfant à la mairie.*

Dans les grandes villes.

L'éloignement de la municipalité est souvent d'une à plusieurs lieues, et nécessite un voyage de plusieurs heures. Cet éloignement, bien que moins grand et exempt d'obstacles, existe également pour les villes et présente de graves inconvénients. Ainsi, à Paris, dans chaque arrondissement, il est toujours des points excentriques séparés de la mairie par des distances considérables. Dans le 10e arrondissement, par exemple, quel espace à franchir pour aller de l'extrémité du Gros-Caillou à la mairie, qui est à la Croix-Rouge! Il en est souvent de même dans les villes de province ; à Douai, par exemple (Lettre de

M. Evain, 14 octobre 1846), la constatation des naissances à domicile est impérieusement exigée par la position même de la ville : la commune de Douai ne se compose pas seulement de la ville, mais encore de quatre hameaux qui en sont distants de trois et même de cinq kilomètres. On comprend donc que, lorsqu'il faut, l'hiver, par un mauvais temps, faire parcourir cette distance à un nouveau-né, sa santé soit compromise. La grande distance exige un temps long, pendant lequel l'enfant est éloigné du logis, de sa mère, et manifeste par des cris ses impressions pénibles; souvent le refroidissement qu'il éprouve l'engourdit. Et dans quel moment est-il éloigné de sa mère et exposé à des impressions qui peuvent être funestes ? C'est lorsqu'il n'a pas encore pris domicile dans la vie, lorsqu'il n'a pas encore commencé son allaitement, lorsqu'il est sous l'influence de l'*ictère* résultant du changement qui s'opère dans la circulation, et pendant lequel l'impression du froid est souvent la cause, dans nos pays, d'une affection particulière aux nouveau-nés, et que l'on connaît sous le nom d'endurcissement du tissu cellulaire. Si l'on expose sans motifs l'enfant à des influences nuisibles, dont les effets, bien que peu éloignés, ne sont point instantanés et apparents, à l'exception du tétanos et de la pneumonie des nouveau-nés, on expose aussi la mère nourrice, par suite de la mort de son enfant, aux accidents pouvant être la conséquence d'une lactation commencée que l'on est obligé de supprimer tout d'un coup.

Les classes pauvres excèdent de beaucoup les classes aisées ; elles ont très souvent peine à se nourrir, et n'ont pas les moyens de se faire voiturer comme les classes aisées. Aussi qu'en résulte-t-il ? Il en résulte que l'enfant est porté à pied à l'état civil, mal vêtu, entouré de langes de toile grossière ne conservant pas la chaleur, mal abrité de la pluie, du vent ou du froid, et, l'été, mal défendu contre les rayons trop ardents du soleil, qui ont été plus d'une fois, de même que l'impression d'un air trop vif ou trop froid, la cause déterminante de cette ophthalmie grave laissant après elle la cécité. En un mot, si l'enfant passant du sein maternel dans un milieu soumis à une foule de vicissitudes se trouve naturellement exposé à des accidents décimant le premier âge, on ne doit point encore ajouter aux causes déjà si nombreuses de mortalité à cette époque de la vie par la pratique de coutumes vicieuses qui donnent lieu à des changements brusques de température et à plus d'une commotion mortelle.

Dans les villes de province.

Dans les villes de province, les moyens de transport ne sont pas aussi faciles que dans les capitales, le transport à pied est encore plus répandu ; mais les distances sont en général moindres. Cependant on se dispense le plus souvent de la présentation de l'enfant. On envoie faire la déclaration simple. Il est des circonstances dans lesquelles des préférences ont lieu : on a vu plus d'une fois l'officier de l'état civil aller bénévolement dresser à domicile l'acte de naissance d'un enfant robuste et bien portant, tandis que, dans le même lieu, on transportait à la mairie un autre enfant chétif et malade. Le plus souvent on dresse l'acte de naissance à la mairie, sans qu'on ait constaté légalement le sexe et la naissance.

Dans les campagnes.

Dans les campagnes, et surtout dans les pays de montagnes, les distances à franchir sont plus grandes, les chemins en hiver sont souvent impraticables. La loi ne peut pas raisonnablement recevoir exécution. Le délai de trois jours est insuffisant, en supposant même que l'enfant puisse être transporté sans danger.

Reflux des déclarations de naissance vers les jours fériés.

Est-il besoin de faire observer que souvent les parents, journaliers vivant au jour le jour, ne peuvent, sans de grands préjudices pour leur famille, s'absenter de leurs travaux? Ils doivent toutes les heures du jour au travail, afin de subvenir aux besoins les plus pressants. A Paris même, on a fait l'observatton qu'il y a un flux de naissance vers certains jours de la semaine, vers les jours fériés. Cette observation a été faite par M. Villermé, dans les relevés de statistique qu'il a dressés d'après les registres de l'état civil du 4e arrondissement. Alors, afin de rester dans les termes de la loi, on ne déclare la naissance que quelques jours après le délai légal. La raison naturelle de cette déclaration tardive est simplement la nécessité de travailler dans laquelle se trouve le pauvre artisan pour nourrir sa famille.

Quand on réfléchit à toutes les irrégularités que présente l'exécution de l'art. 55 du Code civil dans les différentes localités de la France, on ne peut s'empêcher de reconnaître qu'il existe un vice réel et radical dans le mode d'application.

Observations déduites de l'expérience journalière.

De son côté, l'expérience prouve chaque jour que les inconvénients qui résultent pour la santé des enfants du mode actuel d'exécution de la loi sont assez graves, assez fréquents, assez constatés, pour fixer l'attention. Si les enfants naissent bien portants, ils sont, par le fait seul du transport prématuré à la mairie, lorsque pour ainsi dire ils ne sont pas encore entrés en pleine possession de la vie, exposés à des maladies qui souvent les font périr ou les rendent infirmes. S'ils naissent infirmes, malades ou convalescents, on les soumet à des influences pernicieuses qui aggravent le mauvais état de leur santé, compromettent leur existence et augmentent certainement par la suite le nombre des personnes valétudinaires.

La législation qui a rapport à la vie organique des êtres doit surtout avoir pour bases les lois naturelles; seules elles conviennent non seulement à la conservation, mais encore au développement des espèces. Pourquoi ne pas prendre pitié des nouveau-nés? Pourquoi les exposer dès la naissance, et sans nécessité, à tous les agents qui peuvent compromettre leur existence et altérer leur constitution à venir, lorsqu'ils n'ont pas encore assez de chaleur par eux-mêmes pour conserver la température nécessaire à l'entretien de la vie chez eux?

Pourquoi, dans l'application d'une loi qui doit

prendre la nature pour modèle, ne pas donner la préférence au mode le plus convenable d'application? Pourquoi la loi, ou plutôt ceux qui l'interprètent, ne cherchent-ils pas à protéger de toute leur puissance contre ce qui tend à les anéantir de pauvres petits êtres débiles et faibles? Pourquoi ne pas chercher plutôt à les entourer de soins, même surperflus?

§ IV. *Avantages de la constatation des naissances au domicile des nouveau-nés.*

Lorsqu'il s'agit de l'application actuelle de l'art. 55 du Code civil, partout on se récrie contre une coutume en désaccord avec la loi la plus simple de la nature, avec le simple instinct de conservation. Aussi en résulte-il que l'on exécute la loi toujours à regret, jamais avec empressement et de plein gré; car son exécution n'est pas toujours sans danger.

Plein du désir d'être utile, nous avons acquis la conviction qu'il était possible de faire cesser cet état de choses par un moyen très facile, qui ne doit rien changer au service actuel, et qui se trouve tout à fait selon l'esprit de la loi. L'état, les familles, y trouveraient de grands avantages, et l'officier civil, responsable des actes de naissance, y trouverait une garantie de plus.

Dans un pays civilisé comme la France, ami des progrès, où les gouvernants saisissent avec empressement toute idée d'amélioration utile, il suffit le plus souvent d'indiquer le besoin bien établi d'une mesure qui doit rendre l'exécution de la loi régulière, facile et douce, tandis qu'elle est irrégulière, difficile et pénible, pour obtenir sans obstacle son application.

Son mode d'application.

N'est-il pas possible de faire pour les nouveau-nés ce que l'on fait pour les morts, d'envoyer constater les naissances à domicile? et cela de la manière suivante :

L'officier de l'état civil, ou la personne chargée de le représenter, viendrait au domicile de l'enfant constater la naissance et le sexe, après quoi il n'aurait qu'à remettre aux parents un bulletin imprimé, avec lequel les témoins iraient seuls (sans l'enfant) à la mairie, faire dresser l'acte de naissance.

Le maire a la responsabilité de tous les actes civils : sa présence à la maison commune est nécessaire; on ne peut exiger son transport au domicile du nouveau-né. De même qu'il ne rédige pas les actes civils dont il a la responsabilité, de même un délégué par lui, ayant un caractère civil authentique, pourrait se transporter au domicile, vérifier la naissance et le sexe de l'enfant. Les parents et témoins iraient ensuite à la mairie avec le bulletin pour faire dresser l'acte.

De l'intervention du médecin pour constater les naissances.

Des médecins attachés spécialement à la municipalité conviendraient plus que tous autres pour cette délégation. Ils ont une position indépendante; ils offrent les garanties et les conditions nécessaires; par profession, ils sont obligés de se rendre partout, quelles que soient la saison et la difficulté des communications; ils ont plus que tous autres des moyens de transport à leur disposition. Et c'est surtout dans les campagnes que l'on doit reconnaître l'urgence de les charger de cette mission. En un mot, il est naturel qu'ils soient requis pour constater les naissances, comme ils le sont pour les décès (1).

§ V. *Motifs qui nécessitent la présentation.*

Dans les naissances, il peut se présenter des circonstances graves pour lesquelles l'intervention d'un médecin est de première nécessité.

Analogie entre les naissances et les décès.

Le seul cas de mort apparente prise pour mort réelle (2) a fait reconnaître la nécessité de l'intervention du médecin dans l'exécution de l'art. 77 du Code civil. Les raisons qui militent pour cette intervention dans l'exécution de l'art. 55 du même Code sont nombreuses. Les circonstances graves dans les naissances peuvent se présenter plus fréquemment que les inhumations précipitées avant l'institution de la vérification des décès.

---

(1) L'idée de la constatation des naissances au domicile des nouveau-nés a déjà été émise par deux membres de l'Institut, par MM. Villermé et Milne Edwards, dans leur mémoire sur la mortalité des nouveau-nés ; par A. C. Baudelocque, médecin de l'hôpital des enfants, dans ses cours. M. Trébuchet a reproduit la même idée dans son livre : *Jurisprudence de la médecine et de la chirurgie et de la pharmacie en France*. M. Dehèque, secrétaire de la mairie du Xe arrondissement, m'a dit en avoir fait le sujet d'une réclamation à M. le Préfet. Elle est si naturelle qu'elle a dû s'offrir à beaucoup d'autres personnes.

(2) Circulaire du 21 vendémiaire an 9.

Cas où le sexe est difficile à déterminer.

La détermination du sexe, dans certains cas, offre quelquefois, même pour les personnes de l'art, des difficultés qui passent le plus souvent inaperçues sous les yeux de l'employé chargé de la présentation. Lorsque ce dernier vérifie le sexe, il n'hésite jamais dans sa détermination, et il est exposé à commettre des erreurs en désignant, sans s'en douter, un sexe pour un autre.

« On conçoit, dit M. Geoffroy Saint-Hilaire (Isidore), à propos de l'hermaphrodisme masculin (1), qu'il peut et qu'il doit être difficile de reconnaître sous d'aussi trompeuses apparences le véritable sexe d'un enfant affecté d'un tel hermaphrodisme. Un anatomiste est alors exposé à se tromper, si un examen attentif et minutieux n'a pas servi de base à sa détermination. A plus forte raison en est-il ainsi des personnes peu instruites qui, dans la plupart des cas, sont chargées de la détermination du sexe des enfants nouveau-nés, et règlent par leur décision souvent irréfléchie les conditions de l'inscription sur les registres de l'état civil. »

Et plus loin, à propos de l'hermaphrodisme féminin : « La difficulté de la distinction, dit le même auteur, est quelquefois assez grande chez l'adulte pour que des médecins appelés à constater le sexe d'un hermaphrodite essentiellement femelle aient hésité et émis des opinions contraires. A plus forte raison, la détermination du sexe des petites filles nouvellement

(1) *Histoire générale et particulière des anomalies de l'organisation chez l'homme et chez les animaux*, t. II.

nées et affectées d'hermaphrodisme est-elle quelquefois un problème presque insoluble, surtout pour les personnes peu instruites, et souvent même entièrement étrangères à l'anatomie, qui sont appelées à prononcer.

» Aussi des erreurs ont-elles été commises en plus d'une occasion, et, de même que, dans le paragraphe précédent, nous avons fait l'histoire d'hommes qui, sur la foi de leurs parents et de leur acte de naissance, se sont crus femmes pendant une partie ou même la totalité de leur vie, et se sont mariés comme tels, de même il n'est pas sans exemple que des femmes élevées comme hommes se soient crues et aient été crues du sexe masculin pendant un grand nombre d'années. »

Marc, connu par ses travaux de médecine légale, et beaucoup d'autres médecins légistes, rapportent des exemples relatifs à ce sujet.

Le professeur Orfila, dans son ouvrage de médecine légale (t. Ier), cite le passage suivant d'un article de Marc (1) : « Rien ne conduit plus aisément à des erreurs que de prétendre dans tous les cas déterminer, peu de temps après la naissance, le sexe d'enfants dont les parties génitales ne sont pas régulières. Lorsque la conformation de l'individu laisse le moindre doute sur le véritable sexe, il est convenable d'en

---

(1) *Grand Dictionnaire des sciences médicales*, art. *Hermaphrodite;* il s'y trouve des faits très curieux.

avertir l'autorité, et d'employer, s'il le faut, des années à observer le développement progressif du physique comme du moral, plutôt que de hasarder sur le sexe un jugement que des phénomènes subséquents pourraient tôt ou tard renverser (1). »

Orfila ajoute : « La détermination du sexe a été tellement difficile que des médecins également habiles ont émis des opinions contraires, en déclarant les uns que l'individu soumis à leur examen appartenait au sexe masculin, tandis que les autres le regardaient comme faisant partie du sexe féminin. »

Parmi les faits nombreux qui se trouvent dans les divers recueils, nous nous contenterons de rappeler les suivants :

1° L'observation d'Adelaïde de Préville, mariée depuis long-temps, et vivant en bonne intelligence avec son époux, morte à l'Hôtel-Dieu de Paris, en l'an IX, à l'âge de quarante ans (2).

2° L'observation publiée par Dugès et Toussaint, en 1827, où il s'agit d'un individu inscrit sur les registres de l'état civil sous le nom de Joséphine Badré, et qui, jusqu'à vingt ans, avait porté les vêtements de femme (3).

3° L'observation de Marie-Marguerite, qui, inscrite sur les registres de l'état civil comme apparte-

(1) Extrait de l'article de Marc, *Grand Dictionnaire des sciences médicales*.

(2) *Recueil périodique de la société de médecine*, t. II.

(3) *Ephémérides médicales de Montpellier*, mai 1827.

nant au sexe féminin, est déclarée, en vertu d'un jugement rendu en 1813, après une nouvelle visite faite par trois médecins, appartenir au sexe masculin (1).

4° L'observation publiée en 1815, dans le *Bulletin n° 2 de la Faculté de médecine*, par le professeur Béclard, et dans le *Journal général de médecine*, t. II, p. 372, par le docteur Jacquemin, de Marie Lefort, qui pendant toute sa vie fut considérée comme homme, et qui, à sa mort, à la Pitié, dans le service du professeur Béclard, fut examinée avec soin et reconnue pour femme.

5° Ici vient naturellement se ranger un fait qui s'est passé, il y a quelques années, au conseil de révision du département de la Seine : il s'agissait d'un étudiant en droit d'un des arrondissements de Paris, conscrit, désigné dans son acte de l'état civil comme garçon, mais dont les organes génitaux, vicieusement conformés, examinés avec soin à la visite, furent reconnus appartenir au sexe féminin.

Nous nous arrêterons aux faits précédents ; nous sortirions de notre sujet en les multipliant outre mesure.

Questions d'identité, de substitution, de supposition de part.

Les questions d'identité, de substitution, de supposition de part, sont d'une haute importance ; elles exigent des garanties que les actes de l'état civil, dans le mode actuel, ne donnent pas.

L'employé de l'état civil ne peut reconnaître l'i-

(1) *Bulletin de la société de médecine*, n° 10, année 1815.

dentité d'un enfant naissant; il ne peut distinguer le nouveau-né qui n'a que trois jours de l'enfant qui a plusieurs semaines (1). Aussi en résulte-t-il que des suppositions, des substitutions de part, des déclarations tardives, pourraient passer inaperçues. Ici une jeune femme meurt en couches, son enfant est mort avant elle, il s'agit d'un héritage considérable qui doit être dévolu à sa famille : on vient présenter à l'état civil un enfant qui n'est pas le sien; l'employé dresse l'acte, et l'ordre de succession établi par la loi est interverti : c'est la famille du mari qui est assurée de la fortune, au préjudice de la famille de la mère. Là une femme donne le jour à un enfant dont le sexe ne convient pas, on lui substitue un autre enfant : les droits de l'enfant légitime, que la loi doit déjà protéger, sont transportés à un étranger. Une femme enceinte perd son mari, elle aura la jouissance de sa fortune, si elle a un enfant, et qu'elle lui survive; elle fait une fausse couche ou met au monde un enfant mort : elle peut se procurer un enfant qui n'est pas le sien et le faire présenter à l'état civil pour un enfant naissant; dans ce cas il est fort difficile de reconnaître la fraude.

Il ne nous est pas permis ici d'entrer dans plus de détails sur ces faits de médecine légale sans nous exposer à dévoiler des secrets de famille.

---

(1) L'enfant que l'on substitue est ordinairement plus âgé.

Déclarations tardives dans un but coupable.

Il peut aussi arriver que l'enfant ne soit déclaré qu'après le délai de trois jours, au bout de dix, quinze jours, et même plus tard, pour différents motifs. Le but pourrait être de lui faire gagner une année dans le service militaire, dans les études de collége, dans le concours des écoles.

Distinction à établir entre les mort-nés et les décès des enfants qui ont respiré.

Mais un point digne de toute l'attention, c'est que parmi les enfants qui sont déclarés comme mort-nés, il s'en trouve beaucoup qui ont réellement vécu, les uns six ou sept heures, d'autres deux jours et même quatorze jours. Ces faits ne pourraient manquer d'être éclaircis par les observations que serait à même de faire le médecin chargé de la constatation de la naissance (1).

La loi de 1792 faisait un devoir de vérifier le sexe: on doit supposer à plus forte raison la même intention aux législateurs de 1803; et en effet, la rédaction de l'article 55 autorise toutes les mesures qui peuvent concourir à la meilleure exécution de la loi, et elle impose certainement l'obligation de vérifier le sexe et l'identité: car on ne peut supposer qu'en exigeant la présentation, le législateur ait voulu que le magistrat se contentât seulement de la preuve matérielle de l'existence d'un enfant naissant.

---

(1) M. le docteur Deville, inspecteur des décès de la ville de Paris, m'a dit, en 1846, qu'à l'inspection qu'il venait de faire, sur vingt-cinq décès d'enfants déclarés mort-nés et vérifiés par lui il y en avait eu huit qui avaient respiré et vécu un temps plus ou moins long.

Application à faire des observations précédentes.

Dans le mode actuel de présentation, on est donc exposé à commettre des erreurs préjudiciables et à ne pas apercevoir des fraudes. Il appartient aux magistrats administratifs de l'ordre supérieur de tracer des règles d'exécution de nature à prévenir les tristes effets de l'ignorance et de la mauvaise foi.

La constatation des naissances à domicile ferait cesser tous les inconvénients qui existent et qui influent d'une manière fâcheuse sur la santé publique ; elle exciterait les sympathies de tous. L'article de la loi pourrait recevoir une pleine et entière exécution, et le législateur verrait avec plaisir la loi civile mise en harmonie avec la loi naturelle.

CHAPITRE II.

De l'exécution de l'art. 55 du Code Napoléon, relatif à la présentation.

§ Ier. *De l'esprit de la loi.*

Des trois formalités prescrites par la loi.

Dès que l'enfant est né, il faut penser à son état civil. La loi ordonne que l'acte en soit dressé dans les trois premiers jours de la vie; et les formalités qu'elle prescrit de remplir sont : 1° la déclaration, 2° la présentation, 3° la rédaction de l'acte devant témoins.

Dans le principe, il ne se faisait qu'une simple déclaration, dont on retrouvait à peine quelque indication sur des registres publics. Chez les modernes, il y a, de plus, présentation, et rédaction solennelle d'un acte complet devant témoins. L'acte devient chez eux la pièce fondamentale de l'état civil.

Aux yeux des législateurs français, la présentation a aussi son importance : seule elle fournit la preuve matérielle du fait de la naissance, détermine d'une manière positive le sexe et l'âge de l'enfant, et met à l'abri des fraudes ou erreurs qu'une simple déclaration ne peut prévenir. Son omission, si commune de nos jours, prouve qu'on n'en comprend pas encore toute la valeur.

L'histoire de notre état civil, la rédaction du Code, son mode d'application, tout autorise la distinction bien tranchée qu'il faut établir entre ces trois prescriptions de la loi.

Distinction entre les cas réglés par la loi et ceux laissés à la disposition des principes généraux et du droit commun.

L'esprit et la rédaction des articles du Code Napoléon en ce qui concerne l'état civil ne laissent rien à désirer ; mais il n'en est pas toujours de même de l'application de la loi dans les différentes localités de la France : son exécution n'a point lieu généralement, et présente de grandes irrégularités.

Un maire du 5e arrondissement, dont le nom est recommandable à plus d'un titre en fait d'administration municipale, M. Hutteau d'Origny, avocat à la cour royale, dans son livre : *De l'état civil et des améliorations dont il est susceptible*, avait dit : « Malgré les avantages que présente notre état civil, la nécessité de nouvelles améliorations et de diverses modifications ne s'est pas moins fait sentir.

» On ne peut se le dissimuler, l'exécution des lois et des règlements concernant l'état civil n'a point été et n'est point tout ce qu'elle pouvait et pourrait être. »

Il rappelle l'avis du conseil d'état du 27 messidor an 13, où il est dit que les difficultés naissaient de ce que les officiers d'état civil ne discernaient pas assez soigneusement les divers cas que la loi a voulu régler de ceux qu'elle a laissés à la disposition des principes généraux et du droit commun.

Parmi les causes particulières d'irrégularités qu'a

Causes particulières des irrégularités dans l'exécution de l'art. 55.

signalées M. Hutteau d'Origny, et qui existent encore, nous rappellerons ici l'insuffisance, lors même qu'elle est exercée avec soin, de la surveillance déléguée aux procureurs, aux substituts ou aux juges suppléants. Il serait en effet à désirer qu'on pourvût à cette insuffisance par une inspection départementale spéciale et régulière (1); et à défaut de cette inspection spéciale, la délégation de la surveillance et du contrôle des registres d'état civil aux juges de paix réaliserait une amélioration véritable. Des conseils généraux ont déjà exprimé un pareil vœu à plusieurs sessions : car jusqu'à présent, ainsi que nous l'avons fait observer plus haut, l'expédition des registres d'état civil faite au greffe est seule soumise au contrôle de vérification de MM. les procureurs ou juges suppléants. Nous ferons cependant remarquer que depuis quelques années, dans chaque arrondissement de Paris, le juge de paix est délégué par le

(1) Les autres causes particulières d'irrégularités que cet auteur indique comprennent :

1° Le peu d'activité dans la surveillance que doivent exercer administrativement les préfets et sous-préfets ;

2° L'étroite circonscription de beaucoup de communes rurales, qui ne permet pas toujours de trouver des sujets suffisamment zélés et capables;

3° Enfin, et cette dernière a fixé particulièrement son attention, la presque-impossibilité pour la plupart des maires de pouvoir se fixer au milieu des dispositions diverses de notre législation, lorsque surtout leur interprétation et leur exécution varient suivant les départements.

parquet pour vérifier le registre-minute qui doit rester dans les archives de la mairie.

Actes de naissance. Loi du 20 septembre 1792.

L'article de la loi du 20 septembre 1792 dit, titre III, art. 6 : « *L'enfant sera porté à la maison commune ou autre lieu public servant aux séances de la commune ; il sera présenté à l'officier public. En cas de péril imminent, l'officier public sera tenu, sur la réquisition qui lui en sera faite, de se transporter dans la maison où sera le nouveau-né.* »

D'après la disposition et la rédaction de ses articles, la loi du 20 septembre 1792 elle-même autorisait à faire de la présentation un acte spécial et distinct, comme le prouve la première application qui en fut faite en 1793, 1794, 1795. A cette époque la présentation était indépendante de la rédaction de l'acte : on portait l'enfant chez le commissaire de police de la section à laquelle on appartenait. Cet officier public dressait acte de la présentation et délivrait un certificat, avec lequel le père ou autre déclarant autorisé par la loi, accompagné de deux témoins, allait à l'Hôtel-de-Ville (car alors il n'y avait à Paris qu'une seule municipalité) faire la déclaration solennelle, d'après laquelle, sans désemparer, on dressait l'acte de naissance sur le grand livre d'état civil. La loi ordonnait bien d'une manière formelle que l'enfant fût porté à la commune ou autre lieu servant aux séances de la commune ; mais elle ajoutait une sage restriction : « *En cas de péril imminent*, etc. »

Cette restriction était en quelque sorte un premier aveu de la rigueur trop grande de la mesure, et de la nécessité où l'on pourrait se trouver de la modifier.

L'expérience se prononça bientôt contre ce mode d'application, et la loi resta, comme elle reste aussi de nos jours, sans exécution dans la plus grande partie de la France. Le nouveau-né qui n'a point pris le sein de sa mère ou de sa nourrice, et qui n'a encore que la chaleur comme élément d'existence, ressent promptement les mauvais effets de sa sortie prématurée. Son sommeil troublé s'interrompt, et avec lui ses instants de calme et de repos. Fort souvent alors on éprouve de grandes difficultés à calmer ses angoisses, faute d'avoir à sa disposition la multiplicité des moyens qu'on trouve au domicile maternel.

Ainsi donc, aux obstacles naturels tenant au temps, aux saisons, aux localités, viennent toujours s'ajouter comme autrefois pour l'enfant des impressions pénibles et les inconvénients d'une absence trop prolongée, et pour l'officier de l'état civil rigide observateur du mode actuel de présentation, des causes de trouble et de dégoût, tels que cris, odeurs, etc., nuisibles à la bonne rédaction d'un des actes les plus importants de la vie.

« Art. 55. Les déclarations de naissance seront faites, dans les trois jours de l'accouchement, à l'officier de l'état civil du lieu; l'enfant lui sera présenté. Actes de naissance. Titre II du Code Napoléon.

» Art. 56. La naissance de l'enfant sera déclarée

par le père, ou, à défaut du père, par les docteurs en médecine ou en chirurgie, sages-femmes, officiers de santé, ou autres personnes qui auront assisté à l'accouchement; et, lorsque la mère sera accouchée hors de son domicile, par la personne chez qui elle sera accouchée.

» L'acte de naissance sera rédigé de suite, en présence de deux témoins.

» Art. 57. L'acte de naissance énoncera le jour, l'heure et le lieu de la naissance, le sexe de l'enfant, et les prénoms, noms, profession et domicile des père et mère, et ceux des témoins. »

De l'esprit du Code en ce qui concerne l'art. 55.

Le texte de l'article 55 est conçu dans des termes généraux tels qu'il autorise, sans qu'on ait besoin de rapporter la loi, toute application qui pourrait être faite avec plus d'avantage.

L'interprétation de cet article donne lieu à quelques controverses. Il ne s'élève aucun doute sur le sens de la première partie, partie fondamentale. La déclaration doit être faite à l'officier de l'état civil, à la mairie, en présence de deux témoins, devant lesquels l'acte est rédigé; tous sont d'accord sur ce point, jurisconsultes, magistrats. En effet, l'acte tire son authenticité de sa rédaction au siége même de la mairie, par l'officier public dépositaire et gardien des actes de l'état civil.

Mais il n'en est pas de même de la seconde partie : « L'enfant lui sera présenté. »

La loi de 1792 disait positivement que l'enfant de-

De l'obligation du transport de l'enfant à la mairie.

vait être porté à la maison commune. Les rédacteurs du Code Napoléon en 1803 ont supprimé cette disposition, et cela avec d'autant plus de raison que le mode de présentation alors usité et rigoureusement exigé par la loi ne recevait généralement pas son application. Ils l'ont supprimée « parce que, a-t-on dit (1), en se bornant à décider que l'enfant serait présenté, sans spécifier le lieu, on a voulu que la loi laissât à cet égard la plus grande latitude. » C'est aussi dans le même sens que Réal (2) avait dit « que la présentation était inutile, parce que l'acte tirait sa force de la déclaration appuyée de deux témoins, et non de la présence de l'enfant; que d'ailleurs des obstacles naturels pouvaient s'opposer à l'accomplissement de cette formalité. »

L'art. 55 du Code Napoléon ne mentionne pas le lieu de la présentation de l'enfant à l'officier de l'état civil, afin que cette présentation pût être faite soit à la mairie, soit à domicile; mais cette présentation doit avoir lieu : la loi existe pour recevoir exécution, il est urgent de s'y conformer; de son exécution résulte sa force. La présence de l'enfant au lieu où se rédige l'acte n'est pas formellement prescrite par la loi, comme on peut s'en convaincre par la lecture de l'ouvrage de Locré ayant pour titre : *Esprit du Code*

(1) Procès-verbal du Conseil d'état, séance du 12 ventôse an XI.

(2) Séance du 6 fructidor an IX.

Napoléon. L'acte tire sa force de la déclaration appuyée de deux témoins, et non de la présence de l'enfant.

Des jurisconsultes éminents, parmi lesquels on peut citer M. Sauzet, président de l'ancienne chambre des députés (1), professent sur ce point la même doctrine. « La présentation de l'enfant à l'officier public, dit aussi M. Dalloz aîné, dans son *Répertoire général de la jurisprudence du royaume* (nouvelle édition), la présentation de l'enfant à l'officier public est une précaution sage, qui prévient les abus, tels que celui de faire inscrire comme nouveau-né un enfant de deux ou trois ans. Mais ce qui constitue l'acte de naissance, c'est la déclaration des témoins, la signature de l'officier public, l'observation des formalités qui tiennent à la substance de l'acte, et sans lesquelles il ne peut subsister. La présentation n'est pas de ce nombre ; ce qui prouve qu'elle n'est pas indispensable, c'est qu'elle peut toujours être illusoire, car rien n'empêche de présenter un enfant appartenant à d'autres parents que ceux à qui on l'attribue. » Plusieurs arrêts rendus à différentes époques confirment cette dernière opinion. D'un autre côté, M. Valette, professeur de Code civil à la faculté de droit de Paris, a dit (2) à l'occasion de la présentation au domicile des nouveau-nés :

---

(1) Procès-verbaux du conseil général de la Seine (session 1847), page 208.

(2) *Gazette des tribunaux* du 9 septembre 1845.

« Qu'est-ce qui dans nos lois peut mettre obstacle à la réalisation de ces idées si simples, si conformes au vœu de l'humanité? Les jurisconsultes répondront hardiment : rien. Qu'ordonne en effet l'article 55 du Code ? C'est que *l'enfant soit présenté à l'officier de l'état civil*. Rien de plus raisonnable assurément, car il est bon d'avoir une certitude légale et *de visu* de la naissance et du sexe. Mais l'article 55 ne dit pas que la présentation doive se faire en tel lieu, et non en tel autre. Il n'ordonne pas le moins du monde que l'enfant soit examiné précisément tout auprès des registres de la mairie, à côté de la table du commis-rédacteur, c'est-à-dire à une distance de plusieurs kilomètres, qu'il faudra franchir par des temps de pluie, de vent, de neige. Une loi gênante était sans doute celle du 20 septembre 1792, parce qu'elle exigeait (tit. III, art. 6) *que l'enfant fût porté à la maison commune, ou autre lieu servant aux séances de la commune, pour être présenté à l'officier public*; elle ajoutait, il est vrai, par forme de restriction : *en cas de péril imminent, l'officier public sera tenu, sur la réquisition qui lui sera faite, de se transporter dans la maison où sera le nouveau né*. Mais dans le Code civil rien de semblable; le Code laisse en cette matière à l'administration la liberté complète de son allure. Rien de restrictif dans son texte; point de distinction mal avisée entre le péril imminent et le péril douteux et éloigné. *Ce point pourra donc, sans difficulté, être réglé par l'autorité administrative supérieure, sans qu'elle ait besoin de recourir au pouvoir législatif.* Cette dernière remarque a de l'importance, car nous savons que c'est toujours une chose grave que la révision d'un article du Code civil. La proposition de M. Loir nous semble donc offrir toutes les chances désirables de succès. En somme, il n'est pas question ici de théories de législation plus ou moins contestables, mais d'une question où tout est simple, intérêt et solution. »

M. le rapporteur de la commission des vœux du conseil général du département de la Seine disait également, à la session de 1847 :

« La loi oblige-t-elle à faire la présentation de l'enfant dans la mairie ? Vous ne l'avez pas pensé, Messieurs, l'année dernière ; vous avez déclaré d'une manière positive que les dispositions du Code civil, contrairement à la législation antérieure, n'exigent point la présentation du nouveau-né à la mairie pour la constatation de la naissance. Votre rapporteur n'avait pas l'honneur de siéger au conseil général en 1846, mais son opinion est identiquement la même que celle qui a été exprimée, et cette opinion, il la fonde d'abord sur le texte de la loi, et ensuite sur les légistes qu'il a eu occasion de consulter ou de lire.

» Parmi les premiers il citera le président de la Chambre des députés, M. Sauzet, qui l'a autorisé à déclarer devant le conseil que, dans son opinion, la constatation des naissances peut se faire à domicile, sans aucune modification préalable dans les dispositions de la loi. »

Après avoir rappelé l'opinion de légistes de premier ordre, M. le rapporteur ajoute :

« Il est donc bien établi, et sur ce point comme sur les autres la commission a été unanime, que la constatation des naissances à domicile est une chose désirable, et qu'elle peut être ordonnée par l'administration sans une modification préalable de l'article 55 du Code civil. »

Des considérations précédentes il résulte évidemment que la présentation, d'après les termes mêmes du Code Napoléon, n'a point pour but la présence de l'enfant à la rédaction de son acte d'état civil, mais bien l'établissement de son identité, la constatation de son sexe et de son âge. Malgré son importance, la vérification du sexe n'est pas généralement faite d'une manière satisfaisante dans le mode actuel. Souvent on s'en dispense ; aussi en résulte-t-il des inconvénients, comme les feuilles publiques en fournissent d'assez fréquents exemples. Tel est le cas consigné dans mon premier Mémoire, emprunté au *Moniteur Parisien* du 8 juillet 1845 : il s'agit d'une jeune fille qui, sur le point de se marier, éprouve des obstacles parce qu'elle a été enregistrée comme garçon. Tels sont les prétendus cas d'hermaphrodisme, où la distinction des sexes offre des difficultés, et ne peut guère être établie que par un homme de l'art. Le Code bavarois dit à ce sujet : « *Les hermaphrodites auront l'état que les experts leur assigneront ou celui qu'ils se seront attribué.* »

Dans l'article 55 du Code Napoléon la pensée du législateur a été de déterminer d'une manière positive l'état civil du nouveau-né, dans l'intérêt du pays, des familles, et du nouveau-né lui-même.

Tout citoyen doit au moins quelques années de sa vie à la défense de l'état, et l'âge fixé pour le recrutement, qui est obligatoire, ne peut être déterminé d'une manière rigoureuse que par la constatation prompte et exacte de l'état civil de chaque individu. Aussi a-t-on reconnu généralement qu'il était nécessaire que la déclaration et la rédaction de l'acte de naissance eussent lieu dans le plus bref délai ; on a porté ce délai à trois jours, parce que le délai de vingt-quatre heures prescrit par la loi de 1792 a paru insuffisant.

La déclaration a été considérée comme la chose essentielle ; toutefois l'expérience a fait reconnaître que, seule, elle était un moyen peu fidèle, qu'elle était sujette à des erreurs, et qu'elle favorisait les fraudes. En conséquence, dans la pensée de prévenir les abus, le législateur a voulu que la naissance fût prouvée, que l'enfant fût présenté à l'officier de l'état civil ; de même qu'il a exigé dans l'article 77 que l'officier de l'état civil se transportât auprès de la personne décédée, et s'assurât du décès. Il suffit de rapprocher ces deux articles pour faire ressortir la pensée du législateur dans l'un et dans l'autre. L'article 55 statue d'une manière générale, laissant à l'administration le soin de régler les détails, dans lesquels la loi ne peut descendre. « La loi, dit Locré, n'établit que des préceptes généraux féconds en conséquences ; elle ne les détermine pas, elle ne peut même pas les déterminer, car il faudrait ensuite régler chaque cas par une disposition, ce qui serait contre la nature des lois. »

Ainsi le législateur n'a pas voulu que l'acte de naissance fût dressé sans une preuve certaine du fait de la naissance ; il a pensé qu'elle résulterait de la présentation, de quelque manière qu'elle ait lieu ; il n'a pas voulu faire et il n'a pas fait du transport de l'enfant à la mairie une condition expresse : cela résulte, encore une fois, du procès-verbal du 12 ventôse an XI. Il ne pourrait exiger un mode d'application si préjudiciable aux enfants et aux familles, d'autant plus qu'en suivant les discussions du conseil d'état, on voit que l'on a agité fortement la question de l'impossibilité du transport, et même (car on a été jusque là) de l'inutilité de la présence de l'enfant à la rédaction de l'acte, qui doit tirer sa force de la déclaration appuyée de deux témoins, et non de la présence de l'enfant.

En résumé la présentation est, comme la déclaration, la base fondamentale de l'acte d'état civil ; quoiqu'elle ne soit exigée qu'à titre de renseignement, quoiqu'elle ne soit pas ordonnée par la législation des nations voisines, quoiqu'elle ne soit pas même, en France, généralement observée, elle n'en est pas moins d'une nécessité absolue ; elle fournit la preuve positive du fait de la naissance, et constitue le témoignage matériel de la déclaration.

§ II. *De l'application de la loi.*

« Si les magistrats entrent bien dans la pensée du législateur, a dit Locré (1), ils marcheront constamment vers le but qu'il s'est proposé, ils appliqueront la loi aux circonstances comme il l'eût appliquée lui-même, et alors elle aura le résultat qu'on espérait. »

De la loi en 1792 et en 1803.

En 1792, époque de régénération dans l'ordre social, on était porté à méconnaître les droits de la famille, pour exagérer les droits de l'état; les actes législatifs avaient trop de gravité et d'importance pour qu'on pût s'inquiéter d'une question en apparence si minime, de l'existence encore si frêle d'enfants nouveau-nés. Le transport à la maison commune était une mesure de rigueur nécessitée par les circonstances pour assurer à l'état son droit; la séparation complète entre l'ordre civil et l'ordre religieux venait de s'opérer; les actes de l'état civil n'étaient dressés que très irrégulièrement, qu'avec de grandes difficultés, les fraudes (soustractions, substitutions) étaient nombreuses, les moyens devaient être en quelque sorte violents; c'est sous l'influence de cet état de choses que fut rédigée la loi du 20 septembre 1792.

En 1803, les circonstances ne sont plus les mêmes, l'ordre civil est bien établi, les esprits plus calmes, les pensées plus réfléchies; mais le régime mili-

---

(1) *Esprit du Code Napoléon.*

taire domine, on s'occupe de conquêtes, de guerres à l'extérieur : on subit cette influence nouvelle, on voit l'intérêt de l'état, mais on entrevoit déjà l'intérêt des familles ; et la loi de 1803 est rédigée avec une sagesse incontestable.

La loi du 20 septembre 1792 exigeait que dans les 24 heures la déclaration fût faite, l'enfant porté à la maison commune, et l'acte dressé devant témoins. En 1803, et lors de la rédaction du Code Napoléon, on a reconnu que ce délai était trop court, on l'a porté à trois jours. Dans la loi de 1792, on exigeait (tit. III, article 6) « que l'enfant fût porté à la maison commune, ou autre lieu servant aux séances de la commune, pour être présenté à l'officier public. » Dans l'article du Code Napoléon, on supprime cette disposition ; on admet la présentation au domicile de l'enfant tout aussi bien qu'à la mairie. La loi laisse la plus grande latitude, en se bornant à décider que l'enfant serait présenté, sans spécifier dans quel lieu. La loi de 1792, par forme d'exception, ajoutait : « En cas de péril imminent, l'officier public sera tenu, » sur la réquisition qui lui en sera faite, de se trans- » porter dans la maison où sera le nouveau-né. » Dans le Code Napoléon, le législateur ne répète pas cette disposition ; il admet d'une manière implicite que l'officier de l'état civil peut venir au domicile de l'enfant constater la naissance. S'il est établi que le transport prématuré de l'enfant peut nuire à sa santé, mettre sa vie en péril, on appliquera la loi selon la pensée du législateur, en constatant la naissance à domicile. Les magistrats n'ont, jusqu'à présent, consenti à la présentation à domicile que dans les cas où l'enfant se trouvait à la dernière extrémité, et le plus souvent l'officier public venait assister à ses derniers moments. N'est-il pas plus rationnel de prévenir le mal, ou du moins de ne rien faire qui puisse l'aggraver, et de ne pas attendre que l'enfant soit au plus mal pour user d'un mode d'application de la loi que le législateur autorise et que l'humanité commande.

Précédents relatifs aux décès applicables aux naissances.

Les précédents législatifs et réglementaires qui ont servi de base au service de la vérification des décès doivent être rappelés ici avec avantage.

Dans la loi du 20 septembre 1792, il est dit (art. 2) : « L'officier public se transportera au lieu où la » personne sera décédée, et, après s'être assuré du » décès, il en dressera l'acte sur les registres dou» bles. »

Cet article parut bientôt d'une exécution difficile (1). L'aversion que cause aux personnes du monde la vue d'un cadavre nous donne facilement l'explication du mode d'exécution de la loi promptement adopté. D'ailleurs la pensée seule qu'à défaut de vérification suffisante des personnes vivantes pourraient être enterrées a fait de suite aviser aux moyens de prévenir une erreur qui fait frémir (2).

(1) Circulaire de M. le préfet de la Seine, juillet 1844.
(2) Circulaire du préfet de la Seine, juillet 1843.

« Nous mourrons, mais nous ne naîtrons plus ! » C'est par égoïsme que nous avons jusqu'à ce jour oublié de porter notre sollicitude vers un temps passé pour nous, vers le moment de la naissance.

Le préfet Frochot, dans sa circulaire du 21 vendémiaire an IX (13 octobre 1800), a établi en principe que les officiers de l'état civil ne réunissaient pas les lumières suffisantes pour déclarer avec certitude qu'un décès était réel, et il a reconnu que des médecins étaient les seules personnes compétentes pour cette vérification. Par là il a voulu prévenir les erreurs et donner à l'exécution de la loi une pleine garantie.

L'art. 77 du Code Napoléon laisse également dans le domaine réglementaire le mode de vérification ; il est ainsi conçu : « Aucune inhumation ne sera faite sans » une autorisation, sur papier libre et sans frais, de » l'officier de l'état civil, qui ne pourra la délivrer » qu'après s'être transporté auprès de la personne dé- » cédée, pour s'assurer du décès, et que vingt-qua- » tre heures après le décès, hors les cas prévus par » les règlements de police. »

Ces dispositions relatives aux décès sont tout à fait applicables aux naissances. L'ordre public, l'intérêt de l'humanité, celui des familles, exigent que l'on prenne les mêmes précautions pour assurer aux actes de naissance l'authenticité nécessaire, prévenir la fraudes et les erreurs, et remédier à la fâcheuse influence du mode actuel d'exécution de la loi sur la santé et la vie des enfants.

Nécessité de l'intervention du médecin pour la constatation des naissances.

Les employés qui suppléent les officiers de l'état civil, bien qu'ils n'aient pas la responsabilité des actes, n'affaiblissent pas les garanties de la loi en faisant tomber l'obligation sur celui qui n'a pas la responsabilité. Seuls ils n'offrent pas à la loi les garanties convenables, ils ne possèdent pas *les lumières suffisantes* pour établir avec sûreté l'état civil de l'enfant naissant dans toutes les circonstances qui peuvent se rencontrer. De même que pour les décès, on peut dire aussi qu'il est nécessaire que les maires eux-mêmes puissent se faire suppléer, en ce qui concerne la présentation, par les hommes seuls compétents en pareille matière. Cette mesure, loin d'affaiblir la loi, viendrait la corroborer.

Du secret des familles.

On a dit *que la visite d'un médecin vérificateur au domicile des accouchées exposerait à des révélations dangereuses ceux que la loi est appelée à protéger, que des familles seraient troublées à la vue d'un agent de l'administration, dont la personne seule suffirait pour dévoiler des faits que l'on peut avoir tant d'intérêt à tenir cachés.*

La vérification des naissances à domicile par un médecin doit profiter au nouveau-né; elle ne *peut aucune façon exposer à la révélation des secrets des familles*. On viendrait dire à la mairie :

Un enfant est né telle rue, tel numéro, sans qu'il soit question de la mère.

Le médecin viendrait à cette adresse, vérifierait la naissance et le sexe de l'enfant; il n'aurait aucun rapport avec la mère; il ne la verrait même pas.

On court plus de danger de voir le secret divulgué par le transport à la mairie de l'enfant que par la constatation à domicile, qui pourrait avoir lieu à l'insu de tout le monde. A Versailles depuis six ans aucune réclamation n'a été faite à ce sujet.

Du transport des registres et de la rédaction de l'acte de naissance au domicile des nouveau-nés.

Dans le mode actuel, l'officier de l'état civil qui est requis de se rendre auprès du nouveau-né pour vérifier sa naissance ne doit-il pas se transporter avec les registres et dresser l'acte dans la maison même où se trouve l'enfant? Le transport des registres offre des difficultés; à Paris, par exemple, il doit interrompre le service, car on peut à chaque instant venir faire une déclaration de naissance; et, bien que les registres soient doubles, on ne peut pas en transporter un seul, puisque, si on ne rédige pas les deux actes de suite, on fait toujours au moins apposer les signatures au bas de l'acte resté en blanc. *Si*, comme on l'a dit, *le législateur a eu en vue que la déclation, la rédaction de l'acte devant témoins, fussent faites dans un lieu public, et que l'acte fût rédigé de suite*, on s'écarte encore plus de ces principes en rédigeant l'acte dans la maison du nouveau-né. On conçoit la rédaction chez les personnes aisées; mais indépendamment des accidents auxquels les registres sont exposés, on ne peut même pas trouver chez les indigents, qui n'ont qu'une chambre étroite, l'espace nécessaire pour les ouvrir, placer l'officier de l'état civil, le rédacteur de l'acte, les déclarants et les témoins; on s'expose donc souvent à beaucoup d'irrégularités. On conçoit que le législateur, en employant les termes les plus généraux, ait cru devoir s'en remettre complétement à la prudence des magistrats pour les détails de l'application de la loi, qui sont susceptibles d'être modifiés suivant les circonstances.

Erreurs souvent consacrées par les témoins pris au hasard.

Les témoins *attestent la rédaction de l'acte en leur présence, l'identité de la personne du déclarant*(1); ils peuvent être pris à la mairie même (2); il n'est pas nécessaire qu'ils aient été témoins oculaires de l'accouchement, et, qui plus est, dans le mode actuel ils ne font qu'assister à la rédaction de l'acte de naissance d'un enfant que le plus souvent ils n'ont pas même vu; ils ne prennent pas connaissance de sa personne, de son sexe, de son identité, et les garanties que la loi doit fournir ne sont pas données. Aussi il en résulte des erreurs dont on pourrait citer beaucoup d'exemples analogues aux deux suivants :

Un jugement fut rendu il n'y a pas très long-temps par le tribunal civil de Boulogne (Pas-de-Calais) ordonnant l'inscription sur les registres de l'état civil, comme appartenant au sexe féminin, d'une femme née à Nielles-les-Calais, mariée et mère de dix enfants, qui avait été inscrite sur les registres de l'état civil sous les noms de François Neveu, enfant du sexe masculin. Cette erreur ne fut reconnue qu'au

---

(1) Dalloz, *Répertoire général de la jurisprudence du royaume*, nouvelle édition.

(2) *Gazette des tribunaux* du 8 septembre 1845.

moment de la conscription; le conseil de révision se contenta de prononcer un cas de réforme pour vice de conformation; et, quelques années après, le prétendu garçon François Neveu vint se présenter devant le maire de sa commune pour conclure un mariage; mais l'officier public refusa son concours, et le mariage ne fut pas validé par la loi (1).

M. Lebœuf, membre de l'ancien Conseil d'état et secrétaire de la Légion-d'Honneur, nous a communiqué en 1846 le fait d'une personne dont la fille avait été inscrite sur les registres d'état civil d'un des arrondissements de Paris comme étant du sexe masculin.

On trouve assez fréquemment dans les feuilles publiques des transcriptions de jugements rendus à l'occasion de pareilles méprises.

Il suffit, pour les naissances, d'un arrêté, comme pour les décès.

Dans la pensée que, pour la présentation au domicile des nouveau-nés, il s'agit d'une simple mesure administrative autorisée par la loi, sans qu'il soit nécessaire de recourir au pouvoir législatif, il nous a paru utile de reproduire un projet d'arrêté analogue à celui qui se trouve à la fin de notre mémoire publié en 1846 sur l'exécution de l'article 55 du Code Napoléon, et dans lequel entreraient les dispositions suivantes :

« Vu l'article 55 du Code Napoléon, qui exige que le nouveau-né soit présenté à l'examen de l'officier de l'état civil; considérant que cette disposition a pour

---

(1) *Gazette des Tribunaux* du 23 septembre 1846.

but de constater le fait de la naissance, l'identité et le sexe de l'enfant;

» Arrête :

» Les personnes désignées dans l'article 56 du Code Napoléon devront, dans le plus bref délai, déclarer la naissance à la mairie.

» La constatation de la naissance et du sexe sera faite à domicile par un médecin, délégué de l'officier de l'état civil.

» Les déclarants, assistés des témoins, se rendront ensuite à la mairie sans l'enfant pour faire dresser l'acte de naissance.

» Ces trois formalités seront exécutées dans le délai prescrit par la loi.

» Si la détermination du sexe laissait quelque incertitude, on indiquerait dans l'acte la nécessité d'un examen ultérieur à faire à un âge plus avancé. »

Résumé du chapitre.

Après avoir démontré que la présentation à l'officier public dans la maison même où se trouve le nouveau-né était conforme au texte et à l'esprit de la loi, et que par elle la loi pourrait recevoir une pleine, entière et facile exécution, nous allons, dans le chapitre suivant, nous occuper du baptême, considéré dans ses rapports avec l'état civil et l'hygiène publique. Les connexions intimes qui ont existé et qui existent encore entre l'état civil et l'état religieux nous imposent cette étude, et cela avec d'autant plus de raison que notre état civil, sur divers points, a paru solidaire de l'état religieux; c'est du moins ce que tendent à établir plusieurs questions qui se sont déjà présentées.

Doit-on craindre, par exemple, que la constatation des naissances à domicile ne fasse négliger l'accomplissement de la cérémonie du baptême ?

L'expérience a prononcé, et la constatation des naissances à domicile, dans les villes où le nouveau mode de présentation est en usage depuis les années 1845 et 1846, n'a porté jusqu'à présent aucun préjudice à la cérémonie religieuse.

A Bruxelles, à Versailles, à Douai, etc., le clergé n'a point eu de réclamations à faire à ce sujet. L'ordre des baptêmes n'a point été interverti, il n'en est résulté aucun oubli dans les devoirs religieux, aucune négligence de la part des familles, et les registres d'état religieux anciens ou récents ne présentent entre eux aucune différence sur ce point. Nous avons pu le vérifier nous-même sur les registres des paroisses de Versailles.

D'un autre côté, est-il permis d'établir en principe *que l'administration du baptême à domicile doit être la conséquence forcée du nouveau mode de présentation ?* Non, assurément.

Les conditions dans lesquelles se trouve l'enfant qui va recevoir le baptême ne sont généralement pas les mêmes que celles de l'état civil. L'époque fixée par les lois de l'Église est du huitième au douzième jour, et elle n'est pas limitée comme la déclaration civile aux trois premiers jours de la vie.

Aussi l'examen attentif des registres de baptême dans les différentes paroisses prouve-t-il que bon nombre d'actes de baptême portent une date postérieure à ces trois premiers jours, et fournissent la preuve que la cérémonie religieuse s'est faite dans des conditions plus favorables.

L'ondoiement n'est-il pas lui-même une autre preuve de la tolérance de l'Église en pareille matière?

Personne ne saurait contester cet autre fait : en général la distance pour se rendre à l'église est moins grande que celle qu'il faut parcourir pour aller à la municipalité. Dans les villes les églises sont nombreuses et se trouvent bien plus à la proximité des familles que les mairies. Ainsi à Paris on compte trente-neuf églises catholiques, plusieurs temples protestants, et seulement douze mairies; dans le 1er arrondissement il y a pour une mairie cinq églises, Saint-Pierre-de-Chaillot, Saint-Philippe-du-Roule, Saint-Louis-d'Antin, la Madeleine, Saint-Roch, qui dessert à la fois le 1er et le 2e arrondissement, plusieurs chapelles, une église affectée au culte russe, plusieurs temples protestants. Il en est de même dans les villes de province un peu considérables; en général elles n'ont qu'une seule mairie et plusieurs églises.

Ces simples réflexions prouvent déjà que le transport des enfants à l'église a lieu dans des conditions plus favorables que le transport à la mairie, et que l'administration du baptême à domicile n'est pas la conséquence nécessaire du nouveau mode de présentation.

Mais il est d'autres considérations qui, dans le chapitre suivant, seront l'objet d'une étude plus approfondie.

CHAPITRE III.

De l'état religieux et du baptême considérés dans leurs rapports avec l'état civil et l'hygiène.

§ I. *Analogie et différences entre la loi civile et loi religieuse.*

L'inexécution presque générale de la coutume civile contraste d'une manière frappante avec l'observation régulière de la coutume religieuse. La tolérance de celle-ci et la rigueur de celle-là expliquent les résultats opposés de deux coutumes, qui, malgré leurs rapports intimes, présentent entre elles des différences notables.

Dans certaines circonstances et dans certaines localités le mode actuel d'exécution de la loi civile, en imposant sa rigueur, a pu réagir d'une manière fâcheuse sur la coutume religieuse. Mais il n'en fut pas le plus souvent ainsi, l'analogie entre les deux coutumes n'est pas complète, et notre état religieux, en ce qui concerne le transport à l'église, se trouve réellement dans des conditions meilleures que l'état civil.

Après avoir établi que, parmi les causes de la mortalité de zéro d'âge à un mois, on devait compter le transport à la mairie pour la présentation, et l'envoi prématuré en nourrice, on est naturellement conduit à se demander *quelle influence le transport des enfants à l'église, et l'administration du baptême, peuvent exercer sur cette mortalité.* Cette question fut soulevée dès l'année 1845 par Berriat-Saint-Prix, qui siégeait alors parmi les membres de l'Institut; il attribuait, ainsi que nous l'avons appris plus tard, à cette double cause, la mort d'un de ses petits enfants dans le premier septenaire de l'existence. Quoi qu'il en soit, si les circonstances du transport à l'église étaient les mêmes que celles du transport à la mairie, elles devraient nécessairement donner lieu aux mêmes résultats.

Il importe de bien faire comprendre les différences qui existent entre la loi civile et la loi religieuse. A cette occasion le rapprochement suivant doit trouver place ici : « Dans l'ordre civil la loi ordonne rigoureusement que la constatation de la naissance et du sexe ait lieu dans les trois premiers jours, mais elle autorise la présentation tout aussi bien au domicile de l'enfant qu'à la mairie. Dans l'ordre religieux au contraire la loi de l'église ordonne rigoureusement que le baptême ait lieu à l'église, hors les cas d'urgence ou de maladie, pour lesquels seulement elle autorise le baptême à domicile ou l'ondoiement, mais le transport à l'église n'est point exigé avant le huitième jour de la vie. Or, à cette époque, le laps de temps strictement nécessaire pour mettre les enfants à l'abri des accidents auxquels ils sont si sujets pendant les premiers jours de la vie, est révolu, et le transport à l'église a lieu avec beaucoup plus de sécurité; ce qui doit exercer sur la mortalité du premier mois une influence bien moins sensible que le transport prématuré à la mairie.

Il est facile de démontrer que le baptême après le huitième jour est selon l'esprit de l'Eglise, et que, s'il existe de nos jours quelques mesures rigoureuses pour l'administration de ce sacrement, ces mesures sont la conséquence évidente du mode vicieux de la présentation dans notre ordre civil actuel, et cesseraient facilement avec lui (1).

Pour arriver à une appréciation exacte, il faut étudier à ce point de vue l'institution du baptême en elle-même, en tenant compte autant que possible des influences de temps, de lieux, de mœurs, qu'elle a subies.

Dans ce but, il va être successivement question dans ce mémoire :

1° De l'esprit du catholicisme en ce qui concerne le baptême;

2° Des modifications introduites dans l'administra-

---

(1) Le transport de l'enfant à la mairie dans les trois premiers jours détermine le plus souvent et le transport à l'église pour l'administration du baptême, et le départ en nourrice, avant l'expiration des huit premiers jours.

tion du baptême depuis son origine jusqu'à nos jours;

3° De l'application à faire de ces recherches.

§ II. *De l'esprit du catholicisme en ce qui concerne le baptême.*

Des institutions catholiques dans leur origine.

Ce n'est point dans les institutions de Lycurgue ni de la Grèce antique, mais bien dans les coutumes du peuple juif et dans les livres de Moïse, que la religion catholique a puisé les éléments de ses propres institutions. Les coutumes de Lacédémone relatives aux nouveau-nés consistaient à sacrifier dès la naissance la partie de la population faible et chétive, afin de n'en conserver que la portion forte et robuste. On prononçait sur le sort du nouveau-né en le livrant à une mort immédiate s'il paraissait trop faible pour devenir un citoyen utile. Malgré les théories de quelques philosophes modernes, et même malgré l'autorité de Platon, les institutions de Lycurgue n'ont guère reçu d'application; elles sont promptement tombées en désuétude; elles étaient trop contraires aux principes de la famille, et trop en opposition avec les lois de la nature, pour qu'il en fût autrement.

Les lois du peuple juif, de même que les coutumes de la religion catholique, ont eu pour base des principes entièrement opposés à ceux de la Grèce. Embrassant avec sagesse tous les détails de l'économie sociale, toujours en harmonie avec les lois de la nature, les institutions de Moïse ont eu accès partout, comme étant l'expression d'une civilisation plus avancée; elles doivent, à plus juste titre, exciter l'enthousiasme que quelques personnes ont eu exclusivement pour les institutions de la Grèce.

Le baptême, chez les catholiques, fut ce que la circoncision avait été chez les juifs. Il fut d'abord un acte religieux, symbole d'une croyance religieuse; mais il devint, comme la circoncision, un acte civil servant au classement des personnes, et l'on peut dire à la constatation des naissances.

Voici ce que l'on trouve dans la Bible à ce sujet : *Dixit autem Dominus ad Moysen : Scribe hoc ob monumentum in libro, et trade auribus Josue : Delibo enim memoriam Amalec sub cœlo.* (*Exorde*, chap. XVII, verset 14.)

La circoncision ne pouvait fournir que des éléments incomplets d'état civil : elle ne comprenait que les individus du sexe masculin; le baptême, au contraire, constitua pour les catholiques un élément d'état civil bien plus complet, puisque tous les individus, sans distinction de sexe, étaient appelés à être régénérés par ce sacrement.

Du baptême dans les premiers temps de l'église.

Dans les premiers temps de l'église catholique, on n'administra pas le baptême dès la première enfance. Les apôtres ne baptisaient guère de très jeunes enfants que lorsqu'ils étaient appelés pour des familles entières; alors, par exception, ils croyaient pouvoir conférer le baptême à des nouveau-nés. Aussi Tertullien et d'autres anciens Pères ont-ils cherché à persuader que baptiser les enfants avant qu'ils eussent atteint l'âge de raison, c'était les exposer à violer les engagements de leur baptême, et qu'il était plus prudent de ne baptiser que les adultes.

Le Christ avait dit : *Si vous n'êtes régénérés par l'eau du baptême et par le Saint-Esprit, vous n'entrerez jamais dans le royaume du ciel* (1). D'après la tradition, l'Église a pensé que ces paroles de Jésus-Christ devaient s'appliquer à tous les âges, y compris même la première enfance ; qu'il fallait absolument être régénéré par le baptême pour être sauvé. D'où vient qu'au début du christianisme, on n'administrait le baptême presque exclusivement qu'aux adultes, et par exception seulement aux jeunes enfants? Cette dissidence entre les premières époques de l'Église et les époques subséquentes n'est qu'apparente ; on en trouve l'explication dans le mode de propagation du christianisme, qui ne pouvait s'opérer que par conversion. C'était aux adultes seuls que la conversion pouvait s'adresser, et c'était aux familles converties que devait nécessairement s'appliquer l'administration du baptême dès la première enfance. Il en est de même de nos jours : le baptême s'administre aux adultes s'il y a conversion ; il s'administre dès la première enfance pour les familles élevées dans le christianisme. Et comme dans nos contrées la plupart des familles sont catholiques, le bap-

(1) Jean, III, 5.

tême des nouveau-nés est devenu la règle générale, tandis que le baptême des adultes par suite de conversion est devenu l'exception.

§ III. *De l'administration du Baptême dès la première enfance.*

Nécessité de baptiser au premier âge.

Les motifs principaux pour lesquels l'Eglise a fait de l'administration de ce sacrement dès la première enfance une obligation rigoureuse peuvent se rapporter aux suivants :

1° La nécessité où se trouvent les nouveau-nés de satisfaire à un dogme de la religion catholique ;

2° La parité qui existe entre le baptême et la circoncision, qui était pratiquée dès la première enfance ;

3° L'obligation imposée aux familles d'élever leurs enfants dans les principes de la religion catholique.

4° C'est un moyen de développer et d'entretenir le sentiment religieux.

5° Si l'administration du baptême dès la première enfance n'a point eu, à son origine, d'autre but que les besoins spirituels, elle est devenue promptement, avant de servir de base à l'état civil, l'élément principal de l'état religieux des catholiques.

Si l'on consulte les anciens rits (1), on se pénètre

---

(1) *Saint Léon,* lettre IV, aux évêques de Sicile, chap. 6. — *Pape Gélase,* lettre IX, aux évêques de Lucanie. — *Père Martène,* Anciens rits de l'Église, t. I, liv. I, chap. 1, art. 1. — Capitulaire 178 du livre VI des Capitulaires.

encore plus de l'idée que l'on n'a jamais fait aux familles une obligation rigoureuse de l'administration du baptême à l'église dès les premiers jours de la vie. Il y eut un temps où, hors les cas de danger de mort, pour lesquels on baptisait tous les jours, on n'administrait guère le baptême qu'à certaines grandes solennités religieuses, telles que Noël, l'Epiphanie, Pâques, la Pentecôte, la Saint-Jean-Baptiste. Mais alors, s'il s'agissait de baptême par conversion, et par conséquent de baptême d'adultes, les documents viennent prouver que, postérieurement à cette époque, lorsque la nécessité de l'administration du sacrement dès la première enfance était bien reconnue, on fut encore dans l'usage de renvoyer aux jours de Pâques et de la Pentecôte le baptême des enfants qui naissaient à l'approche de ces fêtes. Ainsi saint Charles (quatrième concile provincial de Milan, deuxième partie, titre DE HIS QUÆ AD BAPTISMUM PERTINENT) avait ordonné que « *les enfants qui naîtraient* dans les paroisses » de Milan à l'approche des semaines de Pâques et de » la Pentecôte (s'ils n'étaient pas en danger) seraient » baptisés les samedis de ces deux semaines, dans » l'église cathédrale, après la bénédiction des fonts, » suivant l'ancienne coutume de l'Eglise, qu'il est » très louable d'observer quand on le peut. » Et on lit dans le DIURNALE VERSALIENSE (*festo in Ascensione Domini, feriâ sextâ post octavum*) : « Ex utroque » concilio coloniensi sub Hermano et Adolpho, et » regulis sacramentalibus sancti Caroli Borromæi

Des baptêmes aux jours de grandes solennités.

» (évêque de Milan), ut orationes et ceremoniæ so-
» lemnes quæ tempore Paschali et Pentecostes bap-
» tismo adhibentur habeant res eis respondentes,
» statuimus ut pastores et concionatores adhorten-
» tur populum ut parvulos natos instante festo
» Paschæ servent baptizandos in vigiliam Paschæ,
» et natos festo Pentecostes instante ad festum Pen-
» tecostes usque servent, si tamen nullum immineat
» vitæ periculum (1)... »

Nulle obligation de transporter l'enfant à l'église avant le huitième jour.

Il n'est jamais entré dans les principes ni de la religion juive, ni de la religion catholique, de faire de la circoncision et de l'administration du baptême des épreuves violentes qui dussent exposer à faire périr les nouveau-nés faibles et chétifs, et à laisser survivre les enfants forts et robustes. La religion hébraïque en offre la preuve dans le délai prescrit pour la circoncision (2). Cet acte, à la fois civil et religieux, ne devait être pratiqué qu'après le huitième jour, lorsque la vie de l'enfant était bien établie; il était différé s'il y avait apparence de mauvaise san-

(1) Depuis long-temps on n'est plus dans l'habitude de réserver les baptêmes pour ajouter à la solennité de certaines grandes fêtes; cependant les Bréviaires les plus récents font mention, peut-être à titre de renseignements historiques, des actes des Conciles anciens relatifs à cet usage.

(2) Johannis Buxtorfi patris synagoga judaïca, 3ª edit., à Buxtorfio filio, 1661, p. 106, cap. 4.

té (1). De leur côté, les Pères de l'Eglise ont admis à chaque époque dans l'administration du baptême les modifications qui devaient rendre la cérémonie moins préjudiciable à la santé du jeune enfant : la simple ablution fut substituée à l'immersion, et d'autres mesures hygiéniques furent successivement mises en usage dès que la nécessité de leur application en était démontrée.

Tout vient prouver qu'il n'est jamais entré dans l'esprit du christianisme de faire une obligation rigoureuse de la présentation du nouveau-né à l'église paroissiale pour le baptême dans les trois premiers jours de la vie.

---

(1) Le délai ordinaire était du huitième au douzième jour. On pourrait objecter qu'il était nécessaire que l'enfant ait acquis assez de force pour résister aux dangers d'une opération sanglante telle que la circoncision, et même à l'épreuve du baptême par immersion, tel qu'il fut en usage pendant les premiers siècles de l'Église ; mais qu'*il n'en est plus ainsi du baptême comme on l'administre de nos jours ; et que l'enfant peut être transporté à l'église beaucoup plus tôt sans le moindre inconvénient.* C'est une erreur que viennent détruire l'exacte appréciation des conditions physiologiques de l'enfant naissant, son état précaire, la nécessité des soins particuliers dont il a besoin d'être entouré pendant les huit premiers jours de la vie, les relevés de statistique, etc., etc. Le transport à l'église avant ce laps de temps expose à des dangers qu'il est facile d'éviter en respectant l'époque fixée pour la cérémonie du baptême par les premiers législateurs chrétiens.

La tradition enseigne qu'il y a analogie complète, sous ce rapport, entre le baptême et la circoncision, et que le baptême, de même que la circoncision, n'ont guère eu lieu avant le huitième jour après la naissance. Mais elle enseigne aussi que le baptême diffère de la circoncision en ce qu'il constitue, outre l'initiation, un sacrement indispensable pour participer à la jouissance de la vie éternelle. Comme l'église a admis en principe que les enfants qui meurent sans avoir été baptisés doivent être privés de ce bonheur, il est naturel que l'on ait cherché les moyens de mettre les nouveau-nés à l'abri des cas de mort qui peuvent avoir lieu avant l'administration du baptême.

Dès les temps les plus anciens, il arrivait souvent que des enfants étaient présentés au baptême avant qu'ils eussent atteint leur huitième jour d'âge. Or les Pères de l'église, s'en rapportant à la tradition, étaient incertains de savoir s'ils pouvaient administrer le baptême avant le huitième jour, et ils vinrent plus d'une fois soumettre cette question aux conciles. Parmi les actes des conciles à ce sujet, on peut citer le suivant : Fidus vint poser devant le concile qui eut lieu à Carthage sous saint Cyprien, l'an 253 après Jésus-Christ, la question de savoir : *si l'on devait seulement admettre au sacrement de baptême les enfants âgés de plus de huit jours, an scilicet, infantes baptizari tantum possent post octavum a nativitate diem.* Saint Cyprien se contenta de répondre à Fidus, au nom du concile, que le nouveau-né pouvait être admis au baptême avant le huitième jour; *respon-ditur : Recens natus baptizari potest ante octavum diem.* Le concile était loin de faire aux familles l'obligation rigoureuse du baptême avant les huit premiers jours; il déclara seulement qu'il n'était pas nécessaire que l'enfant eût atteint son huitième jour pour que le baptême fût valide. Bien que les connaissances médicales n'eussent point permis d'apprécier à sa juste valeur la sage prévision de la loi de Moïse, on peut dire que l'on avait eu à cette époque le pressentiment d'une loi de physiologie démontrée de nos jours. Les décisions des Pères les plus recommandables de l'Église, de saint Irénée, de saint Grégoire, de saint Chrysostôme, de saint Ambroise, de saint Augustin, d'Origène, etc., résolvent la question dans le même sens; ils établissent seulement qu'on ne peut refuser le baptême à aucun âge: *Etiam eâdem die, quâ nati sunt si oblati fuerint, baptizentur* (1). Mais aucun d'eux n'a posé en principe qu'il y eût obligation rigoureuse de présenter les enfants avant le huitième jour. Ils se sont contentés d'exhorter les parents à hâter l'administration du sacrement, s'il y avait danger de mort pour l'enfant : *Parentes moneantur, ubi timetur periculum, ne differant baptisma.* Si d'un côté, dans le cas de santé, les Pères ont ordonné que le baptême eût lieu sur les fonts baptis-

Des cas de baptême d'urgence ou à domicile.

(1) *Ex Gerundensi*, an 517.

maux de l'église paroissiale, ils ont cru, de l'autre, agir suivant les principes de l'église, dans le cas de maladie de l'enfant, en autorisant les prêtres à venir administrer ce sacrement dans les maisons particulières, à l'exemple de l'extrême-onction, et en donnant aux premiers venus, aux laïques, par exemple, *in extremis*, le pouvoir d'administrer ce sacrement.

Obligation du baptême sur les fonts baptismaux après le 8e jour.

Le concile d'Aix en Provence (l'an 1585) alla bien jusqu'à menacer d'excommunication les pères et mères qui différeraient de faire baptiser leurs enfants, mais il ne crut pas néanmoins devoir fixer un délai de moins de huit jours; il se conformait en cela aux principes de l'Église. Le concile de Reims, en 1583, engage les pères et mères à ne pas différer trop longtemps d'apporter leurs enfants aux fonts baptismaux; il ordonne aux prêtres de se hâter d'administrer le baptême, *ne propter moram puer incidat in periculum*; il les exhorte à instruire les peuples, et principalement les femmes, de la matière et de la forme du sacrement; mais il n'exige en rien que la présentation ait lieu dans les trois premiers jours de la vie.

Influence de la loi civile sur la loi religieuse.

Les premières ordonnances qui furent rendues en France relativement à l'état civil, celle de François Ier en 1539, celle de Henri III en 1579, celle de Louis XIV en 1667, n'eurent rapport qu'à la tenue des registres du clergé comme acte d'état civil, et qu'à leur dépôt aux greffes. Elles ne changèrent rien aux principes du culte catholique; le délai de huit jours pour le baptême fut toujours maintenu.

L'ordonnance de Louis XV, en 1736 vint la première porter atteinte aux règles de l'Église, respectées par les siècles. Louis XV, par cette ordonnance, enjoignit à tous ses sujets de faire baptiser leurs enfants dans les *vingt-quatre heures* après la naissance. Ce fut la preuve la plus grande qu'on ait eue jusque là de l'empiétement que le pouvoir temporel venait exercer sur le pouvoir spirituel; et ce fut une preuve aussi de la nécessité qui se faisait déjà sentir pour le clergé, toujours fidèle à ses traditions, de se démettre de la tenue des registres de l'état civil, attribution temporelle tout à fait en dehors de sa mission évangélique. De 1736 à 1789, les mesures rigoureuses mises en vigueur n'étaient pas dictées par l'esprit du clergé; elles étaient le résultat des passions politiques qui venaient alors imposer leurs exigences à la tolérance de l'Église. Après la révolution de 1789, lorsqu'il y eut séparation complète entre l'ordre civil et l'ordre religieux, l'influence de la loi civile sur la loi religieuse a pu quelquefois, et dans certaines localités, ôter à l'esprit de l'Église son véritable caractère. Ainsi, dans certains diocèses, elle a donné lieu à des actes ou statuts en désaccord avec les principes qui ont guidé le clergé catholique à toutes les époques de son histoire. Mais la majorité du clergé, pénétrée de respect pour la foi de ses pères, guidée par le sentiment de la charité et par l'amour de ses semblables, a toujours mis en harmonie les devoirs dictés par la religion avec les obli-

Ordonnance de Louis XV n'accordant que 24 heures.

gations imposées par la nature. Et de nos jours, les statuts synodaux de tous les diocèses français prescrivent bien d'administrer le baptême dès la première enfance; mais, fidèles à la tradition, ils n'ont pu ordonner que la présentation fût faite dans les trois premiers jours de la vie. Ils se trouvent en cela tout à fait d'accord avec les principes des premiers Pères de l'Église. Le transport aux fonts baptismaux de la paroisse le jour ou le lendemain de la naissance se trouve à peine prescrit par les statuts de quelques uns d'entre eux, qui, postérieurement à la publication du Code Napoléon, cherchant à rendre commune au baptême la coutume déjà introduite pour la présentation à l'état civil, n'ont point réfléchi qu'elle avait pour résultat d'augmenter le chiffre de la mortalité du premier âge, et qu'elle était contraire aux idées qui ont servi de base aux institutions des premiers législateurs chrétiens (1).

§ IV. *Des modifications introduites dans l'administration du baptême aux différentes époques du christianisme.*

La tendre et maternelle sollicitude dont l'Église catholique s'est montrée constamment animée pour la santé et pour la vie même temporelle de ceux dont les âmes surtout lui sont confiées est mise en évidence

(1) Lois ecclésiastiques de France, grand in-folio, 1721, p. 417, 418. — Répertoire universel, par Guyot, édit. 1784, t. II, p. 184.

par les modifications que l'on a introduites dans l'administration du baptême aux différentes époques du christianisme.

C'est surtout à compter du quatorzième siècle que la discipline de l'Église a subi des modifications notables, dont il convient d'apprécier les motifs.

Dès les premiers temps de l'Église, trois manières bien distinctes de conférer le baptême étaient mises en usage, l'immersion, l'aspersion, l'ablution; elles variaient suivant les circonstances.

Du baptême depuis les apôtres jusqu'à la fin du 13e siècle.

L'aspersion, comme plus expéditive, fut employée dans le cas de ces conversions subites et nombreuses telles qu'en firent les apôtres au début de leurs prédications. L'ablution fut réservée pour le baptême des malades et de ceux qu'il était impossible de baptiser autrement. C'est de cette manière sans doute que saint Pierre, retenu dans les prisons de Jérusalem, baptisa son geôlier et toute sa famille.

Mais l'immersion fut pendant long-temps le seul baptême solennel; elle consistait à plonger trois fois la personne qu'on baptisait dans de l'eau naturelle à la température ordinaire, en disant en même temps ces paroles : *Je te baptise au nom du Père, et du Fils, et du Saint-Esprit.* Elle fut en honneur depuis les apôtres jusqu'à la fin du treizième siècle. A cette époque, elle avait déjà considérablement perdu de son importance toute mystique. L'antique catéchumène avait disparu avec ses nombreuses épreuves; on ne présentait plus depuis assez long-temps au sacrement du baptême que de tout petits enfants incapables de savoir ce qui se passait autour d'eux et d'en recueillir quelque fruit. Des inconvénients graves inhérents à l'immersion avaient quelquefois fait des victimes. Ainsi on lit dans l'*Histoire ecclésiastique* que, soit par inadvertance, soit par maladresse, il arriva que des enfants, pendant l'immersion, tombèrent au fond du baptistère, et y périrent avant qu'on ait pu les en retirer. L'auteur de la *Vie du pape saint Damase* rapporte que le samedi de la solennité pascale, comme la foule s'approchait avec empressement pour le baptême, un tout petit enfant échappa des mains du prêtre qui le baptisait, et alla au fond du baptistère, d'où il ne put être retiré qu'une heure après, etc. En dehors de ces accidents, l'immersion, telle qu'elle était pratiquée suivant l'antique usage, exposait les enfants faibles et chétifs surtout à d'autres dangers évidents de maladie ou de mort, dans le détail desquels il est inutile d'entrer ici.

Ces motifs ne tardèrent pas à exciter la sollicitude de l'Église. A compter du XIVe siècle, on renonça en général à l'immersion pour l'ablution, et insensiblement on introduisit dans l'administration du baptême des modifications dont il est impossible de méconnaître l'importance.

Du baptême dans l'église grecque.

Les Grecs, voulant conserver l'antique coutume du baptême par immersion, et remédier aux inconvenients qui pouvaient en résulter, ont eu recours aux précautions suivantes : L'enfant est placé assis dans un vase ou bassin d'une coudée de profondeur, puis on le baptise avec de l'eau tiède, en faisant la simple ablution. Pour mieux éviter qu'il ne soit submergé et qu'il ne se noie, le prêtre, avec sa main gauche, le tient un peu incliné avant de faire couler sur sa tête et sur son corps les eaux du salut.

Parmi les raisons dogmatiques qu'on a données en faveur du baptême par immersion, on a dit que l'immersion était le baptême qu'avait reçu le Christ, et qu'elle rappelait parfaitement aux néophytes la mort, la sépulture du Christ, et sa résurrection au bout de trois jours; qu'elle figurait parfaitement le dépouillement, la mort, la sépulture du vieil homme et la résurrection de l'homme nouveau; que par elle le mystère de la régénération devenait sensible et palpable. Indépendamment de ces raisons dogmatiques, il en est une autre que l'on aurait pu avancer en faveur de l'immersion : c'est que l'immersion, de même que la circoncision, servait à vérifier le sexe, et par cela même, comme acte civil, elle remplissait tous les avantages de la présentation exigée par les législateurs modernes. Aussi les Grecs, dans ce sens, ont-ils eu un motif de conserver cette coutume primitive de l'Église, en la modifiant toutefois de manière à mettre à l'abri des accidents qu'on avait eu occasion d'observer.

Du baptême dans les cultes autres que le culte grec.

Au point de vue hygiénique, l'ablution fut avec raison, chez les autres peuples catholiques, substituée à l'immersion; elle n'en présentait aucun des dangers. Si la cérémonie par elle-même offrait encore quelques inconvénients, ces inconvénients étaient légers en comparaison des dangers inhérents à l'immersion, et ils étaient susceptibles d'être évités par de simples mesures de précaution. C'est ainsi qu'à Paris et dans les grandes villes, depuis le commencement du XIXe siècle, rien n'est négligé pour assurer au baptême toute son innocuité. Le clergé fait usage d'eau tiède en hiver, et il a recours à toutes les mesures d'hygiène les plus rationnelles. Le baptême tel qu'il est administré n'exerce par lui-même aucune influence fâcheuse sur la mortalité des nouveau-nés, d'autant plus qu'il est bien reconnu qu'un grand nombre des enfants qu'on présente à ce sacrement ont dépassé la première semaine, et sont déjà d'un âge qui les rend moins susceptibles de contracter les affections morbides que l'on observe surtout dans les premiers jours de l'existence. Les dangers auxquels les nouveau-nés sont exposés dépendent bien moins de la cérémonie baptismale que de l'exposition prématurée de l'enfant à l'intempérie de l'air extérieur. Aussi est-on forcé de reconnaître que c'est la loi civile qui, par son mode actuel d'exécution, a le tort d'établir comme règle générale une coutume essentiellement nuisible aux nouveau-nés, et dont un des fâcheux effets est de multiplier plutôt que de diminuer le nombre des baptêmes pratiqués, sans urgence et

De son administration en France, et particulièrement à Paris.

sans distinction ni de saisons ni de constitution, avant les huits premiers jours de la vie.

Si, par le baptême, l'Église a l'intention de satisfaire aux besoins spirituels, elle a aussi en vue les besoins temporels; il suffit, pour s'en convaincre, de jeter un coup d'œil sur le passage suivant, extrait des *Statuts du diocèse de Versailles* (année 1849, page 137, § CXCI) : « Immédiatement après le baptême, le prêtre fera connaître au parrain et à la » marraine qu'ils ont contracté, tant avec l'enfant » baptisé qu'avec son père et sa mère, une affinité » spirituelle qui forme empêchement dirimant au » mariage. — Il avertit en même temps les parents » et les nourrices qu'il leur est sévèrement défendu » de faire coucher les petits enfants avec eux dans le » même lit, jusqu'à ce qu'*ils aient au moins deux ans* » *accomplis. Cette défense a pour fin de prévenir des* » *accidents graves qui dans ce diocèse constitueraient,* » *suivant les circonstances, un cas réservé.* » On rencontre dans beaucoup d'autres statuts diocésains des recommandations faites à l'occasion du baptême, et qui, comme celle-ci, ont essentiellement rapport aux besoins temporels.

Son but spirituel et même temporel.

Il est un fait important que l'on ne peut passer sous silence : c'est que le baptême doit être en général administré dans l'église même, *cum ecclesiæ locus sit ad hoc destinatus*. Mais s'il est dit : *neque in domibus privatis extra necessitatem*, il n'est pas vraisemblable que le clergé ait voulu réduire les cas de baptême à

Obligation du baptême sur les fonts baptismaux dans les cas ordinaires.

domicile aux cas *in extremis*, aux enfants agonisants, comme il en est de l'extrême-onction ; il suffit, pour prouver que telle n'a point été l'intention de l'Église, de rappeler ici l'ordonnance du prince-évêque de Wursbourg, qui en 1790 avait enjoint aux prêtres de son évêché de se transporter durant la saison rigoureuse dans les maisons particulières pour l'administration du baptême. Et, en effet, l'*extra necessitatem* du baptême à domicile ne paraît pas seulement devoir comprendre les cas d'agonie ou de maladies mortelles, mais encore les périls évidents auxquels on doit nécessairement exposer certains jeunes enfants, même âgés de plus de huit jours, pendant la violence des hivers rigoureux. L'on trouve consignés dans le chapitre consacré à la pathologie des nouveau-nés plusieurs exemples d'accidents qui furent le résultat du transport intempestif et prématuré de l'enfant à l'église.

§ IV. *Déductions à tirer des recherches qui précèdent.*

Résumé du chapitre.

Les considérations auxquelles nous venons de nous livrer suffisent pour établir les propositions suivantes :

1° Il n'est jamais entré dans l'esprit du catholicisme de faire du baptême une épreuve violente.

2° A aucune époque l'Église n'a négligé les moyens d'assurer au baptême toute son innocuité ; elle a toujours tenu compte des moindres inconvénients que l'administration de ce sacrement pouvait exercer sur la santé des enfants, et elle s'est toujours empressée de réformer les abus qui pouvaient exister.

3° Le transport à l'église pour l'administration du baptême n'a jamais été exigé avant le huitième jour.

4° S'il existe de nos jours quelques mesures rigoureuses dans l'administration de ce sacrement, elles sont la conséquence du mode actuel d'exécution de la loi civile et cesseraient facilement avec lui.

Conséquences heureuses du baptême après le 8e jour.

L'obligation du transport à l'église après les huit premiers jours seulement nous fournit une preuve évidente de la haute sagacité des premiers législateurs chrétiens. Et il est d'autant plus nécessaire que l'importance de cette coutume n'échappe pas à la sage prévoyance de l'Église moderne, qu'elle doit avoir pour heureux effets : 1° de prémunir contre les conséquences désastreuses de l'envoi prématuré en nourrice, conséquences dont la réalité est généralement reconnue ; 2° de prévenir les suites malheureuses de la fête du baptême au domicile des accouchées, à l'époque la plus critique des couches, dans la chambre même de la malade chez les indigents, et à la suite de laquelle on a fréquemment à déplorer des accidents mortels, par suite des imprudences de la mère. « *Trop souvent à la fin de ce jour de fête*, dit le professeur Velpeau, dont l'opinion doit être d'une grande autorité, *elle* (la femme) *se trouve prise de symptômes assez graves pour la conduire aux portes de la mort* (1). »

(1) *Traité élémentaire de l'art des accouchements.*

Dispositions à bien préciser dans les statuts de l'Église.

L'Eglise moderne, par des améliorations successives, a toujours eu la sagesse de remédier aux différentes pratiques qui, dans la cérémonie primitivement mise en usage, pouvaient avoir quelque influence fâcheuse. Il serait à désirer qu'elle précisât bien dans ses statuts les circonstances suivantes :

1° Dans les cas ordinaires le baptême doit toujours avoir lieu à l'église sur les fonts baptismaux ; il n'est obligatoire qu'après les huit premiers jours de la vie, du huitième au douzième jour.

2° Le baptême à domicile est prescrit d'urgence dans les cas de naissance avant terme, dans les cas de maladies constatées ou évidentes, mettant par elles-mêmes en danger les jours du nouveau-né, dont la mort peut alors être très facilement précipitée par l'exposition prématurée à l'intempérie de l'air extérieur, dans les cas de froids trop rigoureux ou de temps par trop mauvais.

3° L'ondoiement n'est toléré que dans les cas d'ajournement des cérémonies du baptême par des motifs sérieux ; il ne peut être autorisé que par l'évêque du diocèse.

Le baptême à l'église après les huit premiers jours constitue l'obligation la plus rationnelle qu'on puisse imposer aux familles (1). Cet usage satisfait au but religieux ; il est autorisé par les lois de l'Eglise,

(1) Le moment le plus opportun pour le baptême pourrait être l'époque des relevailles de la mère.

et il peut exercer une heureuse influence sur la mortalité du premier âge de la vie. Il est d'autant plus naturel de régulariser cette coutume, qu'il est prouvé par la simple inspection des registres de baptême, de quelque paroisse que ce soit, que de nos jours bon nombre d'enfants ne sont présentés à ce sacrement qu'après la première semaine de l'existence.

CHAPITRE IV.

De la présentation ou de la constatation des naissances à domicile. Ses résultats.

§ Ier. *De la présentation à la mairie généralement négligée.*

N'est-il pas possible de faire pour les nouveau-nés ce que l'on fait pour les morts, d'envoyer constater les naissances au domicile de l'enfant?

L'officier de l'état civil ou la personne chargée de le représenter viendrait au domicile de l'enfant constater la naissance et le sexe, après quoi il n'aurait qu'à remettre aux parents un belletin imprimé avec lequel le déclarant et les témoins iraient seuls (sans l'enfant) à la mairie faire dresser l'acte de naissance (1).

Une idée est quelquefois séduisante, mais n'est point applicable. En est-il ainsi de la constatation des naissances à domicile? Cette question est bien résolue en principe; mais doit-il en être de même au point de vue de l'administration? Tel est le sujet de ce chapitre.

Un fait incontestable et que chacun de nous peut

(1) Mémoire lu à l'Académie des sciences morales et politiques le 19 juillet 1845.

vérifier, c'est que les campagnes, et même la plupart des villes de province de quelque importance, se bornent à la simple déclaration, et laissent de côté la présentation exigée par la loi. Il n'y a donc pas lieu, quant à présent, de constater dans ces localités les inconvénients auxquels donne lieu le transport des enfants à la mairie pour la présentation, tel qu'il est de rigueur dans les grandes villes.

Dans les campagnes et les villes de province.

Nous ne pouvons ici nous arrêter à la question de savoir si la présentation, quelle qu'elle soit, est inexécutable pour les campagnes. Contentons-nous d'observer que, si le transport des enfants à la mairie pour la présentation avait lieu dans les campagnes, on serait à même d'y trouver bien plus d'inconvénients que dans les villes. Parmi les localités où la déclaration pure et simple est admise, il en est qui se sont étonnées qu'on se préoccupât d'une coutume tombée dans l'oubli ; c'est ainsi qu'on peut en juger par les conseils généraux de quelques unes d'entre elles, qui, en 1845, émettaient le vœu que rien ne fût changé au mode d'exécution de la loi alors en vigueur, émettant, sans le savoir, un vœu pour que la loi continuât à ne pas recevoir d'exécution.

Sans aucun doute, là où la présentation n'est point observée, là ne peuvent se faire sentir les inconvénients du transport de l'enfant dans le trois premiers jours de la vie.

Prétendre remédier à ce défaut d'exécution générale de la loi serait sans contredit une chose impossible, ou entourée de trop de difficultés; nous laisserons à d'autres le soin de jeter quelque jour sur ce point, et nous nous bornerons à poser cette question: *Ne pourrait-on pas satisfaire à la loi, sans dépasser les ressources des petites communes, en exigeant dans les mairies des campagnes que les naissances, de même que les décès, fussent au moins certifiées par un médecin ou par le commissaire de police?* Nous ajouterons néanmoins que, la présentation étant admise en principe pour les campagnes tout aussi bien que pour les villes, le transport de l'enfant à la mairie rencontre nécessairement bien plus de difficultés que la présentation au domicile de l'enfant : car, outre les dangers relatifs au nouveau-né et les obstacles tenant aux localités et aux distances à franchir, ce dont il a déjà été parlé plus haut, il est aussi d'autres raisons particulières; telles sont, par exemple : 1° la presque-impossibilité, à l'heure la plus opportune pour le transport de l'enfant, de réunir à la mairie, sans dérangement ou sans démarches préliminaires, les témoins, qui dans tout le cours du jour se trouvent occupés à leurs travaux des champs, etc.; 2° l'incertitude le plus souvent, à moins de rendez-vous pris à l'avance, de trouver la mairie ouverte, et, par conséquent, la crainte d'un transport inutile; 3° les conséquences plus fâcheuses qui résulteraient pour l'enfant de son double transport coup sur coup à la mairie et à l'église.

La reconnaissance nous fait un devoir de rappeler

ici le témoignage d'intérêt et d'encouragement que M. Hébert, alors garde des sceaux et des cultes, donnait en 1847 à nos premiers travaux. Ce document, que nous choisissons parmi d'autres que nous avons reçus d'autre part, sert à prouver que l'administration accorde toujours sa protection aux travaux qui ont rapport à des questions d'intérêt public.

Lettre de M. le ministre de la justice et des cultes à l'auteur.

Paris, le 3 octobre 1847.

Tout ce qui se rattache à un objet d'intérêt public, Monsieur le docteur, a droit à ma sollicitude; il appartient aux hommes qui se vouent au soulagement de l'humanité d'appeler l'attention sur les questions que vous avez traitées; il appartient au gouvernement de prendre en sérieuse considération les conseils de leur expérience.

Déjà les conseils généraux, déjà l'administration ellemême, se sont préoccupés des moyens de concilier, dans la constatation de naissance, les prescriptions de la loi avec les précautions qu'exige la santé des enfants. Je vous remercie donc de m'avoir envoyé sur ce point le fruit de vos recherches, et j'ajoute que toute ma bienveillance est acquise à des travaux qui intéressent l'humanité dans ce qu'elle a de plus touchant, et les familles dans ce qu'elles ont de plus cher.

Recevez, Monsieur le docteur, l'assurance de ma considération très distinguée.

Le garde des sceaux, Ministre de la justice et des cultes,

Signé : HÉBERT.

§ II. *De la présentation à domicile. Ses résultats.*

Opinion d'un homme de l'administration.

Il y a déjà long-temps qu'un homme de l'administration, M. Trébuchet, chef de bureau à la Préfecture de police, a dit dans son livre, *Jurisprudence de la médecine, de la chirurgie et de la pharmacie, en France*, publié en 1834 (page 134) : « Les heureux résultats produits par l'institution des médecins vérificateurs des décès ont fait souvent désirer que de semblables fonctions fussent créées pour les naissances. On éviterait ainsi les inconvénients graves qu'offre le transport d'un nouveau-né, qui, aux termes de l'article 55 du Code civil, doit être présenté dans les trois jours de l'accouchement à l'officier de l'état civil. La constatation du sexe de l'enfant serait faite ensuite d'une manière plus régulière par un homme de l'art, qui pourrait l'examiner facilement, au lieu que, dans les mairies, l'enfant n'est jamais découvert, et que l'on s'en rapporte toujours à la déclaration des parents. D'un autre côté, la constatation des naissances au domicile même des parents serait une garantie de plus pour l'état civil, car il serait bien plus difficile de tromper sur les noms et professions des parents. Rien n'empêche, en effet, dans un intérêt dont on pourrait trouver bien des mobiles, de séduire deux témoins, et de faire la déclaration sous des noms, des professions et des domiciles supposés, crimes qui ont quelquefois été commis, et qui donnent lieu à d'inextricables procès. »

Cette opinion de M. Trébuchet n'est pas sans importance vis-à-vis de l'administration; mais le temps et l'expérience m'ont seuls paru susceptibles de dissiper certaines préventions et de surmonter les obstacles qui existent encore à la solution de cette question.

Preuve déjà faite de la présentation à domicile.

En général la présentation ne s'exécute que dans les chefs-lieux de département; il y a cependant une exception à faire pour quelques uns d'entre eux, tels que Marseille, Bordeaux, Orléans, Rouen, etc. Quant aux chefs-lieux d'arrondissement, la vérification des naissances et des décès ne s'effectue pas : ainsi, dans le département de Seine-et-Oise, cette double prescription de la loi est observée à Versailles, mais elle n'est pas pratiquée à Mantes, chef-lieu d'arrondissement. La même observation est applicable à presque tous les départements.

Dans la plupart des chefs-lieux où la présentation est de rigueur, l'on suit encore la coutume du transport de l'enfant à la mairie. Cependant il est bon de remarquer que, depuis 1846, plusieurs chefs-lieux mettent en pratique la présentation à domicile, et là on a pu constater les avantages du nouveau mode d'application de la loi, non seulement pour les familles, mais encore pour le service des actes de l'état civil. La tenue des registres n'en a éprouvé ni embarras ni changement, et la rédaction des actes, rendue plus simple, est devenue plus facile et plus régulière.

Parmi les villes où la présentation à domicile existe depuis assez long-temps, on peut citer en première ligne Bruxelles, Versailles, Douai. Les documents connus de ces villes sont à notre disposition, et nous pouvons en garantir les résultats. — Des renseignements précieux pourraient aussi être fournis par d'autres localités; mais ces renseignements ne sont pas parvenus à notre connaissance, et nécessiteraient de nous non seulement des déplacements fort onéreux et peut être inutiles, mais encore des recherches auxquelles nous n'avons pas le loisir de nous livrer. Il serait facile à l'autorité d'ordonner une enquête à ce sujet. On trouve, par exemple, dans les documents que M. Rigal a recueillis en 1850 auprès de ses collègues de l'Assemblée nationale, et dont il a donné communication à l'Académie de médecine, qu'à Carcassonne (chef-lieu de l'Aude), un médecin va constater la naissance au domicile de l'enfant; qu'il en est de même à Arras (Pas-de-Calais); et qu'à Lyon (Rhône), un arrêté récent venait de donner au commissaire de police la même mission.

Résultats fournis par l'épreuve déjà faite de la présentation à domicile.

A Bruxelles.

La capitale de la Belgique est une ville de premier ordre; sa population dépasse 100,000 âmes, et les observations recueillies dans son sein peuvent fort bien s'appliquer à d'autres capitales plus importantes.

La constatation des naissances à domicile est établie à Bruxelles depuis le 1er janvier 1847. Dans sa séance du 8 décembre 1846, le conseil communal avait décidé que la présentation des enfants prescrite par l'article 55 du Code civil serait faite au domicile de tous les nouveau-nés, et, quoique le texte du Code civil fût le même que chez nous, la loi ne fut pas rapportée.

Voici la lettre qu'en 1850, M. le ministre des affaires étrangères adressait à M. Baroche, alors ministre de l'intérieur, qui l'avait prié de prendre des informations à ce sujet :

Lettre de M. le ministre des affaires étrangères à M. le ministre de l'intérieur.

Paris, le 12 décembre 1850.

Monsieur et cher collègue, conformément au désir exprimé dans la lettre que vous m'avez fait l'honneur de m'adresser le 14 du mois dernier, j'ai chargé Monsieur le ministre de France en Belgique de recueillir auprès de l'administration communale de Bruxelles des informations sur le mode de constatation des naissances à domicile en vigueur dans cette ville.

Il résulte de la réponse que vient de me faire cet agent :

1° Que le conseil communal de Bruxelles a décidé en sa séance du 8 décembre 1847 que la présentation des enfants prescrite par l'article 55 du Code civil serait faite au domicile de tous les nouveau-nés.

2° Le conseil a été déterminé par des considérations d'humanité et a eu pour objet de ne plus exposer les enfants nouveau-nés à l'intempérie de l'air en les transportant du lieu de l'accouchement à l'Hôtel-de-Ville.

En publiant cette décision le collége des bourgmestre et échevins a invité les habitants à donner immédiatement après l'accouchement avis de la naissance de chaque enfant au bureau de l'état civil, et leur a fait connaître qu'un fonctionnaire délégué se rendrait à domicile dans les vingt-quatre heures, et que le père, ou à son défaut l'une des personnes désignées à l'article 56 du Code, accompagnée de deux témoins, devait se rendre au même bureau dans les trois jours de l'accouchement pour y faire la déclaration prescrite par l'article 55.

3° Depuis 1847 on n'a néanmoins pas remarqué de diminution sensible dans le chiffre des décès et des maladies des enfants dans les premiers temps de la vie.

4° La mesure arrêtée par le conseil communal a été favorablement accueillie par la population, qui l'a considérée comme un témoignage de la sollicitude de l'administration. Cependant, beaucoup d'enfants de la classe ouvrière et indigente (la moitié environ) sont encore présentés à l'Hôtel-de-Ville, ce que l'on peut attribuer au désir des parents d'éviter une double démarche au bureau de l'état civil.

5° Les registres de l'état civil sont tout aussi bien tenus qu'auparavant et les énonciations aussi exactes. Depuis long-temps aucune contravention n'a été constatée pour défaut de déclaration dans le délai prescrit.

La seule dépense occasionnée par ce service est l'augmentation de *mille francs* sur le traitement annuel du docteur en médecine chargé de la vérification des décès, qui a été désigné pour aller voir les enfants nouveau-nés.

Cette allocation lui est accordée pour surcroît d'attributions.

6° Le clergé catholique de Bruxelles n'a pas fixé de délai pour le baptême, qui n'a lieu ordinairement que dans les quarante-huit heures de la naissance.

Agréez, Monsieur et cher collègue, l'assurance de ma haute considération,

Signé : Général A. LAHITTE.

Aujourd'hui, le nouveau mode de présentation généralement admis en Belgique permet à chacun d'apprécier ses avantages. Profitant du Congrès d'hygiène qui se tint à Bruxelles dans le cours de l'année 1852, nous voulions aller nous-même recueillir sur les lieux les renseignements fournis par l'expérience; mais il ne nous a pas été donné de réaliser ce double projet.

En France, dès l'année 1845, le conseil général de la Seine, consulté par M. le ministre de l'intérieur sur l'opportunité de cette réforme, avait aussi opiné en sa faveur, et, pendant huit années, à chaque session, il renouvela ses vœux à ce sujet. Sans aucun doute, il en serait depuis long-temps à Paris de même qu'à Bruxelles, si, dès le principe, MM. les maires d'arrondissement ne s'étaient pas montrés en partie hostiles à la réforme, et si, répondant à l'appel du conseil général, ils avaient bien voulu faire l'essai du nouveau mode de présentation. La question, par ce moyen, en ce qui concerne notre capitale, serait jugée depuis long-temps. A défaut de l'expérience qu'auraient pu faire MM. les maires de Paris, voici les résultats que fournissent d'autres villes de département :

Douai est sans contredit la première ville qui ait pris l'initiative de la constatation des naissances à domicile. Le nouveau mode de présentation y fut institué le 1er janvier 1846, six mois après la lecture de mon premier mémoire à l'Institut. Quoique cette A Douai.

ville n'ait qu'une population de 19 à 20,000 habitants, et ne soit qu'un chef-lieu d'arrondissement, les résultats de l'épreuve qu'elle a faite de la nouvelle mesure fournissent des documents dont la valeur ne peut être contestée.

Cette mesure, utile partout (1), était d'abord impérieusement exigée par la position même de la ville. La commune de Douai ne se compose pas seulement de la ville, mais encore de quatre hameaux qui en sont distants de trois et même de cinq kilomètres; cette grande distance à franchir l'hiver et par un mauvais temps n'était pas toujours sans danger pour le nouveau-né. M. Evain, alors maire de la ville, d'accord avec le conseil municipal, fit prévenir les habitants qu'ils ne devaient appeler le médecin qu'au moment où ils seraient disposés à se présenter à la mairie, afin que la constatation de la naissance et la rédaction de l'acte se fissent presque simultanément. Le médecin devait indiquer sur son certificat l'heure de la constatation, afin qu'on pût, si les parents tardaient trop à faire rédiger l'acte de naissance, exiger la présentation de l'enfant à la mairie. Cette mesure fut parfaitement comprise, et accueillie avec une faveur marquée.

On peut juger des résultats obtenus après quatre années d'exercice par les renseignements que donnait

---

(1) Lettre de M. Evain, maire de la ville de Douai, d'octobre 1846.

le maire en fonctions, dans sa lettre du 6 octobre 1849, au secrétaire de la commission extraordinaire et supérieure des Enfants-Trouvés instituée au ministère de l'intérieur.

Lettre du maire de Douai à M. Valentin Smith, conseiller de Cour d'appel et secrétaire de la commission des enfants-trouvés, sur la constatation des naissances à domicile (1).

Du 6 octobre 1849.

Monsieur,

Depuis quatre ans les naissances en cette ville sont constatées à domicile par un médecin, à la grande satisfaction des habitants, dont quelques uns (ceux du hameau du *Frais-Marais*) sont éloignés de cinq kilomètres. Jamais jusqu'à ce jour le plus léger inconvénient n'a été signalé.

Pour les prévenir, on a recommandé aux citoyens de n'appeler le médecin qu'à l'heure où ils seraient disposés à venir faire leur déclaration à la mairie; chacun a parfaitement compris la portée de cette disposition et s'est empressé de s'y conformer.

Cette mesure a pour avantage de ne pas exposer les enfants à un transport gênant, et qui peut compromettre leur santé. *Elle s'exécute sans aucune difficulté et sans le moindre inconvénient;* elle peut donc être facilement appliquée à toutes les communes de France.

Veuillez agréer, Monsieur, etc.

Versailles, dont la population est de 32,000 âmes, est une ville plus importante que Douai; c'est le chef-lieu de Seine-et-Oise. Ses résultats peuvent être évi- A Versailles.

(1) Extrait des travaux de la commission des enfants trouvés, année 1849, ministère de l'intérieur.

demment applicables aux autres chefs-lieux de département. L'arrêté municipal qui a mis cette ville en possession des avantages de la constatation des naissances à domicile est du 6 novembre 1846, et signé de M. Remilly. Pour mieux garantir l'authenticité des résultats obtenus dans cette ville, nous ne pouvons mieux faire que de rappeler ici textuellement la lettre de M. Vauchelle, maire de Versailles en 1849, à la commission supérieure des Enfants-Trouvés. Nous rendrons ensuite compte de quelques détails particuliers que nous avons nous-même recueillis dans ces derniers temps.

Lettre du maire de Versailles à M. Valentin-Smith, sur la constatation des naissances à domicile dans cette ville.

Du 18 octobre 1849.

Monsieur,

Par la lettre que vous m'avez fait l'honneur de m'écrire, à la date du 5 du présent mois, vous me priez de vous faire connaître les résultats obtenus à Versailles de la mise à exécution d'un arrêté municipal du 6 novembre 1846, qui porte que les naissances seront désormais constatées à domicile par un ou plusieurs médecins ayant reçu délégation spéciale du maire.

J'aurais pu répondre tout d'abord que la mesure n'avait présenté que des avantages, qu'elle avait été acceptée avec reconnaissance par la population, et qu'au double point de vue hygiénique et administatif, elle mériterait d'être généralement adoptée.

Mais j'ai voulu obtenir des deux médecins délégués pour la constatation des naissances à domicile des renseignements particuliers et distincts, qui me permissent de reconnaître si dans l'accomplissement de leur mission journalière quelques faits isolés, spéciaux, ne seraient point de nature à fixer mon attention et la vôtre.

Non seulement il n'y a point eu de ces faits, mais dans l'uniformité des constatations de chaque jour, et dans la rareté des déclarations directes à la mairie, il faut reconnaître que le mode établi par l'arrêté de 1846 n'offre que des avantages, et aucun inconvénient; qu'il a satisfait à un vœu depuis long-temps exprimé par les familles, et réalisé sous le rapport hygiénique une amélioration considérable.

On ne peut mettre en doute, en effet, combien le transport à la mairie des enfants nouveau-nés devait leur être préjudiciable. La présentation devait avoir lieu dans les trois jours qui suivent la naissance; souvent le jeu des organes n'était point encore régulièrement établi, et dans cet état l'impression d'un air froid ou humide déterminait parfois du côté des voies respiratoires des accidents qui devenaient rapidement mortels, ou qui, en gênant l'alimentation, faisaient au bout d'un certain temps périr l'enfant dans le marasme.

Les enfants de la classe aisée, entourés de soins de toute sorte, avaient moins à redouter ces accidents; mais ceux de la classe pauvre étaient souvent victimes de la misère ou de l'incurie de leurs parents.

Sous le rapport administratif, il y a aussi à constater d'excellents résultats. Le nouveau mode a permis d'introduire dans le service d'état civil plus d'ordre et de régularité : l'acte de naissance s'établit au moyen d'indications précises qu'ont fournies les parents, avertis de leurs obligations par le bulletin qu'ils doivent rapporter à la mairie, et sur lequel l'administration a eu la précaution de faire imprimer les principales dispositions de la loi, notamment celles qui prescrivent le délai de trois jours pour la déclaration.

D'un autre côté, les employés du bureau d'état civil ne sont plus troublés par les cris des enfants, et peuvent se livrer à la rédaction des divers actes confiés à leurs soins avec une parfaite tranquillité d'esprit, ce qui leur était impossible auparavant, et ce qui leur évite des pertes de temps considérables.

Je suis donc parfaitement fondé, Monsieur, à vous déclarer que la mesure a réalisé, dans son application à Versailles, tous les avantages indiqués par un mémoire qu'a publié en 1845 M. J.-N. Loir, docteur en médecine de la faculté de Paris, et j'estime que ce mémoire pourra être consulté avec fruit par la commission dont vous faites partie. M. le docteur Loir lui fournirait d'ailleurs des renseignements précieux, par suite des études spéciales auxquelles il s'est livré, si la commission jugeait à propos de l'appeler dans son sein.

Agréez, Monsieur, etc.

Le maire de Versailles,

Signé : VAUCHELLE.

Observations particulières faites à Versailles.

La proximité de Versailles nous a permis de recueillir par nous-même quelques détails sur la mise en pratique depuis huit ans de la constatation des naissances au domicile maternel. Ces détails répondront par des faits aux objections des uns et aux préventions des autres.

La constatation des naissances à domicile, dans la ville de Versailles, n'a jamais été que facultative. L'on avait, par conséquent, à choisir entre celle-ci et le transport de l'enfant à la mairie, et cependant il est arrivé à peine une fois sur quarante que l'on transportât le nouveau-né. Quel fut le motif de ce transport exceptionnel ?

Nous observerons tout d'abord que, sur un nombre égal de naissances d'enfants légitimes et d'enfants naturels, la pluralité des transports a été pour les premiers. Ce fait seul tend à prouver que *la visite d'un médecin vérificateur au domicile des accouchées n'expose pas à des révélations dangereuses ceux que la loi est appelée à protéger, et que les familles qui se trouvent dans une position difficile ne sont guère troublées à la vue d'un agent de l'administration, dont la présence seule suffirait, a-t-on dit, pour dévoiler des faits que l'on peut avoir tant d'intérêt à tenir cachés.* Si l'on recherche la cause déterminante de ces transports exceptionnels, on la trouve non pas dans la crainte de la révélation d'un secret de famille, mais le plus souvent dans la visite trop tardive du médecin vérificateur, le délai prescrit par la loi étant près d'expirer; on la retrouve aussi, soit dans l'urgence du départ de la nourrice, soit dans l'ignorance de la coutume nouvelle, soit dans un reste d'ancienne habitude (1). L'urgence du départ de la nourrice est une raison sans valeur, et dépend ordinairement de quelque circonstance impérieuse qu'il est possible de prévenir. Le retard ou même l'oubli du médecin vérificateur ne constitue

(1) Quelque calcul d'intérêt personnel pourrait aussi, dans certaines circonstances, déterminer ce transport.

qu'une de ces irrégularités auxquelles il est facile de remédier, car la constatation des naissances peut avoir lieu tout aussi régulièrement que la vérification des décès. Partout où il doit y avoir dévouement et désintéressement, on retrouve le médecin; c'est ce dont Versailles offre un exemple dans l'épreuve qu'on fait depuis huit ans de la constatation des naissances au domicile maternel, et il en est sans doute de même ailleurs. A Versailles, les médecins délégués par M. le Maire pour constater les naissances ne reçoivent aucune espèce d'indemnité; ils s'acquittent bénévolement et gratuitement de cette mission; par cette seule raison, on ne peut ici faire un grave reproche au médecin d'avoir retardé et même oublié la visite de constatation. Il n'en serait sans doute pas de même si, comme pour le décès, il recevait quelque indemnité. Il faut au contraire savoir gré aux personnes qui, depuis huit ans, se sont dévouées à cette étude pratique de la constatation des naissances à domicile, sans autre motif que leur amour pour la science et pour l'humanité.

Quant au baptême, il résulte des renseignements qui nous ont été fournis par le clergé, et de l'examen que nous avons fait des registres d'état religieux, que le nouveau mode de constatation des naissances n'a porté aucun préjudice aux coutumes religieuses, et qu'il n'a rien changé à leur cours habituel.

Le peu de temps qui nous reste pour faire notre publication avant l'ouverture de la prochaine session du Conseil général du département de la Seine (session 1853) ne nous a pas permis de compléter les renseignements que l'expérience aurait pu nous fournir.

Nous renvoyons à l'appendice ci-joint les résultats de l'exploration que fit M. le ministre de l'intérieur auprès des conseils généraux relativement à la constatation des naissances au domicile maternel. Mais en terminant ce que nous avons à dire sur l'état civil des nouveau-nés, envisagé au point de vue de l'administration, nous avons cru devoir joindre à l'appui des documents fournis par l'expérience du nouveau mode de présentation le rapport de la Commission des vœux généraux du conseil général de la Seine (session 1847). Ce rapport donnera une idée de l'accueil favorable et de la sérieuse attention dont fut l'objet l'importante question soulevée par nos premiers travaux.

CONSEIL GÉNÉRAL DU DÉPARTEMENT DE LA SEINE.

SESSION 1847.

Rapport de la Commission des vœux généraux (1).

La Commission, s'appuyant surtout des considérations hygiéniques et médicales, exprime l'avis qu'il y a

(1) Extrait des procès-verbaux du conseil général de la Seine, M. Ségalas rapporteur.

lieu d'organiser un service de constatation à domicile, et de le confier aux médecins vérificateurs des décès.

M. le rapporteur, après avoir rappelé le vœu que le Conseil général avait émis l'année précédente (année 1846), s'exprime ainsi :

« Messieurs,

» Il y a lieu de persister dans le vœu émis par le Conseil dans sa session dernière.

» Cette année M. le préfet vous a adressé un second mémoire, très étendu, très détaillé, où, après avoir dit qu'il a consulté de nouveau MM. les maires de Paris, il analyse d'un côté l'opinion de quatre de ces magistrats, qui se sont prononcés en faveur de la constatation des naissances à domicile, et de l'autre, l'opinion de ceux qui se sont montrés contraires à la mesure, lesquels sont au nombre de huit (1), et exprime ensuite son propre avis, dont le texte vient d'être mis sous vos yeux.

» Dans la situation du Conseil vis à vis de l'administration, la première question à résoudre pour nous est celle de savoir si le transport des nouveau-nés à la mairie peut être nuisible à leur santé. On vient de le voir, M. le préfet convient que, dans cette

(1) D'après le procès-verbal de la session de 1853, il n'y aurait eu que cinq maires qui se seraient véritablement prononcés contre le nouveau mode de présentation.

hypothèse, il faudrait constater les naissances à domicile.

» Or, cette question est essentiellement médicale, et, pour la résoudre, il y aurait lieu de consulter, non MM. les Maires de Paris, qui peuvent être d'excellents administrateurs sans être très versés dans les questions de cet ordre, mais bien les médecins, les hommes qui ont étudié l'organisation humaine, et qui passent leur vie à apprécier et à utiliser l'influence des agents extérieurs sur notre frêle machine.

» C'eût été le cas, par exemple, d'invoquer les lumières de l'Académie royale de médecine, qui, d'après son institution, a pour mission spéciale d'éclairer l'autorité sur les questions relatives à la santé publique, et dont la réponse, j'ose l'affirmer, n'aurait été ni tardive ni ambiguë.

» Il suffit, en effet, de prendre en considération la disposition anatomique de l'enfant nouveau-né, et d'avoir observé ses phénomènes physiologiques, notamment ceux qui ont trait à la circulation, à la respiration et à la calorification, pour être convaincu que toute interruption de quelque durée dans l'espèce d'incubation à laquelle on soumet le nouveau-né est de nature à jeter le trouble dans ses fonctions, à provoquer en lui des maladies plus ou moins dangereuses, et aggraver celles que souvent il apporte en naissant.

» L'enfant, qui pouvait, dans le sein de sa mère, se passer de respirer, parce que celle-ci lui fournissait sans cesse un sang oxygéné et chaud, et lui transmettait, en outre, du calorique libre par l'intermédiaire des eaux, se trouve, sitôt sa naissance, obligé, sous peine de perdre la vie, de fabriquer du sang artériel dans ses poumons avec l'air atmosphérique, et de produire ou de recevoir des corps ambiants la chaleur nécessaire au maintien de sa température normale.

» Or il n'a, pour cette double fonction de respiration et de circulation, que des instruments encore imparfaits : ce sont des poumons peu développés, peu perméables par le sang; c'est un cœur dont la cloison intermédiaire aux deux oreillettes est incomplète, percé qu'il était et devait être d'une large ouverture pendant la vie fœtale; c'est un système vasculaire à sang veineux, à sang noir, communiquant directement avec le système vasculaire à sang artériel, à sang rouge, par un canal qui, nécessaire jusque là, doit disparaître pour que la circulation se fasse selon les exigences de la vie extérieure.

» Il résulte de ces dispositions anatomiques qu'il n'y a d'abord qu'une partie du sang qui aille dans les poumons se mettre en contact avec l'air, se charger d'oxygène, de calorique, et que pendant un temps plus ou moins long, en général huit jours, l'entretien de la chaleur naturelle nécessite autour de l'enfant une température supérieure à celle que présente ordinairement l'atmosphère dans nos climats.

» De là le besoin d'une sorte d'incubation pour l'enfant nouveau-né; de là le danger de l'exposer au grand air, quelque précaution que l'on prenne d'ailleurs pour le couvrir, et à plus forte raison si ces précautions sont incomplètes ou mal prises, comme cela n'arrive que trop souvent; de là le vœu formé depuis long-temps par les médecins qui se sont occupés de la question, que la constatation des naissances doit être faite à domicile.

» Voici en quels termes MM. les docteurs Milne-Edwards et Villermé, membres, l'un de l'Académie des sciences, et l'autre de l'Académie des sciences morales et politiques, formulaient leur opinion à cet égard, il y a près de vingt ans, dans un mémoire présenté à l'Académie des sciences le 2 fév. 1829.

» Les observations de Toaldo, celles de Trévisan, les expériences de W. Edwards, celles de M. Flourens, et les recherches dont nous avons fait connaître les résultats dans le courant de ce mémoire se confirment réciproquement, et conduisent à la même conclusion.

» La physiologie nous apprend que, lors de la naissance, les enfants produisent moins de chaleur qu'à un âge plus avancé, et que, par conséquent, ils doivent moins résister à l'influence du froid. La statistique nous a démontré une coïncidence remarquable entre l'abaissement de la température générale et l'accroissement de la mortalité des nouveau-nés, tandis que pour les enfants au dessus d'un an et pour les adultes dont la faculté productrice de la chaleur a déjà acquis toute son énergie, l'hiver n'est pas plus dangereux que les autres saisons, de l'âge d'un an jusqu'à celui de quarante ans; c'est même pendant cette partie de l'année que les décès sont moins nombreux. Il nous paraît donc évident que c'est au refroidissement que les nouveau-nés sont exposés à éprouver pendant l'hiver que l'on doit attribuer en grande partie, sinon complétement, l'accroissement très marqué de la mortalité que nous avons constaté à cette époque de l'année.

» Ces faits peuvent offrir quelque intérêt pour la physiologie de l'homme, mais ils nous paraissent mériter encore davantage l'attention des ministres de la religion et du législateur. Toaldo a déjà fait sentir combien il est nuisible aux nouveau-nés de les exposer à l'action du froid, en les portant au baptême : il est donc inutile de revenir ici sur ce sujet; mais les dangers qu'on fait courir à ces êtres délicats en les transportant aux mairies dans la même saison pour faire dresser l'acte de leur naissance, et cela dans les trois premiers jours de leur existence, n'est pas moins à redouter. Le mal qui en résulte est d'autant plus grand que personne ne s'y peut soustraire. Certes l'intention du législateur n'a pas été de prescrire une disposition infanticide, et nous rappellerons à cet égard, sans pour cela prétendre indiquer le meilleur remède, qu'aucune inhumation n'est ou ne doit être faite chez nous sans que l'officier de l'état civil, ou un médecin qui le représente, ne se soit transporté auprès de la personne décédée, afin de constater la mort. Pourquoi n'en serait-il pas de même quand il s'agit de dresser un acte de naissance pendant la saison rigoureuse? L'espoir des familles, la vie d'un grand nombre d'enfants, en dépend. Tel est le motif qui nous fait insister sur un point que nous recommandons particulièrement aux méditations de tous ceux que leur haute position sociale appelle à faire ou à réformer nos lois.

» Votre rapporteur, Messieurs, partage entièrement l'opinion de MM. Edwards et Villermé; il considère comme pouvant exercer une influence très nuisible sur les enfants nouveau-nés leur transport à la mairie pour la constatation de la naissance, surtout pendant les temps froids.

» La question médicale ainsi résolue, se présente la partie légale : la loi oblige-t-elle à faire la présentation de l'enfant dans la mairie? Vous ne l'avez pas pensé, Messieurs; l'année dernière, vous avez déclaré d'une manière positive que les dispositions du Code Napoléon, « contrairement à la législation antérieure, n'exigent point la présentation du nouveau-né à la mairie pour la constatation de la naissance. »

» Votre rapporteur n'avait pas l'honneur de siéger au conseil général en 1846; mais son opinion est identiquement la même que celle qui a été exprimée, et cette opinion il la fonde d'abord sur le texte de la loi, et ensuite sur ce qu'il a recueilli des légistes qu'il a eu occasion de consulter ou de lire.

» Parmi les premiers, il citera le président de la chambre des députés, M. Sauzet, qui l'a autorisé à déclarer devant le conseil que, dans son opinion, la constatation des naissances peut se faire à domicile, sans aucune modification préalable dans les dispositions de la loi.

» Quant aux auteurs qui ont traité ce sujet, il en est un qui s'est expliqué d'une façon très nette à propos précisément de la brochure qui a soulevé la question devant le conseil. Nous voulons parler de M. Valette, professeur de Code civil à la faculté de droit de Paris (1).

» Il est donc bien établi, poursuit le rapporteur, après avoir reproduit textuellement l'article de M. Valette, et sur ce point, comme sur les autres, la commission a été unanime, que la constatation des naissances à domicile est une chose désirable, et qu'elle peut être ordonnée par l'administration sans une modification préalable de l'art. 55 du Code Napoléon. Mais par qui la faire faire cette constatation? Par MM. les maires et adjoints? Ils n'en auraient pas la possibilité; ils n'ont pas seulement le temps de recevoir à la mairie les enfants qu'on est supposé leur présenter, et qu'on présente toujours à un simple commis, chargé de la rédaction de l'acte de naissance, lequel acte est ensuite signé de confiance et

(1) Article de la *Gazette des tribunaux* du 9 septembre 1845.

en l'absence des personnes qui sont venues faire la présentation de l'enfant et la déclaration de sa naissance.

» Votre commission pense qu'on pourrait faire pour les naissances ce qu'on fait pour les décès : confier la constatation à un médecin, qui saurait mieux qu'une personne étrangère à l'anatomie et à la physiologie distinguer le sexe de l'enfant, chose parfois très difficile, et apprécier si l'âge est bien celui qui est déclaré, chose utile à connaître dans l'intérêt de l'enfant, de la famille et de la société.

» Votre commission estime aussi que, si ce mode de constatation des naissances était adopté pour Paris, comme il l'est déjà pour Douai, pour Versailles, pour Bercy, il y aurait un moyen de faire faire à peu de frais le nouveau service qu'il nécessiterait : ce serait de le confier, dans chaque quartier, au médecin vérficateur des décès, et de lui allouer pour cela une somme petite, mais fixe, par année. Pour lui ce service serait plus facile que pour tout autre médecin, parce qu'il le ferait marcher parallèlement avec celui des décès, et il y aurait un moyen simple d'éloigner le titre peu gracieux de *médecin des morts*, que le peuple a l'habitude de lui donner.

» Nous ne parlerons pas du baptême, qui n'est pas de votre domaine, et qui d'ailleurs est une cérémonie tellement facultative, que beaucoup de pères de famille dans Paris se permettent de n'y soumettre leurs enfants que quelques semaines, quelques mois et même quelques années après la naissance. Quant à l'envoi des enfants en nourrice, nous le disons de même, que c'est là une chose qui n'est pas de notre ressort, et dont bien des mères s'abstiennent, fort heureusement pour elles et pour leurs enfants ; et nous ajouterons que, si la constatation des naissances à domicile est mise en pratique, elle aura probablement une influence favorable sous ce rapport comme sous celui de l'époque du baptême, en démontrant aux familles l'importance des précautions hygiéniques en vue desquelles elle aura été votée.

» Nous ne nous arrêterons pas à réfuter certaines objections de détail faites par MM. les maires, parce qu'elles rentrent dans celles auxquelles nous avons répondu. Mais nous ne pouvons pas nous empêcher de relever une erreur grave dans laquelle est tombé M. le maire du 7e arrondissement. Ce digne magistrat s'exprime ainsi au début de sa lettre à M. le préfet :

« Commençons par le reconnaître, les classes ai-
» sées sont à peu près désintéressées dans la ques-
» tion ; il convient donc de l'examiner spécialement
» dans l'intérêt des classes pauvres. »

» Voici, en réponse, une lettre écrite à votre rapporteur par M. le docteur Blache, médecin du prince royal, et l'un des praticiens de Paris qui voient le plus d'enfants malades dans les classes aisées de la société :

« Vous me demandez ce que je pense des inconvé-

» nients attachés à l'habitude de conduire les enfants » nouveau-nés à la mairie pour y faire constater leur » naissance. J'ai la certitude qu'ils sont des plus fâ- » cheux, et dans plusieurs circonstances j'ai pu en » constater le danger. Ainsi un pharmacien a perdu » deux de ses enfants par suite d'une pneumonie dou- » ble contractée à la mairie, où ils avaient été saisis » par le froid, malgré des précautions infinies. Vingt » fois j'ai vu des ophthalmies purulentes dues uni- » quement à la même cause. Je ne parle pas des af- » fections catarrhales et des coryzas, quelquefois si pé- » nibles à un âge aussi tendre. »

» En conséquence de tout ce qui précède, la commission vous propose, Messieurs, de déclarer qu'il y a lieu d'organiser un service de constatation des naissances à domicile, et de le faire faire par les vérificateurs des décès. »

Réflexion importante pour l'administration.

Les autres détails relatifs aux vœux des conseils généraux et à nos travaux antérieurs font partie de l'appendice qui va suivre. Mais il nous a paru utile de terminer ce dernier chapitre par une réflexion qui ne doit pas être sans valeur auprès de l'administration. Les mêmes formalités se rencontrent pour tous les actes de l'état civil. Pourquoi n'en serait-il pas des actes de naissance ce qui en est des actes de décès et de mariage. S'agit-il d'un décès, on a trois formalités à remplir successivement : 1° on va déclarer le décès à la mairie; 2° on envoie le constater à domicile; 3° vient ensuite la rédaction solennelle de l'acte devant témoins. Les formalités sont à peu près les mêmes pour les actes de mariage. Elles se représentent aussi dans les actes de naissance. Et l'on se demande pourquoi les trois jours de délai réclamés en 1803 par le premier consul, lors de la discussion de l'article 55 au conseil d'état, ne seraient pas consacrés, le premier à la simple déclaration ou avis de la naissance à la mairie, le deuxième à la présentation ou constatation au domicile de l'enfant, le troisième à la déclaration solennelle et à la rédaction de l'acte devant témoins. L'on ne dérogerait en rien à l'esprit du Code Napoléon et de ses rédacteurs.

Des circonstances imprévues nous ont forcé de composer à la hâte ce volume. Ce livre doit nécessairement se ressentir de la précipitation mise à sa rédaction. Les incorrections et les imperfections qu'il renferme en sont la conséquence. Malgré cela les documents qu'il contient suffisent pour prouver les vices du mode actuel d'application de la loi et pour établir la nécessité et l'efficacité du nouveau mode de présentation.

FIN DE LA DEUXIÈME ET DERNIÈRE PARTIE.

APPENDICE.

Cet appendice comprend la récapitulation des travaux antérieurs que nous avons publiés sur l'état civil depuis 1845, l'indication des vœux des Conseils généraux des départements, et particulièrement de celui du département de la Seine, la discussion à l'Académie de médecine du rapport du professeur Hipp. Royer-Collard, et divers autres documents relatifs à l'état civil des nouveau-nés.

TRAVAUX ANTÉRIEURS DE M. LOIR

DANS L'ORDRE DE LEUR PUBLICATION.

DU SERVICE DES ACTES DE NAISSANCE

EN FRANCE ET A L'ÉTRANGER.

NÉCESSITÉ D'AMÉLIORER CE SERVICE.

Lu à l'Académie des sciences morales et politiques le 19 juillet 1845, et adressé par M. le ministre de l'intérieur aux Conseils généraux (Session 1845).

Le but de ce mémoire est de soumettre à l'Académie une question qui intéresse bien vivement le premier âge de la vie, et qui, envisagée sous le point de vue moral et politique, doit exercer une influence sensible sur la statistique des nouveau-nés, et par suite sur la population générale.

La mortalité qui s'observe dans les premiers moments de l'existence, l'influence fâcheuse du froid à cette époque de la vie, sont deux faits mis hors de doute depuis long-temps par les travaux nombreux qu'on a publiés sur ce sujet, dans le détail desquels je ne puis entrer ici.

Si l'on peut contester les calculs de Trévisan, d'après lesquels, à Castel-Franco, sur 100 enfants pouvant naître pendant les trois mois d'hiver, décembre, janvier et février, 66 périssent dans le premier mois, et 15 dans le reste de l'année, on s'accorde généralement à reconnaître l'influence fâcheuse du froid sur les nouveau-nés pendant la saison rigoureuse, et on doit à M. Villermé des tableaux de statistique fort intéressants ayant trait à cette question.

Il est quelques faits capitaux de physiologie que je crois devoir énoncer ici :

Les belles expériences d'Edwards Williams ont démontré que la faculté productrice de la chaleur est en général trop faible chez les animaux à sang chaud qui viennent de naître pour que leur température puisse demeurer constante lorsqu'on les éloigne de leur mère, lorsqu'on les abandonne à eux-mêmes, et à plus forte raison lorsqu'on les expose à l'influence du froid. Elles ne laissent aucun doute sur la nature de cette influence lorsqu'on transporte les nouveau-nés d'un milieu dans un autre; et il est facile de reconnaître que, s'il est souvent fâcheux pour les adultes de changer d'air, de pays, de climat, le changement bien plus grand que subit l'enfant qui sort du sein maternel doit le rendre encore bien plus susceptible.

MM. Villermé et Milne Edwards, cherchant les rapports constants qui peuvent exister entre l'état thermométrique de l'atmosphère et la mortalité des enfants pendant le premier âge de la vie, ont pu conclure de leurs recherches de statistique que le froid de même que les chaleurs excessives accroissent d'une manière positive les chances de mort des nouveau-nés.

Je m'en tiens à la déclaration de naissance à l'état civil, qui est une formalité strictement obligatoire en France, commune à toutes les sectes religieuses.

Les réflexions qui vont suivre ont pour objet :

1° Coup-d'œil historique sur l'état civil des nouveau-nés;

2° Réflexions sur l'artice 55 du Code civil;

3° Inconvénients du mode actuel de déclaration de naissance;

4° Son influence sur la mortalité des nouveau-nés;

5° Avantages qu'on doit tirer d'un mode d'application de la loi plus rationnel et plus en rapport avec la loi naturelle, si bien observée dans tous le degrés de l'échelle animale (1).

---

(1) Ce Mémoire est extrait du Compte-rendu de l'Académie des sciences morales et politiques.

Coup-d'œil historique sur l'état civil des nouveau-nés.

« La nécessité de conserver et de distinguer les familles », disait le comte Siméon dans un rapport fait au nom du Tribunat à la séance du Corps législatif du 17 ventôse (an XI), « a dès long-temps introduit chez les peuples policés des registres publics où sont consignés la naissance, le mariage et le décès des citoyens.

» *La grande famille* », dit-il plus loin, « s'est constituée gardienne et dépositaire des premiers et des plus essentiels titres de l'homme. Il ne naît point en effet pour lui seul ni pour sa famille, mais pour l'état. En constatant sa naissance, l'état pourvoit à la fois à l'intérêt public de la société et à l'intérêt privé de l'individu. »

Sans remonter à l'antiquité la plus reculée, il nous est permis de supposer que chez les Egyptiens et certains peuples orientaux la loi avait pourvu avec sagesse au service des déclarations de naissance.

Chez les autres peuples anciens, à l'exception des Grecs et des Romains, il ne paraît pas qu'il y ait eu d'état civil. Les naissances n'étaient pas enregistrées. La preuve en était très incertaine, et résultait soit de tables domestiques, soit de dépositions de témoins. Chez les Grecs on allait déclarer la naissance à la phratrie; la déclaration était religieuse; le délai était arbitraire; on ne transportait pas le nouveau-né.

Pendant long-temps, chez les Romains, il n'y a pas

eu de registres de l'état civil. Les naissances étaient constatées par le père de famille au moyen d'une inscription sur ses registres domestiques, et même par des lettres adressées à la mère par le père. Cependant les grandes familles étaient assez dans l'usage de faire inscrire la naissance de leurs enfants sur des registres publics, et c'est ce qu'indique clairement ce passage de Juvénal, *satire* IX :

Tollis enim, et libris actorum spargere gaudes
Argumenta viri, foribus suspende coronas :
Jam pater es. . . . .

Mais ces déclarations étaient principalement faites par les personnes constituées en dignité, comme le dit Suétone au sujet de Tibère et de Caligula, dans la vie du premier, n° 5, et dans celle du second, n° 8.

Marc-Aurèle, vers la fin du deuxième siècle de l'ère chrétienne, décida que cela serait observé à l'égard de tous les citoyens, ainsi que l'écrit Julius Capitolinus : « *Liberales ita munivit, ut primus juberet apud præfectum ærarii saturnini unum quemque civium natos liberos profiteri intra trigesimum diem nomine interposito Per provincias tabulariorum publicorum usum instituit, apud quos idem de originibus fecit, quod Romæ apud præfectum ærarii.* »

« Il garantit l'état des hommes libres en ordonnant le premier que tout citoyen fît auprès du préfet du trésor de Saturne la déclaration de naissance de ses enfants dans les trente jours, en leur donnant un nom. Dans les provinces, il établit des officiers publics intrumentaires, chargés, quant aux naissances, des mêmes fonctions que le préfet du trésor à Rome. »

Et le même empereur, ainsi que l'avait dit Scévola dans la loi 29, §§ *De probationibus et præsumptionibus*, a décidé, dans un rescrit adressé à Claudius Apollinaris, que la filiation ne se prouverait point par la seule déclaration ou affirmation de témoins. Évidemment, d'après ce qui précède, il a existé chez les Romains un état civil pour les naissances. La déclaration se faisait auprès du préfet du trésor dans les trente jours de l'accouchement. Il n'y avait pas transport du nouveau-né; le père allait déclarer au préfet, *profiteri apud præfectum*. S'il y avait eu transport de l'enfant, on l'aurait très certainement trouvé indiqué dans quelque historien.

Quant aux autres peuples de l'antiquité, il n'est aucun document à ma connaissance sur l'existence d'un état civil.

Pendant long-temps, chez les peuples modernes les naissances n'ont pas été mentionnées sur des registres tenus *ad hoc* par des officiers publics. La preuve en était précaire, abandonnée à la merci de la négligence des particuliers.

En France, le clergé tint les premiers actes qui purent servir à constater l'état civil. Le premier monument de législation en cette matière est l'ordonnance de Villers-Cotterets, de 1539. L'ordonnance de Blois en 1579, art. 181, ordonne aux greffiers des tribunaux de se faire apporter par les curés, à la fin de chaque année, les registres des baptêmes, mariages et sépultures de leurs paroisses. L'ordonnance d'avril 1667, titre XX, déclare que les actes de l'état civil, tenus par le clergé, feront preuve en justice. Depuis la révocation de l'édit de Nantes (octobre 1685), l'état civil des protestants fut très incertain. Enfin l'édit du 18 nov. 1787, rendu sous Louis XVI, chargea les officiers de justice de dresser les actes de l'état civil des protestants (1).

Mais bientôt allait s'opérer une séparation complète entre la loi civile et la loi religieuse. Le vœu en avait été manifesté à plusieurs reprises à l'égard de l'état civil : on demandait que cet état fût indépendant de la diversité des opinions religieuses. Cette indépendance fut consacrée par l'Assemblée constituante.

En France, depuis la révolution de 1789, il y a toujours eu séparation complète entre l'ordre civil et l'ordre religieux; mais chez les autres peuples européens cette distinction n'est pas à beaucoup près aussi bien établie.

Réflexions sur l'article 55 *du Code civil.*

Le texte du Code civil est le suivant :

« Les déclarations de naissance seront faites dans

(1) Extrait d'une annotation de M. Valette sur Proudhon.

les trois jours de l'accouchement à l'officier de l'état civil du lieu ; l'enfant lui sera présenté. »

L'intention du législateur dans le texte de la loi paraît évidemment avoir été de se placer dans les termes les plus généraux, afin d'autoriser toute application et interprétation qui pourraient être faites avec plus d'avantage. Aussi n'y a-t-il point de question de droit proprement dite. L'article de la loi n'a pas besoin d'être rapporté pour autoriser un changement dans la pratique actuelle.

L'art. 55 du Code civil ne mentionne pas le lieu de la présentation de l'enfant à l'officier de l'état civil, afin que cette présentation puisse être faite soit à la mairie, soit à domicile ; mais cette présentation doit avoir lieu : la loi existe pour recevoir exécution ; il est urgent de s'y conformer ; de son exécution résulte sa force.

La déclaration de naissance à l'état civil renferme deux choses bien distinctes, qui peuvent être séparées :

1° La présentation de l'enfant à l'officier de l'état civil, comprenant la vérification du sexe ;

2° La rédaction de l'acte devant témoins.

La présence de l'enfant au lieu où se rédige l'acte n'est pas nécessaire, comme on peut s'en convaincre par la lecture de l'ouvrage de Locré ayant pour titre : *Esprit du Code civil*. L'acte tire sa force de la déclaration appuyée de deux témoins, et non de la présence de l'enfant.

Il n'en est pas de même de la vérification du sexe. Cette vérification est importante, indispensable; et cependant elle n'est pas toujours faite d'une manière satisfaisante dans le mode actuel. Souvent on s'en dispense; aussi en résulte-t-il des inconvénients, comme on en trouve d'assez fréquents exemples dans les feuilles publiques. Tel est le cas rapporté dans le *Moniteur parisien* du 8 juin dernier : il s'agit d'une jeune fille qui, sur le point de se marier, éprouve des obstacles, parce qu'elle a été enregistrée comme garçon. Tels sont les cas d'hermaphrodisme ou plutôt d'extroversion de vessie, d'hypospadias, dans lesquels la distinction des sexes offre des difficultés et ne peut guère être établie que par un homme de l'art.

Notre Code civil ne mentionne pas le cas d'hermaphrodisme. Voici ce que l'on trouve dans le code bavarois :

« *Les hermaphrodites auront l'état que les experts leur assigneront, ou celui qu'ils se seront attribué.* »

Ainsi ils ne peuvent guère s'attribuer de sexe avant l'âge de la puberté. Encore il est bon d'observer que quelque motif d'intérêt peut leur faire préférer un sexe à l'autre.

Inconvénients du mode actuel de déclaration de naissance.

Dans les villes et les grands centres de population, où la présentation de l'enfant à l'officier de l'état civil se fait à la mairie et pendant toutes les saisons, il n'est réservé qu'à quelques familles privilégiées d'obtenir la vérification de la naissance à domicile, ainsi qu'on en observe souvent des exemples chaque année; tandis que, dans les classes peu aisées et à plus forte raison dans les classes indigentes, quelles que soient les circonstances au milieu desquelles l'enfant se trouve, qu'il soit à terme ou avant terme, qu'il soit débile ou robuste, malade ou bien portant, il doit toujours être transporté à la mairie. Cette coutume est nuisible à beaucoup d'entre eux, d'autant plus que les parents de ces pauvres enfants sont souvent privés des moyens nécessaires pour les défendre contre l'intempérie des saisons, et entretenir autour d'eux une température convenable à la débilité de leur constitution. Dans le cas de péril imminent, l'officier de l'état civil doit se transporter au domicile des enfants. Mais comment est-il possible d'établir sans lenteur la véritable position du nouveau-né? L'indigent le transporte à la mairie dans quelque état qu'il soit, parce que l'obtention de la visite de l'officier civil à son domicile offre des difficultés qu'il ne croit pas pouvoir surmonter, ou qui se trouvent au dessus de ses moyens. Ainsi, par exemple, en Autriche et ailleurs, pour obtenir la constatation de la naissance et le baptême à domicile, il faut payer de 50 à 60 fr., somme bien au dessus des moyens des malheureux.

Il existe un autre abus, c'est que l'on exige le transport du nouveau-né, et que le plus souvent on ne vérifie pas le sexe. L'employé de l'état civil se dispense de faire déshabiller le nouveau-né ; d'un autre côté, les parents qui ont été forcés de transporter l'enfant à la mairie demandent qu'on ne le démaillotte pas, afin de ne point ajouter aux inconvénients qui résultent déjà du transport. Cette demande est naturelle, elle proteste contre le transport prématuré.

Dans les campagnes, l'article de la loi paraît souvent ne recevoir aucune exécution. Il n'y a ni présentation de l'enfant, ni vérification du sexe : on se contente d'envoyer une déclaration, d'après laquelle l'acte est dressé. Ainsi on est généralement en contravention avec la loi, et alors, de deux choses l'une : ou la loi est exécutable, ou elle ne l'est pas. Si elle est exécutable, d'où vient qu'elle n'est pas exécutée? L'autorité devrait l'exiger. Si le mode d'application actuel est imparfait, il doit être amélioré, car l'exécution de la loi ne doit pas porter atteinte à la vie des citoyens.

Il est une remarque toute simple à faire pour prouver l'imperfection du service des actes de naissance. D'un côté l'art. 55 du Code civil ne reçoit pas exécution de la part des citoyens ; de l'autre, l'autorité n'applique pas l'art. 346 du Code pénal, qui punit d'un emprisonnement de six jours à six mois, et d'une amende de 16 à 300 fr., le défaut de déclaration dans le délai de trois jours. La non-exécution de l'article de la loi coïncidant avec la non-application de la peine est une preuve évidente de la nécessité de modifier la coutume. Si, malgré l'article du Code pénal 346, la loi n'est pas exécutée, il faut qu'il existe un grand obstacle à son exécution. Si, d'autre part, l'autorité tolère la non-exécution et n'applique pas la peine, il faut qu'elle ait reconnu l'application vicieuse de la loi.

Il existe en effet des difficultés sérieuses à son exécution. On ne peut supposer que ce soit par négligence que la pratique d'une loi tombe en désuétude. Le cas de maladie, la rigueur du temps, les chemins impraticables, l'éloignement de la municipalité, peuvent rendre impossible le transport du nouveau-né, et justifier les localités où l'article de la loi n'est pas observé : tel est le cas des pays de montagnes.

L'éloignement de la municipalité est souvent d'une à plusieurs lieues, et nécessite un voyage de plusieurs heures. Cet éloignement, bien que moins grand et exempt d'obstacles, existe également pour les villes, et présente de graves incenvénients. Ainsi, à Paris, dans chaque arrondissement, il est toujours des points excentriques séparés de la mairie par des distances considérables. Dans le 10e arrondissement, par exemple, quel espace à franchir pour aller de l'extrémité du Gros-Caillou à la mairie, qui est à la Croix-Rouge! La grande distance exige un temps long, pendant lequel l'enfant est éloigné du logis, de sa mère, et manifeste par des cris ses impressions pénibles; souvent le refroidissement qu'il éprouve l'engourdit. Et dans quel moment est-il éloigné de sa mère et exposé à des impressions qui peuvent être funestes? C'est lorsqu'il n'a pas encore pris domicile dans la vie, lorsqu'il n'a pas encore commencé son allaitement, lorsqu'il est sous l'influence de l'*ictère* résultant du changement qui s'opère dans sa circulation, et pendant lequel l'impression du froid est souvent la cause, dans nos pays, d'une affection particulière aux nouveau-nés, et que l'on connaît sous le nom d'endurcissement du tissu cellulaire. Si l'on expose sans motifs l'enfant à des influences nuisibles dont les effets, bien que peu éloignés, ne sont pas instantanés et apparents, à l'exception du tétanos et de la pneumonie des nouveau-nés, on expose aussi la mère-nourrice aux accidents pouvant être la conséquence d'une lactation commencée, qu'on est obligé de supprimer tout d'un coup.

Les classes pauvres excèdent de beaucoup les classes aisées; elles ont très souvent peine à se nourrir, et n'ont pas les moyens de se faire voiturer comme les classes aisées. Aussi qu'en résulte-t-il? Il en résulte que l'enfant est porté à pied à l'état civil, mal vêtu, entouré de langes de toile grossière ne conservant pas la chaleur, mal abrité de la pluie, du vent ou du froid, et, l'été, mal défendu contre les rayons trop ardents du soleil, qui ont été plus d'une fois, de même que l'impression d'un air trop vif ou trop froid, la cause déterminante de cette ophthalmie grave laissant après elle la cécité. En un mot, si l'enfant passant du sein maternel dans un milieu soumis à une foule de vicissitudes se trouve naturellement exposé à des accidents décimant le premier âge, on ne doit point encore ajouter aux causes déjà si nombreuses de mortalité ou d'infirmités à cette époque de la vie par la pratique de coutumes vicieuses qui donnent lieu à des changements brusques de température et à plus d'une commotion mortelle.

Dans les villes de province, les moyens de transport ne sont pas aussi faciles que dans les capitales, le transport à pied est encore plus répandu ; mais les distances sont en général moindres. Cependant on se dispense souvent de la présentation de l'enfant. On envoie faire la déclaration simple. Il est des circonstances dans lesquelles des préférences ont lieu : on a vu plus d'une fois l'officier de l'état civil aller bénévolement dresser à domicile l'acte de naissance d'un enfant robuste et bien portant, tandis que, dans le même lieu, on transportait à la mairie un autre enfant chétif et malade. Le plus souvent on dresse l'acte de naissance à la mairie, sans qu'on ait constaté légalement le sexe et la naissance.

Dans les campagnes et surtout dans les pays de montagnes, les distances à franchir sont plus grandes, les chemins en hiver sont souvent impraticables. La loi ne peut pas raisonnablement recevoir exécution. Le délai de trois jours est insuffisant, en supposant même que l'enfant puisse être transporté sans danger.

Est-il besoin de faire observer que souvent les parents, journaliers vivant au jour le jour, ne peuvent sans de grands préjudices pour leur famille s'absenter de leurs travaux? Ils doivent toutes les heures du jour au travail, afin de subvenir aux besoins les plus pressants. A Paris même, on a fait l'observation qu'il y a un flux de naissances vers certains jours de la semaine, vers les jours fériés. Cette observation a été faite par M. Villermé, dans les relevés de statitisque qu'il a dressés d'après les registres de l'état civil du 4e arrondissement. Alors, afin de rester dans les termes de la loi, on ne déclare la naissance que quelques jours après le délai légal. La raison naturelle de cette déclaration tardive est simplement la nécessité de travailler dans laquelle se trouve le pauvre artisan pour nourrir sa famille.

Pour peu qu'on réfléchisse à toutes les irrégularités que présente l'exécution de l'art. 55 du Code civil dans les différentes localités de la France, on ne peut s'empêcher de reconnaître qu'il existe un vice réel et radical dans le mode actuel de présentation.

La législation qui a rapport à la vie organique des êtres doit surtout avoir pour base les lois naturelles; seules elles conviennent non seulement à la conservation, mais encore au développement des espèces.

Il est facile de démontrer que notre état civil des naissances présente encore des imperfections auxquelles il serait possible de porter remède. Et, bien que notre Code civil ait servi avec raison de modèle à diverses nations, nous nous trouvons en dissidence avec les autres peuples dans ce qui concerne l'état civil des nouveau-nés, parce que la loi, qui ne laisse rien à désirer, ne reçoit pas une application rationnelle. Nous avons cherché plus haut à donner une idée de ce qu'il pouvait être chez les anciens; voyons maintenant ce qu'il est chez les nations modernes autres que la France.

Il présente de grandes différences; mais il est un fait capital pour nous, c'est que, chez la plupart d'entre elles, le nouveau-né est laissé auprès de sa mère, il n'est pas exposé aux vicissitudes du temps; le délai accordé pour la déclaration de naissance, de même que pour le baptême, est bien plus grand que chez nous, comme on pourra en juger par les renseignements que nous nous sommes procurés à ce sujet. Généralement on fait beaucoup plus que nous pour soustraire les nouveau-nés aux dangers d'un transport prématuré, et il est remarquable que ce soit justement dans les pays où la sortie trop prompte de l'enfant est rigoureusement exigée que l'on a publié les travaux les plus nombreux sur les dangers qui résultent de cette coutume.

En Russie, il n'y a pas obligation de transporter l'enfant hors de son domicile pour faire dresser l'acte de naissance et de baptême réunis. La présentation religieuse à l'église n'est obligatoire qu'après quarante jours, lorsque la mère peut s'y rendre avec son enfant. Le jour ou le lendemain de l'accouchement, le prêtre vient chez l'accouchée l'assister de ses prières et donner un nom à l'enfant; il vient constater la naissance à domicile, car les registres de l'état civil sont tenus par les ecclésiastiques.

En Angleterre, il n'y a pas transport au dehors des nouveau-nés. Les déclarations de naissance sont faites *ad libitum*; les actes de naissance et de baptême n'en font qu'un, et ne sont dressés qu'un mois, un an même après la naissance. La cérémonie du baptême se fait tantôt à domicile, tantôt à l'église.

En Prusse, on ne transporte pas l'enfant à l'état civil dans les trois jours. L'acte civil est confondu avec l'acte de baptême, pour lequel le délai n'est pas fixé. Après six semaines, le pasteur a le droit d'exiger la présentation.

Dans la Prusse rhénane, le service de l'état civil se fait comme en France : on présente l'enfant à la mairie. Mais cette présentation n'est pas rigoureuse; on s'en tient souvent à la déclaration du père et des témoins.

Voici les renseignements qui m'ont été communiqués sur l'Autriche; ils ne s'appliquent qu'aux villes. Le transport à l'église a lieu dans les trois jours; mais on peut obtenir la constatation à domicile, moyennant le paiement de la somme de 50 à 60 fr.

Ainsi, je le répète, les classes fortunées peuvent seules faire une dépense qui se trouve évidemment au dessus des ressources des classes peu aisées. Dans les campagnes, le prêtre se transporte facilement au domicile du nouveau-né.

En Sardaigne, la présentation a lieu, comme en France, à la maison commune; mais le délai de trois jours n'est pas rigoureux.

Dans les Antilles françaises, qui sont soumises à notre législation, le nouveau-né n'est jamais porté au dehors avant neuf jours. L'expérience a démontré que, lorsqu'on enfreignait cette règle, le tétanos était le plus souvent la conséquence de cette imprudence. L'article 55 ne reçoit pas d'exécution. Jamais il n'y a présentation de l'enfant : le père avec les témoins va faire sa déclaration. Dans ces contrées, les distances sont trop grandes; ainsi les habitations d'une même commune sont souvent éloignées de plusieurs lieues de la municipalité.

Je me propose de compléter mes recherches sur ce sujet.

Quoi qu'il en soit, je me contenterai aujourd'hui de rappeler ici que, sous le rapport de la législation qui régit les actes civils, les peuples européens peuvent être partagés en deux sections : les uns, comme la France, les Deux-Siciles, la Sardaigne, la Hollande, la Prusse rhénane, confient la rédaction des actes à des officiers publics ayant un caractère civil et fonctionnant pour les membres de toutes les communions ; les autres, comme la Prusse proprement dite, l'Autriche, la Bavière, le canton de Vaud, ont laissé, jusqu'à ce jour, la confection des actes aux ministres des différents cultes.

Chez les nations que nous venons de nommer, la présentation de l'enfant qui vient de naître à l'officier civil ou au ministre du culte est ordonnée par les lois ou par la religion. Cette présentation se fait à la maison commune ou à l'église.

Relativement aux actes de naissance, le Code sarde reproduit les dispositions du Code français. Il en est de même du Code des Deux-Siciles et du Code de la Hollande. Ces trois pays ont des officiers de l'état civil.

En Bavière, les actes de l'état civil sont dressés et les registres tenus par les ecclésiastiques ; le Code ne leur trace aucune règle.

Dans les pays qui ont des officiers de l'état civil, les inconvénients de la présentation de l'enfant à la maison commune sont les mêmes que chez nous. Chez les peuples qui laissent la constatation des naissances entre les mains du clergé, les actes ont le grave défaut, comme tout le monde peut en juger, de ne pas être tenus d'une manière uniforme et régulière ; mais on jouit du moins de cet avantage, que les délais pour la présentation de l'enfant sont en général moins courts et moins rigoureux que chez nous.

Influence du mode actuel des déclarations de naissance sur la mortalité des nouveau-nés.

Le mode actuel de constatation des naissances offre des inconvénients que tout le monde a pu apprécier. Mais les tristes effets auxquels il donne lieu sont mis hors de doute par les relevés de statistique, par l'expérience et par l'observation journalière des médecins; je me bornerai à donner quelques uns des résultats obtenus par les recherches de statistique.

Les petits enfants, dit Toaldo de Padoue, succombent en moins grand nombre, proportionnellement, dans la ville (celle de Padoue) que dans les campagnes, parce que vraisemblablement ils y sont mieux couverts, mieux défendus contre l'impression de l'air, quand on les porte à l'église le premier ou le second jour de leur naissance, tandis que, dans les campagnes, principalement dans les pays de montagnes, où les distances sont plus longues, l'air plus vif, le froid plus pénétrant, les enfants ne meurent pas tout de suite, mais ils contractent des affections qui les font bientôt succomber. Dans la ville de Chiozza, sur 1,042 enfants morts avant l'âge d'un an accompli, on en a compté 889, c'est-à-dire plus des trois quarts, qui n'ont pas vécu au delà de quarante jours.

Toaldo a aussi observé que les petits enfants des juifs de Padoue et de Vérone ne sont pas soumis au transport prématuré au dehors, et que ceux qui meurent avant d'accomplir leur première année font à peine un cinquième des décès totaux des juifs, tandis que, dans les paroisses des montagnes, les enfants chrétiens des mêmes âges forment plus des deux cinquièmes des décès totaux des chrétiens.

Dans les relevés de 1818 et 1819 de M. Villermé, le froid a été plus rigoureux en 1818 qu'en 1819. Cette différence présente une augmentation notable dans la mortalité des jeunes enfants. En 1818 le nombre des décès a été de 1 sur 7,58, tandis qu'en 1819 il était seulement de 1 sur 8,04.

Le nombre total des décès d'enfants nouveau-nés est plus grand dans les départements du nord que dans ceux du midi : si l'on établit cette comparaison pour chaque mois de l'année, la cause principale de cette différence (*le froid*) devient encore plus manifeste.

Tous les relevés de statistique présentent les mêmes résultats; j'ai pensé qu'il n'était pas nécessaire de les donner ici, et qu'il suffisait de les indiquer.

Avantages d'un mode d'application de la loi plus rationnel.

Lorsqu'il s'agit de l'application actuelle de l'art. 55 du Code Napoléon, partout on se récrie contre une coutume en désaccord avec la loi la plus simple de la nature, avec le plus simple instinct de conservation. Aussi en résulte-t-il que l'on exécute la loi toujours à regret, jamais avec empressement et de plein gré.

On a reconnu depuis long-temps l'imperfection de ce service. Mais comment y remédier ?

Si j'ai osé réclamer l'attention bienveillante de l'Académie, c'est que, plein du désir d'être utile, j'ai eu la conviction qu'il était possible de faire cesser cet état de choses par un moyen très facile, qui ne doit rien changer au service actuel, et qui se trouve tout à fait selon l'esprit de la loi. L'état, les familles, y trouveraient de grands avantages, et l'officier civil, responsable des actes de naissance, y trouverait une garantie de plus.

Dans un pays civilisé comme la France, ami des progrès, où les gouvernants saisissent avec empressement toute idée d'amélioration utile, il suffit d'indiquer le besoin bien établi d'une mesure qui doit rendre l'exécution de la loi régulière, facile et douce, tandis qu'elle est irrégulière, difficile et pénible, pour obtenir sans obstacle son application.

Je viens soumettre à votre jugement cette question :

N'est-il pas possible de faire pour les nouveau-nés ce que l'on fait pour les morts, d'envoyer constater les naissances à domicile, et cela de la manière suivante :

L'officier de l'état civil, ou la personne chargée de le représenter, viendrait au domicile de l'enfant constater la naissance et le sexe, après quoi il n'aurait qu'à remettre aux parents un bulletin imprimé avec lequel les témoins iraient seuls (sans l'enfant) à la mairie faire dresser l'acte de naissance.

Le maire a la responsabilité de tous les actes civils : sa présence à la maison commune est nécessaire ; on ne peut exiger son transport au domicile du nouveau-né. De même qu'il ne rédige pas les actes civils dont il a la responsabilité, de même un délégué par lui, ayant un caractère civil authentique, pourrait se transporter au domicile, vérifier la naissance et le sexe de l'enfant. Les parents et témoins iraient ensuite à la mairie avec le bulletin pour faire dresser l'acte. Si je n'étais pas médecin, je n'hésiterais pas à avancer que des médecins attachés spécialement à la municipalité conviendraient plus que tous autres pour cette délégation. Ils ont une position indépendante ; ils offrent les garanties et les conditions nécessaires ; par profession, ils sont obligés de se rendre partout, quelles que soient la saison et la difficulté des communications ; ils ont plus que tous autres des moyens de transport à leur disposition ; et c'est surtout dans les campagnes que l'on doit reconnaître la nécessité de les charger de cette mission. En un mot, il est naturel qu'ils soient requis pour constater les naissances, comme ils le sont pour les décès.

Pourquoi ne pas prendre pitié des nouveau-nés ? Pourquoi les exposer dès la naissance et sans nécessité à tous les agents qui peuvent compromettre leur existence et altérer leur constitution à venir, lorsqu'ils n'ont pas encore la force de résister aux causes de destruction qui les entourent, lorsqu'ils ne produisent même pas encore assez de chaleur par eux-mêmes pour conserver la température nécessaire à l'entretien de la vie chez eux?

Pourquoi, dans l'application d'une loi qui doit prendre la nature pour modèle, ne pas donner la préférence au mode le plus convenable d'application? Pourquoi la loi, ou plutôt ceux qui l'interprètent, ne cherchent-ils pas à protéger de toute leur puissance, contre ce qui tend à les anéantir, de pauvres petits êtres débiles et faibles? Pourquoi ne pas chercher plutôt à les entourer de soins, même superflus?

Dans mes recherches, j'ai trouvé avec plaisir que la même pensée avait été émise par deux membres de l'Institut: par MM. Villermé et Milne Edwards, dans leur mémoire sur la mortalité; par M. A. E. C. Baudelocque, membre de l'Académie de médecine, médecin de l'Hôpital des Enfants-Malades, dans ses cours. Elle est si naturelle qu'elle a dû se présenter à beaucoup d'autres personnes.

Cette mesure nouvelle ferait cesser tous les inconvénients qui existent et qui influent d'une manière fâcheuse sur la santé publique. Elle exciterait les sympathies de tous. L'article de la loi recevrait une pleine et entière exécution; les familles auraient une garantie de plus de la sollicitude de l'état, et le législateur verrait avec plaisir la loi civile mise en harmonie avec la loi naturelle.

M. Berriat Saint-Prix appelle l'attention de M. le

docteur Loir sur la nécessité de compléter le travail dont il vient de donner lecture, en examinant si l'usage, très répandu dans le clergé, d'exiger le transport des enfants à l'église pour leur administrer le baptême, n'augmente pas beaucoup le chiffre de la mortalité des nouveau-nés.

M. Villermé donne une adhésion complète aux faits exposés dans le mémoire de M. Loir; il a aussi observé que la mortalité est beaucoup plus forte chez les enfants nouveau-nés pendant la saison rigoureuse de l'hiver. M. Loir a eu raison de citer Toaldo et de s'appuyer sur ses savantes recherches. Toaldo surtout mérite une attention particulière : il était dans les ordres et se livrait à des études astronomiques; ses observations l'avaient déjà amené à conclure, dès l'année 1760, qu'il fallait se contenter d'ondoyer les enfants nouveau-nés, et de les présenter au baptême seulement trente ou quarante jours après leur naissance; cette opinion était fondée pour lui sur des faits nombreux qu'il avait constatés lui-même quand il administrait le baptême dans la *Marche trévisane*, et les observations de ses collègues avaient confirmé son expérience personnelle. Déjà en 1790, le prince évêque de Wurtzbourg, grand dignitaire de l'Eglise, avait enjoint aux prêtres de son évêché de se transporter durant la saison rigoureuse dans les maisons particulières, toutes les fois qu'ils en seraient requis, pour l'administration du baptême. Tout le monde connaît la maison des enfants trouvés à Saint-Pétersbourg ; elle est appelée *Maison impériale d'éducation*, parce qu'elle est placée sous le patronage et la direction spéciale de l'impératrice. Pendant l'hiver cette maison compte cinq succursales distribuées dans cinq quartiers différents de la ville et fermées à la fin de la mauvaise saison. Des mesures ont été prises pour assurer sans interruption aux enfants abandonnés le bienfait d'une douce température. On peut lire des détails intéressants à ce sujet dans le premier volume de l'ouvrage de M. de Gouroff. Quand ces enfants sont transportés chaque matin dans la maison centrale, les berceaux, les langes, sont chauds, et les voitures sont chauffées avec soin ; les mêmes précautions sont prises à leur arrivée dans la maison principale.

La Sardaigne et la Belgique publient en forme de tableau des documents officiels sur la mortalité des deux classes de la population, suivant les différents âges de la vie ; il y a une colonne à part pour les enfants morts pendant le premier mois de leur naissance. M. Villermé en a fait le relevé. Voici les principaux faits qu'il signale :

Si l'on range les mois d'après le nombre décroissant des décès de zéro d'âge à un mois, on obtient le résultat suivant :

Janvier, février (mois du maximum) ;
Viennent ensuite :
Mars et décembre,

Avril et novembre,
Octobre et mai,
Septembre et août,
Juin, juillet (les deux mois les moins chargés).

Cet ordre est très sensiblement celui dans lequel s'accroît la température annuelle; il se trouve, à très peu de chose près, le même pour la Belgique.

Le mois de janvier compte deux fois autant de décès que chacun des deux mois juin et juillet; la proportion est de 100 en janvier, et de 497 pour les mois minimum. Ces résultats viennent de relevés faits dans la période de 1828 à 1837.

Les mêmes différences s'observent dans chacune des grandes provinces des états Sardes, et elles sont plus sensibles pour les communes rurales. Le rapport est de 49 à 53 dans les villes en juin et en juillet, contre 100 en janvier.

Ces faits sont déduits de 173,628 décès d'enfants nouveau-nés dans la période du premier mois. Et la preuve qu'il ne faut point attribuer au plus grand nombre des naissances l'excessive mortalité de ces enfants en janvier, c'est que ce mois ne vient que le troisième dans l'ordre des naissances et excède seulement d'un neuvième les naissances de juin et juillet.

M. Villermé termine en disant qu'il regarde comme parfaitement démontré le fait principal qui sert de base au travail de M. Loir; mais que ce fait n'avait pas encore été appuyé jusqu'ici sur des données aussi nombreuses et aussi certaines. On ne saurait trop appeler l'attention des fonctionnaires publics et des législateurs sur l'irrégularité qui existe dans le service des actes de naissance, et sur la nécessité de protéger plus efficacement la vie des enfants nouveau-nés; et il est incontestable que l'existence de ces frêles créatures ne court jamais moins de danger que dans une température douce et modérée; qu'il faut éviter les deux extrêmes, et surtout le froid, au moment de la naissance.

Extrait du compte-rendu de l'Académie des sciences, séance du lundi 18 *août* 1845.

M. Flourens présente un travail de M. Loir intitulé : *Du service des actes de naissance en France et à l'étranger.* « L'auteur, dit M. le secrétaire, signale les inconvénients qui résultent du transport des enfants nouveau-nés à la mairie, et propose des modifications dans l'application de la loi relative à la constatation des naissances. La prncipale de ces modifications serait de faire constater les naissances à domicile. »

A la suite de cette communication, M. Milne-Edwards prend la parole pour insister sur l'utilité des mesures législatives que sollicite M. Loir. « Conduit par les recherches de mon frère sur la production de la chaleur animale (dit M. Milne-Edwards) et par les expériences de M. Flourens relatives à l'action du froid sur les jeunes oiseaux, j'ai étudié de concert avec M. Villermé l'influence de la température sur la marche de la mortalité des enfants nouveau-nés, et les résultats de ce travail, publiés il y a quinze ans, ne diffèrent pas de ceux présentés aujourd'hui par M. Loir. J'ajouterai également que, dans la vue de mieux apprécier l'influence du transport des enfants à la mairie dans les trois jours qui suivent la naissance pendant l'hiver, nous avons comparé mois par mois le nombre de décès parmi ces enfants dans un certain nombre de communes où les habitations sont très éparses, et dans d'autres communes voisines des premières, mais où la population se trouve agglomérée autour de la maison communale. Malheureusement ces recherches n'ont pu êtres faites d'une manière aussi complète que nous l'aurions désiré; mais les résultats qu'elles ont fournis étaient cependant très nets, et sont venus pleinement confirmer nos premières conclusions : car la différence entre la mortalité des nouveau-nés pendant la saison froide et rigoureuse de l'année s'est montrée beaucoup moins considérable dans les communes à habitations agglomérées que dans les communes où les habitations sont éparses, et où par conséquent les nouveau-nés qu'on porte à la mairie ont un plus long trajet à faire. Il est vrai que dans quelques localités on se dispense de cette formalité, mais elle est en général exigée, et tout tend à prouver qu'elle doit être très nuisible à la santé des jeunes enfants. M. Loir rendra donc un service signalé à l'hygiène publique s'il obtient dans le mode de constatation des naissances les modifications sur l'utilité desquelles il a appelé de nouveau l'attention de l'administration et de l'Académie. »

DEUXIÈME MÉMOIRE.

De l'exécution de l'article 55 *du Code Napoléon, relatif à la constatation des naissances, mémoire lu à l'Académie des sciences morales et politiques le* 17 *octobre* 1846, *et présenté au conseil général de la Seine (session de la même année).*

§ 1er. — De la constatation des naissances dans l'intérêt de l'état et des familles (1).

Un premier mémoire que j'ai présenté à l'Académie des sciences morales et politiques a eu pour objet de démontrer que l'article 55 du Code Napoléon n'était pas exécuté dans la plus grande partie de la France, qu'il existait à ce sujet des difficultés sérieuses, que le mode actuel de constater les naissances entraînait après lui de graves inconvénients pour la santé et la vie des enfants. J'ai avancé que la constatation à domicile était à mes yeux une simple mesure administrative, tout aussi admissible pour les nais-

(1) Extrait de la *Revue du droit français et étranger*, publiée à Paris par MM. Félix Duvergier et Valette, tome III.

sances que pour les décès, et à laquelle le texte de la loi ne s'opposait point.

Les observations que j'ai lues devant l'Académie (1) ont été soumises aux conseils généraux de 1845 (2); elles ont attiré l'attention de trente-huit d'entre eux. Dans ce nombre dix-huit ont exprimé le vœu que le mode d'exécution de la loi fût modifié, ajoutant que l'article 55 du Code n'avait rien de contraire à cette modification.

D'autres conseils, et une partie des maires de Paris, ont été opposés à l'adoption de la mesure proposée; ils ont fait des objections qui m'ont paru comporter une discussion nouvelle plus approfondie.

Le conseil général du Nord a exprimé le vœu « que des mesures fussent prises pour que la présentation des enfants nouvellement nés à l'officier de l'état civil, en conformité de l'article 55 du Code, fût faite au domicile de l'enfant ».

Le conseil général de la Seine a demandé « que l'administration fît étudier la question de savoir s'il ne serait pas possible de modifier les conditions de la présentation de l'enfant à l'officier de l'état civil pour la constatation des naissances ».

Un sujet aussi grave, qui intéresse à un si haut degré l'état et les familles, sollicite des études sérieu-

---

(1) Séance du 19 juillet 1845.

(2) Seulement il est à regretter qu'un seul exemplaire du mémoire ait été envoyé à chaque conseil général.

ses; il faut à cet égard éclairer l'opinion publique.

Nous ne sommes plus au temps où, comme chez les Romains, le père avait, au préjudice de l'état, le droit barbare de tuer et de vendre son fils, ni à cet autre temps plus reculé où, comme chez les Grecs, l'enfant appartenait exclusivement à l'état, qui s'en emparait dès le berceau, et en disposait à son gré. Méconnaissant les lois et les affections de la nature, les Lacédémoniens détruisaient même les enfants faibles ou infirmes.

Aujourd'hui, d'après nos mœurs et l'esprit de nos lois, le droit de l'état doit être respecté, et l'intérêt des familles doit être pris en considération. Mes efforts ont pour but l'intérêt de l'un et de l'autre, mais plus particulièrement celui des familles, dont le mode actuel d'application de la loi n'a pas tenu assez de compte.

Toutes les mesures destinées à améliorer la constitution physique des enfants, à empêcher ce qui pourrait leur nuire, doit être recherché avec soin. Par l'inspection du travail des enfants dans les manufactures on a voulu remédier à des abus qui influaient d'une manière fâcheuse sur leur organisation et sur leur développement; par l'établissement des salles d'asile on est parvenu à améliorer le sort des jeunes enfants de la classe ouvrière; par la création toute récente des Crèches on a fait un pas de plus vers le même but.

Suivant cette impulsion, et remontant vers la

naissance, je viens essayer de protéger de la même manière les premiers moments de la vie. L'enfant naissant a, comme on le sait, une existence très précaire; la constitution de ses organes est très faible; la vie, même dans l'état de santé, est mal établie, et les plus légères influences lui impriment souvent une direction vicieuse, qui se prolonge indéfiniment. Le transport prématuré de l'enfant à la mairie est une des causes de la mortalité des nouveau-nés; il aggrave les maladies que l'enfant peut apporter en naissant; il est la cause d'affections souvent très dangereuses.

Si l'on a reconnu l'utilité des crèches, on reconnaîtra, sans aucun doute, la nécessité d'une mesure très simple, d'accord avec la loi civile tout aussi bien qu'avec les lois de la nature, et qui est en quelque sorte, comme on l'a dit, *une introduction aux crèches*. Cette mesure, en effet, doit contribuer à donner à celles-ci des enfants bien portants en plus grand nombre, et même à prévenir les effets désastreux de l'envoi prématuré en nourrice. Pour arriver à ce résultat, il faudrait que la mère gardât son enfant chez elle pendant les quinze premiers jours; après ce laps de temps, elle le ferait partir avec plus de sécurité, ou l'apporterait aux crèches. Les secours à domicile, la charité publique, si puissante dans les grandes villes, pourraient faciliter aux classes indigentes les moyens de garder une quinzaine de jours la nourrice et le nourrisson, soit chez elle, soit au bureau des nourrices; et même il paraît résulter d'observations recueillies à l'Hôtel-Dieu de Paris que l'allaitement du nouveau-né par sa mère pendant les quinze premiers jours de la naissance offrirait le grand avantage de diminuer la fréquence et la gravité des accidents qu'on est appelé à observer chez les femmes en couches. Après ce temps seulement, l'enfant serait livré à une nourrice, si l'allaitement maternel, qui, par ce moyen, serait rendu plus fréquent, n'avait plus lieu; ce serait aussi avec plus de chances de succès que l'enfant pourrait être élevé au biberon.

La belle institution des crèches n'a pas été, dès le principe, accueillie par l'autorité, qui, aujourd'hui, l'a prise sous sa protection. Il est bientôt devenu évident qu'elle était appelée à soulager de grandes misères et à procurer une efficace protection au premier âge, dont, jusqu'à ce jour, on s'était peu occupé.

Mon intention était de ne traiter désormais que de la partie essentiellement médicale de la question. Je n'ai pu cette année terminer cette partie de mon travail, et le soumettre au jugement de l'Académie royale de médecine, dont les suffrages sont acquis à la cause que je défends; mais je crois utile de présenter encore quelques considérations relatives à la légalité de la mesure que je propose.

L'expérience démontre chaque jour que les inconvénients qui résultent pour la santé des enfants du mode actuel d'exécution de la loi sont *assez graves*, *assez fréquents*, *assez constatés*, pour fixer l'attention.

Si les enfants naissent bien portants, ils sont, par le fait du transport prématuré à la mairie, lorsque, pour ainsi dire, ils ne sont pas encore entrés dans la vie, exposés à des maladies qui souvent les font périr ou les rendent infirmes. S'ils naissent infirmes, malades ou convalescents, on les soumet à des influences pernicieuses qui aggravent le mauvais état de leur santé, compromettent leur vie, et certainement augmentent le nombre des personnes valétudinaires.

Je vais essayer de démontrer ici que l'article 55 du Code civil ne s'oppose pas aux modifications que je veux introduire.

Mais avant d'entrer dans cette discussion je dois répondre à une objection, en apparence très sérieuse, que la majorité des maires de Paris a présentée. Ils ont dit : « Si les enfants pauvres ont à souffrir dans le transport à la mairie faute de vêtements qui les garantissent suffisamment, le transport à l'église pour le baptême, dans un lieu souvent froid et humide, et leur envoi en nourrice presque immédiatement après la constatation de la naissance, devraient leur être bien plus funestes.

» Or, dans l'hypothèse de l'adoption du système de vérification à domicile, il deviendrait également nécessaire d'organiser parallèlement à ce service un autre service pour l'administration du baptême. En effet, le danger qu'on a voulu éviter de la présentation à la mairie ne se reproduirait-il pas entièrement pour le transport à l'église. Dès lors, pour atteindre le but de conservation des enfants, que l'on se propose, ne serait-il pas nécessaire que la cérémonie du baptême ne fût administrée qu'à domicile (1). »

On a craint, comme on le voit, que la constatation des naissances à domicile ne fît négliger l'accomplissement de la cérémonie religieuse. Cette crainte est mal fondée : le sentiment religieux rend obligatoire la cérémonie du baptême pour la majorité des Français, qui est catholique; mais l'époque où elle doit avoir lieu est facultative, c'est-à-dire qu'elle peut être différée; elle n'est pas exigée dans les trois premiers jours qui suivent celui de la naissance. Elle aurait lieu à l'église après les quinze premiers jours à compter de la naissance, lorsque la sortie de l'enfant peut s'opérer sans danger. Elle a lieu le plus souvent dans les trois premiers jours, parce que l'on profite du transport à la mairie, ou qu'on envoie l'enfant prématurément en nourrice. En différant, comme je le propose, on préviendrait les suites désastreuses de la fête du baptême au domicile des accouchées, à l'époque la plus critique des couches, dans la chambre même de l'accouchée chez les indigents, et à la

(1) Extrait du rapport de M. le préfet de la Seine à M. le ministre de l'intérieur, août 1846.

suite de laquelle on a souvent à déplorer des accidents mortels. « Trop souvent à la fin de ce jour de » fête, dit le professeur Velpeau, elle (la femme) se » trouve prise de symptômes assez graves pour la » conduire aux portes de la mort (1). » Il n'y aurait donc pas de service à établir pour aller donner le baptême à domicile.

Le clergé, toujours sensible à la voix de l'humanité, convaincu d'ailleurs que la cérémonie du baptême ne serait point négligée, ne peut manquer d'adopter les idées que j'expose. Les cas d'urgence de baptême à domicile ne seraient pas rendus plus fréquents; l'ondoiement serait toujours pratiqué, lorsque la cérémonie du baptême devrait, par quelque circonstance fortuite, être ajournée à une époque éloignée.

Du reste, il est un fait que personne ne peut contester. En général, la distance pour se rendre à l'église est moins grande que celle qu'il faut parcourir pour aller à la municipalité. Dans les villes, les églises sont nombreuses et se trouvent bien plus à la proximité des familles que les mairies. Ainsi, à Paris, on compte trente-neuf églises catholiques, plusieurs temples protestants, et seulement douze mairies. Dans le 1er arrondissement, il y a pour une mairie cinq églises : Saint-Pierre de Chaillot, Saint-Philippe du Roule, Saint-Louis d'Antin, la Madeleine, Saint-

(1) Traité élémentaire de l'art des accouchements.

Roch, qui dessert à la fois le 1er et le 2e arrondissement, plusieurs chapelles, une église affectée au culte russe, plusieurs temples protestants. Il en est de même dans les villes de province un peu considérables ; en général, elles n'ont qu'une seule mairie et plusieurs églises.

§ 2. — Du texte de la loi.

Le texte de l'article 55 du Code civil est ainsi conçu : « Les déclarations de naissance seront faites dans les trois jours de l'accouchement à l'officier de l'état civil du lieu ; l'enfant lui sera présenté. »

L'interprétation de cet article a donné lieu à quelques controverses. Il ne s'élève aucun doute sur le sens de la première partie, partie fondamentale. La déclaration doit être faite à l'officier de l'état civil, à la mairie, en présence de deux témoins, devant lesquels l'acte est rédigé ; tous sont d'accord sur ce point, jurisconsultes, magistrats. En effet, l'acte tire son authenticité de sa rédaction au siége même de la mairie, par l'officier public dépositaire et gardien des actes de l'état civil.

Quant à la présentation, elle n'est exigée qu'à titre de renseignement. Elle n'est point ordonnée par la législation des nations voisines ; chez nous même elle n'est point l'objet d'une disposition impérieuse, et il faut dire qu'elle n'est pas exactement observée. Si l'on consulte les discussions qui ont eu lieu lors de la rédaction de l'article 55, on est conduit à reconnaître qu'il n'impose pas, en ordonnant la présentation, le transport de l'enfant à la mairie; la présentation, de quelque manière qu'elle ait lieu, procure le résultat qu'on a voulu obtenir, la preuve positive de la naissance, du sexe, de l'identité de l'enfant. La loi de 1792 disait positivement que l'enfant devait être porté à la maison commune; les rédacteurs du Code civil ont supprimé cette disposition, « parce que, a-t-on dit (procès-verbal du Conseil d'état, séance du 12 ventôse an XI), en se bornant à décider que l'enfant serait présenté, sans spécifier le lieu, on a voulu que la loi laissât à cet égard la plus grande latitude ». C'est aussi dans le même sens que M. Réal (séance du 6 fructidor an IX) avait dit « que la présentation était inutile, parce que l'acte tirait sa force de la déclaration appuyée de deux témoins, et non de la présence de l'enfant; que d'ailleurs des obstacles naturels pouvaient s'opposer à l'accomplissement de cette formalité ».

Plusieurs jurisconsultes éminents professent la même doctrine. Je me contenterai de citer l'opinion de M. Valette, professeur de Code civil à la Faculté de droit de Paris.

« Qu'est-ce qui, dans nos lois (1), dit-il, peut mettre obstacle à la réalisation de ces idées si simples, si conformes au vœu de l'humanité? Les jurisconsultes répondront hardiment : Rien. Qu'ordonne en effet

(1) *Gazette des tribunaux* du 9 septembre 1845.

l'article 55 du Code ? C'est que *l'enfant soit présenté à l'officier de l'état civil.* Rien de plus raisonnable assurément, car il est bon d'avoir une certitude légale et *de visu* de la naissance et du sexe. Mais l'article 55 ne dit pas que la présentation doive se faire en tel lieu, et non en tel autre. Il n'ordonne pas le moins du monde que l'enfant soit examiné précisément tout auprès des registres de la mairie, à côté de la table du commis-rédacteur, c'est-à-dire à une distance de plusieurs kilomètres, qu'il faudra franchir par des temps de pluie, de vent, de neige. Une loi gênante était sans doute celle du 20 septembre 1792, parce qu'elle exigeait (tit. III, art. 6) *que l'enfant fût porté à la maison commune, ou autre lieu servant aux séances de la commune, pour être présenté à l'officier public;* elle ajoutait, il est vrai, par forme de restriction : *En cas de péril imminent, l'officier public sera tenu, sur la réquisition qui lui sera faite, de se transporter dans la maison où sera le nouveau-né.* Mais dans le Code civil rien de semblable; le Code laisse en cette matière à l'administration la liberté complète de son allure. Rien de restrictif dans son texte; point de distinction mal avisée entre le péril imminent et le péril douteux et éloigné. Ce point pourra donc, sans difficulté, être réglé par l'autorité administrative supérieure, sans qu'elle ait besoin de recourir au pouvoir législatif. Cette dernière remarque a de l'importance, car nous savons que c'est toujours une chose grave que la révision d'un article du Code civil; la proposition de M. Loir nous semble donc offrir toutes les chances désirables de succès. En somme, il n'est pas question ici de théories de législation plus ou moins contestables, mais d'une question où tout est simple : intérêt et solution. »

§ 3. — De l'esprit de la loi.

Dans l'article 55 du Code civil, la pensée du législateur a été de déterminer d'une manière positive l'état civil du nouveau-né, dans l'intérêt du pays, des familles, et du nouveau-né lui-même.

Tout citoyen doit au moins quelques années de sa vie à la défense de l'état, et l'âge fixé pour le recrutement, qui est obligatoire, ne peut être déterminé d'une manière rigoureuse que par la constatation prompte et exacte de l'état civil de chaque individu. Aussi a-t-on reconnu généralement qu'il était nécessaire que la déclaration et la rédaction de l'acte de naissance eussent lieu dans le plus bref délai ; on a porté ce délai à trois jours parce que le délai de vingt-quatre heures, prescrit par la loi de 1792, a paru insuffisant.

La déclaration a été considérée comme la chose essentielle ; toutefois l'expérience a fait reconnaître que, seule, elle était un moyen insuffisant, qu'elle était sujette à des erreurs, qu'elle rendait possibles les fraudes. En conséquence, et dans la pensée de prévenir les abus, le législateur a voulu que la naissance fût prouvée, que l'enfant fût présenté à l'officier de l'état civil, de même qu'il a exigé dans l'article 77 que l'officier de l'état civil se transportât auprès de la personne décédée pour s'assurer du décès. Il suffit de rapprocher ces deux articles pour faire ressortir la pensée du législateur dans l'un et dans l'autre. L'article 55 statue d'une manière générale, laissant à l'administration le soin de régler les détails, dans lesquels la loi ne peut descendre. « La loi, dit Locré, n'établit que des préceptes généraux féconds en conséquences ; elle ne les détermine pas, elle ne peut même pas les déterminer, car il faudrait ensuite régler chaque cas par une disposition, ce qui serait contre la nature des lois. »

Ainsi le législateur n'a pas voulu que l'acte de naissance fût dressé sans une preuve certaine du fait de la naissance ; il a pensé qu'elle résulterait de la présentation, de quelque manière qu'elle eût lieu ; il n'a pas voulu faire, et il n'a pas fait, du transport de l'enfant à la mairie, une condition expresse : cela résulte, encore une fois, du procès-verbal du 12 ventôse an XI. Il ne pourrait exiger un mode d'application si préjudiciable aux enfants et aux familles, d'autant plus qu'en suivant les discussions du conseil d'état, on voit que l'on a agité fortement la question de l'impossibilité du transport, et même (car on a été jusque là) de l'inutilité de la présence de l'enfant à la rédaction de l'acte, qui doit tirer sa force de la déclaration appuyée de deux témoins, et non de la présence de l'enfant.

Du reste, écoutons ce que dit M. Dalloz aîné dans son ***Répertoire général de la jurisprudence du royaume*** (nouvelle édition) : « La présentation de l'enfant à l'officier public est une précaution sage, qui prévient des abus, tels que celui de faire inscrire comme nouveau-né un enfant de deux ou trois ans. Mais ce qui constitue l'acte de naissance, c'est la déclaration des témoins, la signature de l'officier public, l'observation des formalités qui tiennent à la substance de l'acte et sans lesquelles il ne peut subsister. La présentation n'est pas de ce nombre ; ce qui prouve qu'elle n'est pas indispensable, c'est qu'elle peut toujours être illusoire, car rien n'empêche de présenter un enfant appartenant à d'autres parents que ceux à qui on l'attribue. »

Plusieurs arrêts rendus à différentes époques confirment cette doctrine.

§ 4.— De l'application de la loi.

« Si les magistrats entrent bien dans la pensée du législateur, a dit Locré (1), ils marcheront constamment vers le but qu'il s'est proposé ; ils appliqueront la loi aux circonstances comme il l'eût appliquée lui-même, et alors elle aura le résultat qu'on espérait. »

En 1792, époque de régénération dans l'ordre social, on était porté à méconnaître les droits de la famille, pour exagérer les droits de l'état ; les actes

---

(1) *Esprit du Code Napoléon.*

législatifs avaient trop de gravité et d'importance pour qu'on pût s'inquiéter d'une question en apparence si minime, de l'existence encore si frêle d'enfants nouveau-nés. Le transport à la maison commune était une mesure de rigueur, nécessitée par les circonstances pour assurer à l'état son droit. La séparation complète entre l'ordre civil et l'ordre religieux venait de s'opérer ; les actes de l'état civil n'étaient dressés que très irrégulièrement, qu'avec de grandes difficultés ; les fraudes (soustractions, substitutions) étaient nombreuses. Les moyens devaient être en quelque sorte violents : c'est sous l'influence de cet état de choses que fut rédigée la loi du 20 septembre 1792.

En 1803, les circonstances ne sont plus les mêmes : l'ordre civil est bien établi, les esprits plus calmes, les pensées plus réfléchies ; mais le régime militaire domine, on s'occupe de conquêtes, de guerres à l'extérieur. On subit cette influence nouvelle ; on voit l'intérêt de l'état, mais on entrevoit déjà l'intérêt des familles ; et la loi de 1803 est rédigée avec une sagesse incontestable.

La loi du 20 septembre 1792 exigeait que dans les vingt-quatre heures la déclaration fût faite, l'enfant porté à la maison commune, et l'acte dressé devant témoins. En 1803, et lors de la rédaction du Code civil, on a reconnu que ce délai était trop court, on l'a porté à trois jours. Dans la loi de 1792, on exigeait (tit. III, art. 6) « que l'enfant fût porté à la maison commune, ou autre lieu servant aux séances de la commune, pour être présenté à l'officier public. »

Dans l'article du Code civil on supprime cette disposition, on admet la présentation au domicile de l'enfant tout aussi bien qu'à la mairie. La loi laisse la plus grande latitude, en se bornant à décider que l'enfant sera présenté, sans spécifier dans quel lieu. La loi de 1792, par forme d'exception, ajoutait : «En cas de péril imminent, l'officier public sera tenu, sur la réquisition qui lui en sera faite, de se transporter dans la maison où sera le nouveau-né.» Dans le Code civil, le législateur ne répète pas cette disposition; il admet, d'une manière implicite, que l'officier de l'état civil peut venir au domicile de l'enfant constater la naissance. S'il est établi que le transport prématuré de l'enfant peut nuire à sa santé, mettre sa vie en péril, on appliquera la loi selon la pensée du législateur en constatant la naissance à domicile. Les magistrats n'ont, jusqu'à présent, consenti à la présentation à domicile que dans les cas où l'enfant se trouvait à la dernière extrémité, et le plus souvent l'officier public venait assister à ses derniers moments. N'est-il pas plus rationnel de prévenir le mal, ou du moins de ne rien faire qui puisse l'aggraver, et de ne pas attendre que l'enfant soit au plus mal pour user d'un mode d'application de la loi que le législateur autorise et que l'humanité commande ?

Les précédents législatifs et réglementaires qui ont servi de base au service de la vérification des décès doivent être rappelés ici avec avantage.

Dans la loi du 20 septembre 1792, il est dit

art. 2) : « L'officier public se transportera au lieu où la personne sera décédée, et après s'être assuré du décès, il en dressera l'acte sur les registres doubles. »

Cet article parut bientôt d'une exécution difficile (1). L'aversion que cause aux personnes du monde la vue d'un cadavre nous donne facilement l'explication du mode d'exécution de la loi, qui fut promptement adopté. D'ailleurs la pensée seule qu'à défaut de vérification suffisante, des personnes vivantes pourraient être enterrées, a fait tout de suite aviser aux moyens de prévenir une erreur qui fait frémir (2). Nous mourrons, mais nous ne naîtrons plus ! C'est par égoïsme que nous avons jusqu'à ce jour oublié de porter notre sollicitude vers un temps passé pour nous, vers le moment de la naissance.

Le préfet Frochot, dans sa circulaire du 21 vendémiaire an IX (13 octobre 1800), a établi en principe que les officiers de l'état civil ne réunissaient pas les lumières suffisantes pour déclarer avec certitude qu'un décès était réel, et il a reconnu avec raison que des médecins étaient les seules personnes compétentes pour cette vérification. Par là il a voulu prévenir les erreurs et donner à l'exécution de la loi une pleine garantie.

L'article 77 du Code civil laisse également dans le domaine réglementaire le mode de vérification ; il est

---

(1) Circulaire de M. le préfet de la Seine, juillet 1844.
(2) Circulaire du préfet de la Seine, juillet 1843.

ainsi conçu : « Aucune inhumation ne sera faite sans une autorisation, sur papier libre et sans frais, de l'officier de l'état civil, qui ne pourra la délivrer qu'après s'être transporté auprès de la personne décédée pour s'assurer du décès, et que vingt-quatre heures après le décès, hors les cas prévus par les règlements de police. »

Ces dispositions relatives aux décès sont tout à fait applicables aux naissances. L'ordre public, l'intérêt de l'humanité, celui des familles, exigent que l'on prenne les mêmes précautions pour assurer aux actes de naissance l'authenticité nécessaire, prévenir les fraudes et les erreurs, et remédier à la fâcheuse influence du mode actuel d'exécution de la loi sur la santé et la vie des enfants.

Les employés qui suppléent les officiers de l'état civil, bien qu'ils n'aient pas la responsabilité des actes, n'affaiblissent pas les garanties de la loi en faisant tomber l'obligation sur celui qui n'a pas la responsabilité. Seuls ils n'offrent pas à la loi les garanties convenables, ils ne possèdent pas *les lumières suffisantes* pour établir avec sûreté l'état civil de l'enfant naissant dans toutes les circonstances qui peuvent se rencontrer. De même que pour les décès, on peut dire aussi qu'il est nécessaire que les maires eux-mêmes puissent se faire suppléer, en ce qui concerne la présentation, par les hommes seuls compétents en pareille matière. Cette mesure, loin d'affaiblir la loi, viendrait la corroborer.

Le seul cas de mort apparente prise pour mort réelle (1) a fait reconnaître la nécessité de l'intervention du médecin dans l'exécution de l'art. 77 du Code civil. Les raisons qui militent pour cette intervention dans l'exécution de l'art. 55 du même Code sont nombreuses. Les circonstances graves dans les naissances peuvent se présenter plus fréquemment que les inhumations précipitées avant l'institution de la vérification des décès.

La détermination du sexe, dans certains cas, offre quelquefois, même pour les personnes de l'art, des difficultés qui passent le plus souvent inaperçues sous les yeux de l'employé chargé de la présentation. Lorsque ce dernier vérifie le sexe, il n'hésite jamais dans sa détermination, et il est exposé à commettre des erreurs en désignant, sans s'en douter, un sexe pour un autre.

« On conçoit, dit M. Geoffroy Saint-Hilaire (Isidore), à propos de l'hermaphrodisme masculin (2), qu'il peut et qu'il doit être difficile de reconnaître sous d'aussi trompeuses apparences le véritable sexe d'un enfant affecté d'un tel hermaphrodisme. Un anatomiste est alors exposé à se tromper, si un examen attentif et minutieux n'a pas servi de base à sa détermination. A plus forte raison en est-il ainsi des

(1) Circulaire du 21 vendémiaire an IX.

(2) *Histoire générale et particulière des anomalies de l'organisation chez l'homme et chez les animaux*, t. II.

personnes peu instruites qui, dans la plupart des cas, sont chargées de la détermination du sexe des enfants nouveau-nés, et règlent par leur décision, souvent irréfléchie, les conditions de l'inscriptien sur les registres de l'état civil. »

Et plus loin, à propos de l'hermaphrodisme féminin : « La difficulté de la distinction, dit le même auteur, est quelquefois assez grande chez l'adulte pour que des médecins appelés à constater le sexe d'un hermaphrodite essentiellement femelle aient hésité et émis des opinions contraires. A plus forte raison, la détermination du sexe des petites filles nouvellement nées et affectées d'hermaphrodisme est-elle quelquefois un problème presque insoluble, surtout pour les personnes peu instruites, et souvent même entièrement étrangères à l'anatomie, qui sont appelées à prononcer.

» Aussi des erreurs ont-elles été commises en plus d'une occasion, et de même que, dans le paragraphe précédent, nous avons fait l'histoire d'hommes qui, sur la foi de leurs parents et de leur acte de naissance, se sont crus femmes pendant une partie ou même la totalité de leur vie, et se sont mariés comme telles, de même il n'est pas sans exemple que des femmes élevées comme hommes se soient crues et aient été crues du sexe masculin pendant un grand nombre d'années. »

Marc, connu par ses travaux de médecine légale, et beaucoup d'autres médecins légistes, rapportent des exemples relatifs à ce sujet.

M. le professeur Orfila, doyen de la Faculté de médecine de Paris, dans son ouvrage de médecine légale (t. Ier), cite le passage suivant d'un article de Marc : « Rien ne conduit plus aisément à des erreurs que de prétendre dans tous les cas déterminer peu de temps après la naissance le sexe d'enfants dont les parties génitales ne sont pas régulières. Lorsque la conformation de l'individu laisse le moindre doute sur le véritable sexe, il est convenable d'en avertir l'autorité, et d'employer, s'il le faut, des années à observer le développement progressif du physique comme du moral, plutôt que de hasarder sur le sexe un jugement que des phénomènes subséquents pourraient tôt ou tard renverser (1). »

M. Orfila ajoute : « La détermination du sexe a été tellement difficile que des médecins également habiles ont émis des opinions contraires, en déclarant les uns que l'individu soumis à leur examen appartenait au sexe masculin, tandis que les autres le regardaient comme faisant partie du sexe féminin. »

Parmi les faits nombreux qui se trouvent dans les divers recueils, nous nous contenterons de rappeler les suivants :

1° L'observation d'Adelaïde de Préville, mariée depuis long-temps, et vivant en bonne intelligence

---

(1) Extrait de l'article de M. Marc, *Dictionnaire des sciences médicales.*

avec son époux, morte à l'Hôtel-Dieu de Paris, en l'an IX, à l'âge de quarante ans (1).

2° L'observation publiée par Dugès et Toussaint, en 1827, où il s'agit d'un individu inscrit sur les registres de l'état civil sous le nom de Joséphine Badré, et qui, jusqu'à vingt ans, avait porté les vêtements de femme (2).

3° L'observation de Marie Marguerite, qui, inscrite sur les registres de l'état civil comme appartenant au sexe féminin, est déclarée, en vertu d'un jugement rendu en 1813, après une nouvelle visite faite par trois médecins, appartenir au sexe masculin (3).

4° L'observation publiée en 1815, dans le *Bulletin n° 2 de la Faculté de médecine*, par le professeur Béclard, et dans le *Journal général de médecine*, t. II, p. 372, par le docteur Jacquemin, de Marie Lefort, qui pendant toute sa vie fut considérée comme homme, et qui à sa mort, à la Pitié, dans le service du professeur Béclard, fut examinée avec soin et reconnue pour femme.

5° Le cas cité par Saviard de cette pauvre fille qui, malgré sa requête au roi, était condamnée par les capitouls de Toulouse à toujours porter l'habit d'homme.

6° Ici vient naturellement se ranger un fait qui s'est

---

(1) *Recueil périodique de la société de médecine*, t. II.

(2) *Éphémérides médicales de Montpellier*, mai 1827.

(3) *Bulletin de la société de médecine*, n° 10, année 1815.

passé, il y a quelques années, au conseil de révision du département de la Seine : il s'agissait d'un étudiant en droit d'un des arrondissements de Paris, conscrit, désigné dans son acte de l'état civil comme garçon, mais dont les organes génitaux, vicieusement conformés, examinés avec soin à la visite, furent reconnus appartenir au sexe féminin.

Les questions d'identité, de substitution, de supposition de part, sont d'une haute importance; elles exigent des garanties que les actes de l'état civil, dans le mode actuel, ne donnent pas.

L'employé de l'état civil ne peut reconnaître l'identité d'un enfant naissant, il ne peut distinguer le nouveau-né qui n'a pas trois jours de l'enfant qui a plusieurs semaines (1). Aussi en résulte-t-il que des suppositions, des substitutions de part, des déclarations tardives, pourraient passer inaperçues. Ici une jeune femme meurt en couches; son enfant est mort avant elle; il s'agit d'un héritage considérable qui doit être dévolu à sa famille. On vient présenter à l'état civil un enfant qui n'est pas le sien; l'employé dresse l'acte, et l'ordre de succession établi par la loi est interverti : c'est la famille du mari qui est assurée de la fortune au préjudice de la famille de la mère. Là une femme donne le jour à un enfant dont le sexe ne convient pas, on lui substitue un autre en-

(1) L'enfant que l'on substitue est ordinairement plus âgé.

fant : les droits de l'enfant légitime, que la loi doit déjà protéger, sont transportés à un étranger. Une femme enceinte perd son mari ; elle aura la jouissance de sa fortune si elle a un enfant et qu'elle lui survive ; elle fait une fausse couche ou met au monde un enfant mort : elle peut se procurer un enfant qui n'est pas le sien et le faire présenter à l'état civil pour un enfant naissant ; dans ce cas il est fort difficile de reconnaître la fraude.

Il peut aussi arriver que l'enfant ne soit déclaré qu'après le délai de trois jours, au bout de dix, quinze jours, et même plus tard, pour différents motifs. Le but pourrait être de lui faire gagner une année pour le service militaire, pour les études de collége, pour le concours des écoles.

Mais un point digne de toute l'attention, c'est que dans le nombre considérable des enfants qui sont déclarés comme mort-nés il s'en trouve beaucoup qui ont réellement vécu, les uns six ou sept heures, d'autres deux jours et même quatorze jours. Ces faits ne pourraient manquer d'être éclaircis par les observations que serait à même de faire le médecin chargé de la constatation de la naissance (1).

---

(1) M. le docteur Deville, inspecteur des décès de la ville de Paris, a trouvé, à sa dernière inspection, que, sur vingt-cinq décès d'enfants déclarés mort-nés, qu'il a eu occasion de vérifier, il y en avait huit qui avaient respiré et vécu un temps plus ou moins long.

La loi de 1792 faisait un devoir de vérifier le sexe : on doit supposer à plus forte raison la même intention aux législateurs de 1803 ; et en effet, la rédaction de l'art. 55 autorise toutes les mesures qui peuvent concourir à la meilleure exécution de la loi, et elle impose certainement l'obligation de vérifier le sexe et l'identité : car on ne peut supposer qu'en exigeant la présentation, le législateur ait voulu que le magistrat se contentât seulement de la preuve matérielle de l'existence d'un enfant naissant.

Dans le mode actuel de présentation, on est exposé à commettre des erreurs préjudiciables et à ne pas apercevoir des fraudes : il appartient aux magistrats administratifs de l'ordre supérieur de tracer des règles d'exécution de nature à prévenir les tristes effets de l'ignorance et de la mauvaise foi.

On a dit *que la visite d'un médecin vérificateur au domicile des accouchées exposerait à des révélations dangereuses ceux que la loi est appelée à protéger; que des familles seraient troublées à la vue d'un agent de l'administration, dont la personne seule suffirait pour dévoiler des faits que l'on peut avoir tant d'intérêt à tenir cachés.*

La vérification des naissances à domicile par un médecin doit profiter au nouveau-né; elle ne *peut en aucune façon exposer à la révélation des secrets des familles.* On viendrait dire à la maire :

Un enfant est né telle rue, tel numéro, sans qu'il soit question de la mère.

Le médecin viendrait à cette adresse, vérifierait la naissance et le sexe de l'enfant; il n'aurait aucun rapport avec la mère, il ne la verrait même pas.

On court plus de danger de voir le secret divulgué par le transport à la mairie de l'enfant que par la constatation à domicile, qui pourrait avoir lieu à l'insu de tout le monde.

Dans le mode actuel, l'officier de l'état civil qui est requis de se rendre auprès du nouveau-né pour vérifier sa naissance ne doit-il pas se transporter avec les registres et dresser l'acte dans la maison même où se trouve l'enfant? Le transport des registres offre des difficultés; à Paris, par exemple, il doit interrompre le service, car on peut à chaque instant venir faire une déclaration de naissance; et, bien que les registres soient doubles, on ne peut pas en transporter un seul, puisque, si on ne rédige pas les deux actes de suite, on fait toujours au moins apposer les signatures si l'acte reste en blanc. *Si*, comme on l'a dit, *le législateur a eu en vue que la déclaration, la rédaction de l'acte devant témoins, fussent faites dans un lieu public, et que l'acte fût rédigé de suite*, on s'écarte encore plus de ces principes en rédigeant l'acte dans la maison du nouveau-né. On conçoit la rédaction chez les personnes aisées; mais, indépendamment des accidents auxquels les registres sont exposés, on ne peut même pas trouver chez les indigents, qui n'ont qu'une chambre étroite, l'espace nécessaire pour les ouvrir, placer l'officier de l'état civil, le rédacteur de l'acte, les déclarants et les témoins : on s'expose donc souvent à beaucoup d'irrégularités. On conçoit que le législateur, en employant les termes les plus généraux, ait cru devoir s'en remettre complétement à la prudence des magistrats pour les détails de l'application de la loi, qui sont susceptibles d'être modifiés suivant les circonstances. Quant aux témoins, *ils attestent la rédaction de l'acte en leur présence, l'identité de la personne du déclarant* (1) ; ils peuvent être pris à la mairie même (2) ; il n'est pas nécessaire qu'ils aient été témoins oculaires de l'accouchement, et qui plus est, dans le mode actuel, ils ne font qu'assister à la rédaction de l'acte de naissance d'un enfant que le plus souvent ils n'ont pas même vu ; ils ne prennent pas connaissance de sa personne, de son sexe, de son identité, et les garanties que la loi doit fournir ne sont pas données Aussi en résulte-t-il des erreurs dont on pourrait citer de nombreux exemples.

La *Gazette des Tribunaux* du 23 septembre dernier fait mention d'un jugement tout récent, rendu par le tribunal civil de Boulogne (Pas-de-Calais), ordonnant l'inscription sur les registres de l'état civil, comme appartenant au sexe féminin, d'une femme née à Nielles-lès-Calais, mariée et mère de dix enfants, qui

---

(1) M. Dalloz aîné, *Répertoire général de la jurisprudence du royaume.*

(2) M. Valette, *Gazette des tribunaux* du 8 septembre 1845.

avait été inscrite sur les registres de l'état civil sous les noms de François Neveu, enfant du sexe masculin. Cette erreur ne fut reconnue qu'au moment de la conscription; le conseil de révision se contenta de prononcer un cas de réforme pour vice de conformation; et, quelques années après, le prétendu garçon François Neveu vint se présenter devant le maire de sa commune pour conclure un mariage; mais l'officier public refusa son concours, et le mariage n'eut pas lieu.

Un membre du conseil d'état (M. Lebœuf) m'a communiqué dernièrement le fait d'une personne qui a eu une fille, laquelle a été inscrite sur les registres de l'état civil d'un des arrondissements de Paris comme étant du sexe masculin.

Il n'est pas sans importance d'examiner la question de savoir si la réalisation de la mesure déjà proposée par MM. Villermé, Milne-Edwards, de l'Institut; Baudelocque, de l'hôpital des enfants malades; Trébuchet, de la préfecture de police, etc., etc., est possible. Une idée est quelquefois séduisante, mais inapplicable. En est-il ainsi de la constatation des naissances à domicile ?

Je commencerai à dire ici quelques mots de ce qui a rapport aux villes; je renvoie à un autre travail tout ce qui est relatif aux campagnes. La mesure proposée est admissible en pratique, d'abord parce qu'elle est d'une simplicité évidente, et ensuite parce que, eu égard à son importance, elle ne doit pas causer de grands frais, comme je chercherai à le démontrer. D'abord on se demande : Pourquoi ne ferait-on pas pour les vivants ce que l'on fait pour les morts ? Si la mesure a été jugée praticable pour les décès, on doit naturellement reconnaître qu'elle est praticable pour les naissances.

L'opinion de M. Trébuchet, chef de bureau de la préfecture de police, n'est pas sans importance pour prouver que l'exécution de la mesure proposée est possible à Paris. Je cite textuellement ce qu'on lit dans son ouvrage : *Jurisprudence de la médecine, de la chirurgie et de la pharmacie en France,* publiée en 1834 (page 134) : « Les heureux résultats produits par l'institution des médecins vérificateurs des décès ont fait souvent désirer que de semblables fonctions fussent créées pour les naissances. On éviterait ainsi les inconvénients graves qu'offre le transport d'un enfant nouveau-né, qui, aux termes de l'article 55 du Code civil, doit être présenté dans les trois jours de l'accouchement à l'officier de l'état civil. La constatation du sexe de l'enfant serait faite ensuite d'une manière plus régulière par un homme de l'art, qui pourrait l'examiner facilement, au lieu que, dans les mairies, l'enfant n'est jamais découvert, et que l'on s'en rapporte toujours à la déclaration des parents. D'un autre côté, la constatation de la naissance au domicile même des parents serait une garantie de plus pour l'état civil, car il serait bien plus difficile de tromper sur les noms et profession des parents.

Rien n'empêche en effet, dans un intérêt dont on pourrait trouver bien des mobiles, de séduire deux témoins, et de faire la déclaration sous des noms, des professions et des domiciles supposés, crimes qui ont quelquefois été commis et qui donnent lieu à d'inextricables procès. »

Les journaux ont annoncé dans le courant de l'année que M. Evain, maire de la ville de Douai, avait organisé un service pour la constatation des naissances à domicile. Voici les renseignements qu'il m'a donnés à ce sujet dans une lettre datée du 14 octobre :

« Cette mesure, utile partout, était impérieusement exigée ici par la position même de la ville. En effet, la commune de Douai ne se compose pas seulement de la ville, mais encore de quatre hameaux, qui en sont distants de trois et même de cinq kilomètres. On comprend donc que, lorsqu'il fallait, l'hiver, par un mauvais temps, faire parcourir cette distance à un nouveau-né, sa santé était compromise.

» En faisant connaître aux habitants la résolution que j'avais prise, d'accord avec le conseil municipal, je les ai prévenus qu'ils ne devaient appeler le médecin qu'au moment où ils seraient disposés à se présenter à la mairie, afin que la constatation de la naissance et la rédaction de l'acte se fissent presque simultanément. Le médecin indique sur le certificat qu'il délivre l'heure de la constatation, afin qu'on puisse, si les parents tardent trop à faire rédiger l'acte de naissance, exiger la présentation de l'enfant à la mairie. Cette mesure a été parfaitement comprise; elle a été accueillie avec une faveur marquée, et elle est exécutée depuis le 1er janvier sans le plus léger inconvénient jusqu'à ce jour.

» Je n'ai qu'à me féliciter de l'initiative que j'ai prise, et je fais des vœux pour qu'une disposition législative rende cette mesure générale (1). »

Dans la pensée que pour la présentation au domicile des nouveau-nés il s'agissait d'une simple mesure administrative autorisée par la loi, sans qu'il fût nécessaire de recourir au pouvoir législatif, il m'a paru qu'à l'instar des arrêtés pris pour les décès, il suf-

---

(1) Cet article était déjà livré à l'impression lorsqu'a paru l'arrêté suivant de M. le maire de Versailles, lequel vient donner à notre projet la sanction de la pratique dans une ville importante et presqu'aux portes de Paris :

Constatation des naissances à domicile.

« Jusqu'à ce jour les enfants nouveau-nés ont dû être apportés à l'Hôtel-de-Ville lors de la déclaration de naissance. Cette obligation, imposée aux familles, peut présenter de graves inconvénients; la santé des enfants a dû parfois en souffrir, et c'est surtout pendant les temps froids et pluvieux que le déplacement semble pouvoir occasionner de ces affections qui mettent en péril l'existence de jeunes êtres pour lesquels la chaleur est une nécessité.

» Désirant améliorer cet état de choses, le maire de la ville a l'honneur de prévenir ses concitoyens :

» Qu'à compter de ce jour, toutes les familles sans exception pourront se dispenser de présenter ou de faire présenter à la mairie leurs enfants nouveau-nés, à la charge

firait d'un arrêté dans lequel pourraient entrer les dispositions suivantes :

« Vu l'article 55 du Code civil, qui exige que le nouveau-né soit présenté à l'examen de l'officier de l'état civil ; considérant que cette disposition a pour but de constater le fait de la naissance, l'identité et le sexe de l'enfant ;

» Arrête :

» Les personnes désignées dans l'article 56 du Code civil devront, dans le plus bref délai, déclarer la naissance à la mairie.

» La constatation de la naissance et du sexe sera

---

par elles de donner immédiatement, et au plus tard dans les vingt-quatre heures, avis à la mairie et au bureau de l'état civil, de dix heures du matin à quatre heures du soir. Un médecin délégué à cet effet par le maire se transportera sans frais pour reconnaître la naissance et vérifier le sexe de l'enfant.

» La déclaration de la naissance devra être faite ensuite sur les registres de l'état civil, selon l'usage et conformément à la loi, sur la remise du certificat de constatation que le médecin aura laissé à la famille.

» Les présentations de l'enfant à la mairie continueront néanmoins d'être admises, et pourront même, s'il y a lieu, être exigées dans certains cas.

» Fait à l'Hôtel-de-Ville, le 6 novembre 1846.

Signé : Le maire de la ville, membre de la chambre des députés,

» REMILLY. »

faite à domicile par un médecin, délégué de l'officier de l'état civil.

» Les déclarants, assistés des témoins, se rendront ensuite à la mairie sans l'enfant pour faire dresser l'acte de naissance.

» Ces trois formalités seront exécutées dans le délai prescrit par la loi.

» Si la détermination du sexe laissait quelque incertitude, on indiquerait dans l'acte la nécessité d'un examen ultérieur à faire à un âge plus avancé. »

En cherchant à établir que la présentation à l'officier public dans la maison même où se trouve l'enfant était conforme au texte et à l'esprit de la loi, que par elle la loi recevrait une pleine, entière et facile exécution, mon but a été d'exciter l'attention et de provoquer les observations des jurisconsultes dont l'opinion sur cette matière est décisive.

Dans un prochain travail destiné à l'Académie royale de médecine, il me sera facile de prouver que les dangers pour la santé et la vie des enfants sont *assez graves*, *assez fréquents*, *assez constatés*, pour nécessiter dans l'application de la loi la modification que je propose.

DE LA MORTALITÉ PENDANT LE PREMIER MOIS DE LA VIE.

Simple note lithographiée adressée au conseil général de la Seine (session 1847), extraite de travaux encore inédits.

La mortalité des premières semaines de la vie est si grande, qu'elle a de tout temps frappé l'attention. Cependant jusqu'à présent on n'a point fait de recherches suffisantes pour combler la lacune de documents qui existe sur ce point.

Les documents que j'ai puisés dans la physiologie, la pathologie et la statistique, s'accordent tous pour établir les faits suivants :

§ I. — Il existe dans le premier mois de la vie trois maximum de mortalité, qu'on ne rencontre pas dans les autres mois. Ces trois maximum reconnaissent des causes dont les unes sont naturelles et invariables, et les autres accidentelles, et susceptibles d'être écartées.

1° Un premier maximum de mortalité s'observe souvent pour le premier jour de la vie, il se borne exclusivement à ce premier jour ; mais il n'a qu'une valeur fictive, et il dépend de causes spéciales, différant en grande partie de celles qui produisent les deux autres maximum, qu'on est appelé à observer dans le cours du mois. Il comprend : 1° le plus souvent les mort-nés ; 2° les fœtus qui ont à peine respiré quelques instants, dont le plus grand nombre ne sont pas viables ou succombent à des vices de conformation ou à des lésions congéniales mortelles par elles-mêmes ; 3° les enfants viables, mais qui, à raison de leur mauvais état de santé ou de leur faiblesse congéniale, meurent promptement, faute de soins suffisants. Ces derniers devraient seuls entrer en compte pour la mortalité réelle du premier mois.

2° Un deuxième maximum, que l'on pourrait appeler maximum d'hiver, fournit à lui seul la majeure partie des décès des mois froids ; il ne s'observe pas en été, il est constamment en raison directe de l'abaissement de la température. Il correspond du cinquième au quatorzième jour, et il ne s'étend guère au delà ; il s'explique par la nature des affections qui dominent à cette époque de l'année, et qui, ayant pour siége les organes de la respiration et de la circulation, amènent plus promptement la mort. Ce maximum est le résultat de l'exposition au froid, dont l'action constante et bien déterminée s'exerce sur les poumons avec d'autant plus de promptitude et de gravité que l'on est plus voisin de l'époque de la naissance (faits si bien établis par les expériences de M. le professeur Flourens, par les observations de M. Villermé, etc.).

3° Le troisième maximum de la mortalité du premier mois est celui qui domine en été ; il ne s'établit qu'à compter du douzième jour. En hiver, il se fait bien sentir, il coexiste avec le précédent ; mais en été, il augmente et s'observe seul : il s'ensuit que le surcroît des décès en été n'a plus lieu du quatrième au quatorzième jour, mais seulement du douzième vers la fin du mois. Ce maximum est expliqué à son tour par la nature des affections qui sont dominantes, telles que les phlegmasies gastro-intestinales, le muguet, etc.... Ce sont ces affections qui dépendent surtout du mode d'allaitement.

§ II. —Une remarque importante à faire, c'est que la mortalité moindre des premiers jours est prise sur la presque-totalité des naissances, tandis que le chiffre des deuxième et troisième maximum est fourni par les nouveau-nés que les nourrices n'ont point encore emportés, ou qui sont élevés chez leurs parents, et par conséquent les maximum sont pris dans les circonstances les plus défavorables : il y aurait à ajouter les décès des enfants partis et décédés chez leurs nourrices.

§ III. — L'homme en naissant, même à terme, est de tous les animaux celui dont l'organisation est la plus compliquée et la plus exposée à des accidents. La révolution que subissent ses organes les plus importants s'accomplit pendant les huit premiers jours de l'existence, période durant laquelle le repos et surtout une chaleur douce et toujours uniforme sont les conditions physiologiques les plus essentielles pour que la vie nouvelle achève de s'établir.

§ IV. — Pendant cette période de temps, la calorification est si minime, et l'état de faiblesse si grand, que le nouveau-né perd promptement sa chaleur propre pour descendre au niveau de la température ambiante. C'est alors que, sensible à toute espèce de refroidissement, et incapable de suffire par lui-même à toutes les causes de déperdition qu'il éprouve, il contracte ou aggrave avec la plus grande facilité les affections qui compromettent sa santé, et sont la cause du maximum de mortalité qu'on observe en hiver, pendant les quinze premiers jours de la vie.

§ V. — Les enfants les plus chétifs ou nés avant terme succombent très promptement en hiver. Ceux qui sont élevés appartiennent à la classe aisée ; ils sont l'objet de soins exceptionnels, bien raisonnés, dont la connaissance est peu répandue.

Pour démontrer la nécessité des soins d'incubation dont ils ont besoin d'être entourés, il suffit de citer l'observation, communiquée par M. le professeur Chomel, de M. le duc de Montmorency. Il naquit à six mois et demi dans un état d'exiguïté tel, qu'il fut placé, entouré de coton, dans une boîte à eau de Cologne. Sous l'influence des plus grands soins d'incubation, il continua à vivre. Il est devenu plus fort et plus robuste que ses frères, venus à terme ; il leur a survécu long-temps, et vient de mourir à un âge très avancé.

§ VI. — La température moyenne de l'année, qui est de 14 à 15° centig., est même insuffisante pour l'enfant né à terme ; on doit suppléer au défaut de calorification tant que cette faculté n'a point acquis son degré de développement. L'enfant né avant terme doit être soumis à une chaleur plus grande que l'enfant né à terme. A cet égard on a lieu d'être étonné que dans l'hospice des Enfants-Trouvés de Paris, qui est un établissement modèle, il n'existe pas pour les enfants nés avant terme des salles spéciales dont la température soit maintenue à un degré convenable. La salle de la Crèche, par exemple, reçoit tous les enfants indistinctement. La température qu'on y observe est fort insuffisante pour les enfants nés avant terme ; ils exigeraient une température de 10 à 15° plus élevée que celle des enfants nés à terme.

§ VII. — Dans tout ce qui précède il n'a été question que de l'enfant qui naît à l'état physiologique ; mais, indépendamment des maladies qui surviennent dans les premiers jours de l'existence, on doit observer que l'enfant naît souvent infirme, malade ou convalescent des maladies qu'il a eues avant de naître ; que, très souvent, il présente en naissant des lésions plus ou moins graves qui sont dues au travail de l'accouchement, toujours pénible pour lui, et qu'alors, si, immédiatement après la naissance, on le soumet à des influences pernicieuses, celles-ci ne peuvent qu'aggraver son mauvais état de santé, et contribuer à augmenter la mortalité.

DE LA STATISTIQUE APPLIQUÉE A LA MORTALITÉ
DANS LE PREMIER MOIS DE LA VIE.

Mémoire lu le 19 février 1848 à l'Académie des sciences morales et politiques.

Ce mémoire se trouve dans le compte-rendu de cette Académie; nous ne faisons ici que l'indiquer parce qu'il est rapporté en entier dans la première partie de cette publication.

La reproduction des nombreux tableaux de statistiques qui ont servi à ce travail ne peut être faite ici, à cause des frais considérables qu'ils nécessiteraient.

Seulement, à propos de ce mémoire, nous nous bornerons à rappeler ce que l'on trouve dans le compte-rendu *Du Cours d'hygiène de la Faculté de médecine fait en* 1848 *par le professeur H. Royer-Collard.*

« Nous ne saurions trop le répéter, dit-il, le froid est la principale cause de mort pour les enfants pendant les premiers jours de leur existence; des maladies sans nombre en sont la conséquence : la pneumonie, le coryza, si bien décrit par MM. Rayer et Breschet, et si grave chez les enfants à la mamelle, etc., sont au premier rang parmi ces maladies si fréquemment mortelles. En traitant de la respiration, nous avons parlé de l'endurcissement du tissu cellulaire, dont la cause primitive est l'imperfection de l'hématose, la dyscrasie du sang, et, par suite, l'épanchement et l'infiltration dans les tissus cutanés des liquides coagulables séparés du sang décomposé. Ces liquides sont bientôt coagulés par l'action de l'air froid; c'est une sorte de congélation ingénieuse, comparée par M. Dumas à l'effet que produit cette même cause sur certaines matières végétales et animales.

» Je me suis borné jusqu'à ce moment à présenter ici les raisons physiologiques qui expliquent l'extrême susceptibilité des enfants nouveau-nés pour le froid, et l'insuffisance de leurs moyens de réaction contre cette terrible influence. Mais il ne suffit pas d'exprimer un fait, d'en donner la raison, il faut encore prouver qu'il existe, et démontrer sa réalité par des observations exactes et authentiques.

» Ces observations, je vais les emprunter à un excellent travail, digne de toute l'attention des savants, des économistes et des hommes d'état, qui a été récemment publié par M. le docteur Loir.

» Ce médecin a voulu prouver la gravité des dangers qui menacent les enfants par suite de l'obligation que le Code civil impose aux parents de porter les nouveau-nés à la mairie pour y faire inscrire l'acte de naissance sur les registres de l'état civil. Ce transfert des enfants, dit M. Loir, les expose à un refroidissement souvent funeste. Afin de prouver la vérité de cette proposition, M. Loir a dressé des tableaux de statistique d'après un procédé nouveau. La mortalité des enfants dans le premier mois de la vie y est marquée jour par jour avec une extrême précision. Non seulement la mortalité est, comme on sait, beaucoup plus considérable pendant ce premier mois que pendant les autres; mais il existe, ajoute M. Loir, trois maximum de mortalité parfaitement caractérisés, et toujours les mêmes dans toutes les statistiques; on ne les observe plus ensuite pendant les autres mois.»

Le professeur expose avec détail ces trois maximum, et continue :

« Ces faits, révélés par une statistique dans laquelle l'erreur est impossible, sont surtout significatifs en ce qu'ils s'accordent entièrement avec les données physiologiques que nous avons consignées plus haut, et avec les résultats des expériences de J.

Hunter, d'Edwards, de MM. Flourens et Villermé. »

Puis, après avoir longuement parlé des enfants nés avant terme, des soins particuliers dont ils doivent être l'objet, de l'absolue nécessité de ne pas les porter à l'état civil, après avoir aussi exprimé le regret qu'il n'y ait pas à l'hospice des Enfants-Trouvés de Paris, établissement modèle, des salles spéciales et convenablement chauffées pour ces chétives créatures, il ajoute :

« On ne saurait trop approuver les vues de M. le docteur Loir, ni les recommander avec trop d'insistance à la sollicitude des dépositaires de l'autorité publique. Les élus du peuple, ceux qui ont, au nom du peuple, attaqué si long-temps et si vivement leurs prédécesseurs, ne nous blâmeront pas certainement si nous leur rappelons ce que doivent aux pauvres enfants du peuple des gouvernants inspirés par le patriotisme et l'humanité. Vous trouverez juste, Messieurs, que nous élevions la voix en faveur de ces malheureux : car vous avez vu, et vous verrez bien plus encore, que l'hygiène ne peut faire un pas sans constater et déplorer sans cesse leur abandon et leurs souffrances.

» Je ne terminerai pas cette leçon sans dire encore avec M. Loir qu'il est également indispensable d'accorder des soins particuliers à ceux de ces enfants qui sont venus au monde malades, débiles, mal conformés et prédisposés par leur état physique à contracter des affections mortelles, sous l'influence de tant de causes pernicieuses qu'on devrait au moins éloigner de leur berceau.

» Je reviendrai sur ces questions, qui sont le côté le plus sérieux de nos études, lorsque j'aurai à traiter de la mortalité pendant le premier âge, et je prierai alors M. Loir de venir lui-même nous exposer et nous expliquer les travaux qu'il poursuit avec un zèle si digne d'éloges. »

MÉMOIRE
SUR LES
CONDITIONS PHYSIOLOGIQUES ET PATHOLOGIQUES
DES NOUVEAU-NÉS
POUR DÉMONTRER LA NÉCESSITÉ DE LA CONSTATATION DES NAISSANCES A DOMICILE

Présenté à l'Académie royale de médecine à la séance du 2 mars 1848.

L'auteur donne lecture devant l'Académie de l'analyse succincte qu'il a faite de son Mémoire. Le Mémoire manuscrit est renvoyé à l'examen d'une commission composée de MM. Guersant, Baudelocque et Hipp. Royer-Collard, qui, quoique président de l'Académie, s'en fait le rapporteur.

Les faits principaux de ce long travail dogmatique formant la substance des deuxième et troisième chapitres de notre première partie, nous nous contenterons de rapporter ici la lecture faite devant l'Académie, telle qu'elle a été publiée à cette époque par l'*Union médicale* :

Des conditions physiologiques et pathologiques des nouveau-nés.

Une question d'hygiène publique qui a attiré souvent les observations des médecins est le sujet des travaux que nous avons entrepris. Les vœux émis en 1845, 46, 47, témoignent de l'importance qu'un assez grand nombre de conseils généraux ont accordée à cette question.

La déclaration de la naissance est une mesure obligatoire chez les peuples qui ont un état civil; mais les législateurs français ont reconnu que seule elle n'offrait pas les garanties suffisantes, et ont prescrit la présentation, comme devant établir d'une manière positive les faits importants à connaître pour constituer l'état civil de chaque individu.

Dans plusieurs mémoires lus à l'Académie des sciences morales et politiques, un premier en juillet 1845, un second en octobre 1846, nous avons fixé l'attention de l'administration supérieure.

Dans un mémoire tout récent, lu le 19 février 1848, nous avons traité de la statistique appliquée à la mortalité dans les premières semaines de la vie. Les résultats obtenus donnent l'explication du chiffre élevé des décès des nouveau-nés, et fournissent quelques renseignements utiles à connaître. Ils ont révélé l'existence, dans le premier mois de la vie, de trois maximum de mortalité qu'on ne rencontre pas dans les mois suivants. Le premier, portant sur les deux premiers jours, se présente à peu près le même pendant toute l'année; le second, que l'on peut appeler *maximum d'hiver*, s'observe du 4e au 12e jour, pendant les six mois d'hiver; le troisième, enfin, qui est le *maximum d'été*, ne se rencontre que pendant les six mois d'été, et va du 10e au 22e jour. Il suit de là que la majorité des décès est fournie en hiver par la première moitié du mois, en été par la seconde. Ces trois maximum reconnaissent des causes dont les unes sont naturelles et invariables, les autres accidentelles et susceptibles d'être écartées, et parmi ces dernières on doit mettre en première ligne l'influence funeste de l'air extérieur, auquel il importe, par conséquent, de ne pas exposer prématurément le nouveau-né.

Voulant remplir le cadre que nous nous sommes imposé, nous venons, dans ce mémoire, soumettre au jugement de l'Académie de médecine la partie essentiellement médicale de nos travaux. Nous n'avons pas la prétention de traiter *ex professo* de la nosologie du premier âge; le but que nous nous proposons est seulement de mettre hors de doute que le transport prématuré des enfants à la mairie doit figurer parmi les causes de la mortalité observée dans le premier mois de la vie, et que les inconvénients qui résultent de ce transport sont assez réels pour nécessiter une modification dans l'application de la loi.

Ce mémoire comprend deux parties principales, dans lesquelles on s'occupe successivement des conditions physiologiques et pathologiques que l'homme présente en naissant et pendant les premiers jours de la vie. Dans une troisième partie, accessoire, sont exposés, comparativement à ce qui précède, les inconvénients et les imperfections du mode actuel d'exécution de la loi.

Quant à l'influence que le transport à l'église et l'administration du baptême peuvent exercer sur la mortalité des nouveau-nés, nous avons fait de ce point le sujet d'un travail spécial, encore inédit.

Première Partie. — Conditions physiologiques.

§ I.

Vers le milieu du XVIIe siècle, Haller, dans ses éléments de physiologie, avait fait remarquer que la chaleur des animaux nouveau-nés était généralement moins élevée que celle des adultes.

En 1824 Edwards (Williams) publia son ouvrage : *Influence des agents physiques sur la vie*. Ses belles expériences sont venues mettre en évidence cette loi de physiologie applicable au premier âge, que la faculté productrice de la chaleur est en général trop faible chez les animaux à sang chaud qui viennent de naître pour que leur température puisse demeurer constante lorsqu'on les éloigne de leur mère, lorsqu'on les expose à l'influence du froid, et que, s'il est souvent fâcheux pour les adultes de changer d'air, de pays, de climat, le changement bien plus grand que subit l'enfant sortant du sein de sa mère doit le rendre encore bien plus susceptible.

M. le professeur Flourens, de son côté, dans un mémoire lu à l'Académie des sciences le 12 novembre 1828, vint établir, par une série d'expériences, que le froid, chez tous les animaux naissants, était la cause d'accidents; que la chaleur était la source de tout leur bien-être, et la condition essentielle de leur existence. Il démontra, par ses expériences, le parti qu'on pouvait tirer de la pathologie comparée pour éclairer la pathologie humaine, en confirmant d'une manière aussi directe que décisive et l'effet pernicieux du froid, et l'effet salutaire de la chaleur, et en indiquant avec la dernière évidence et où est la source du mal, et où est la source du bien.

En 1829 MM. Villermé et Milne Edwards publièrent leur beau mémoire : *De l'influence de la température sur la mortalité des nouveau-nés*, présenté à l'Académie des sciences le 2 février, dans lequel, cherchant les rapports constants qui pouvaient exister entre l'état thermométrique de l'atmosphère et la mortalité des enfants pendant le premier âge de la vie, ils ont pu conclure de leurs recherches de statistique que le froid, de même que les chaleurs excessives, accroissait d'une manière positive les chances de mort des nouveau-nés.

Ce fut à l'occasion de ce mémoire que M. le professeur Duméril, de concert avec Fourier, fit à l'Académie des sciences un rapport où il insista beaucoup sur l'importance de cette question.

D'autres auteurs en France et à l'étranger se sont occupés de recherches relatives à la mortalité des nouveau-nés. De ces travaux, les uns ont rapport à la statistique, les autres à la physiologie.

Nous avons pensé qu'il était possible d'ajouter aux

résultats déjà obtenus quelques considérations nouvelles.

§ II.

Les différences nombreuses que présentent dans leur développement les animaux en venant au monde, et les conséquences qui résultent de ces différences, ont servi à démontrer la nécessité pour tout animal nouveau-né d'une incubation secondaire, que l'on peut appeler extra-utérine. 1° Chez certains animaux, les petits naissent à l'état d'avortons, et il existe un appareil complet d'incubation : tels sont les marsupiaux. 2° Pour le plus grand nombre, cet appareil n'existe pas, parce que la naissance a lieu à une époque beaucoup plus avancée; les moyens incubateurs viennent alors remplacer les organes d'incubation, et le but de la nature est toujours atteint. Ainsi, l'on voit les petits de beaucoup d'animaux, naissant trop peu développés pour la vie indépendante, soumis à l'incubation dans un nid, arriver au même degré de développement que celui qu'atteignent d'autres espèces dans l'œuf ou dans l'utérus. 3° Quelques animaux privilégiés sont propres, dès le principe, à la vie indépendante; ils n'ont pas, pour ainsi dire, besoin d'incubation; mais s'ils naissent avant leur terme, ils ne tardent pas à succomber, parce que leurs parents ne savent point leur donner des soins en rapport avec cette époque prématurée de la naissance.

§ III.

Si l'homme naît avant terme, il se trouve dans le cas des animaux qui, nés prématurément, ont absolument besoin d'être soumis à une incubation minutieuse et prolongée, afin qu'ils puissent atteindre le développement qu'ils auraient dû acquérir avant de naître. S'il naît à terme, abandonné à lui-même, il ne saurait vivre; il n'est pas non plus dans des conditions de développement qui puissent le rendre propre à la vie indépendante. Il doit être soumis, à l'instar de ce qui a lieu chez les autres animaux, qui n'ont que l'instinct pour guide, à des soins particuliers, et l'oubli de ces soins entraîne après lui de graves inconvénients, même pour l'enfant qui naît dans les conditions physiologiques les plus favorables. Les observations que l'auteur rapporte d'enfants nés avant terme dans les classes aisées servent à établir la nécessité et la nature des soins incubateurs dont il faut entourer les nouveau-nés, et à combattre l'idée qu'on pourrait avoir que les enfants nés avant terme ne constituent que des êtres débiles et le plus souvent infirmes, qu'il faut dès le principe abandonner. Parmi les faits nombreux qui pourraient trouver place ici on remarque l'observation suivante, communiquée par M. le professeur Chomel : « M. le duc de Montmorency naquit à six mois et demi, dans un état d'exiguïté tel, qu'il fut placé, entouré de coton, dans une boîte à eau de Cologne. Sous l'influence des plus grands soins d'incubation, il continua à vivre. Il est devenu plus fort et plus robuste que ses frères venus à terme; il leur a survécu long-temps, et vient de mourir à un âge fort avancé. »

Il en fut à peu près de même de Voltaire, Fontenelle, etc.

A cet égard, on a lieu d'être étonné que dans l'hospice des Enfants-Trouvés, à Paris, qui est un établissement modèle, il n'existe pas de salles spéciales convenablement disposées, et dont la température soit maintenue à un degré convenable. La salle dite de la Crèche, par exemple, reçoit tous les enfants indistinctement; la température qu'on y observe est fort insuffisante pour les enfants nés avant terme, qui exigeraient dix et quinze degrés de plus.

§ IV.

Dans l'acte de la naissance, les organes les plus importants à la vie subissent des changements dont la révolution exige un certain temps pour se compléter. Les huit premiers jours de la vie sont essentiellement consacrés à la révolution qui s'opère. La respiration se fait d'abord d'une manière imparfaite; la circulation par le trou de Botal ne cesse pas tout d'un coup. Le canal artériel reste aussi accessible à du sang fluide; le sang doit pouvoir refluer et s'échapper par quelque voie collatérale; il ne peut, dès le principe, traverser en totalité le poumon. S'il arrivait subitement en trop grande quantité dans le tissu de cet organe, il en résulterait des accidents qui seraient encore plus fréquents que ceux qu'on a occasion d'observer.

§ V.

Les irrégularités de la circulation et de la respiration servent à confirmer les résultats qu'on obtient sur l'état thermométrique des nouveau-nés ; mais, en outre, les conditions les plus favorables à la caloricité se trouvent dans la pleine activité de toutes les fonctions. Or, la plupart de ces fonctions sommeillent chez le nouveau-né : l'innervation est presque nulle ; les organes des sens ne fonctionnent pas ; la locomotivité est restreinte à quelques mouvements partiels. Si on trouve de légères dissidences dans les moyennes de température obtenues par les différents expérimentateurs, on voit que tous s'accordent sur la tendance au refroidissement beaucoup plus grande dans les premiers jours de la vie, et sur la faiblesse de là calorification ; celle-ci est à son minimum chez l'enfant nouveau-né, chez l'enfant né avant terme. Elle est d'autant plus faible qu'il est venu au monde à une époque moins avancée.

§ VI.

Les conditions physiques et chimiques de l'atmosphère exercent une influence très grande sur les nouveau-nés. Celles que les animaux cherchent le plus à modifier sont relatives d'un côté à la chaleur et au froid, de l'autre à la sécheresse et à l'humidité ; tout animal à sang chaud est d'autant plus susceptible de se refroidir, de perdre son calorique sans le remplacer, que la faculté de la calorification chez lui a moins d'activité. La moyenne de la température dans laquelle se trouve le fœtus pendant l'incubation utérine est de 35° centigrades. La moyenne de l'air extérieur est de 15° centigrades. Le passage brusque de la température utérine à la température atmosphérique ne peut s'opérer que d'une manière insensible; il faut que la calorification ait le temps de faire quelque progrès. D'après les données que l'auteur a pu recueillir, l'état thermométrique le plus favorable au développement serait de 35° à 40 degrés centigrades; telle est du moins la température que doit présenter le corps des nouveau-nés; telle est celle que les animaux guidés par l'instinct cherchent à obtenir. Le 45e degré centigrade paraît être la limite extrême de chaleur pour les mammifères. D'un autre côté, il n'est pas nécessaire d'exposer les nouveau-nés à un refroidissement bien considérable pour que leur vie soit compromise. La température moyenne de l'année, qui est de 14° centigrades, ne leur suffit même pas, et, abandonnés à cette température, ils ne tarderaient pas à succomber; les expériences mettent ce fait hors de doute.

L'état hygrométrique de l'atmosphère exerce principalement son action nuisible sur les jeunes animaux lorsqu'il y a en même temps abaissement de la température; à cet égard les deux âges extrêmes de la vie offrent de l'analogie; ils sont l'un et l'autre très sensibles à l'action du froid. Chez les vieillards, les organes centraux de la circulation ont subi, par suite des progrès de l'âge, des altérations qui les rendent sensibles aux moindres influences. Chez les nouveau-nés, les mêmes organes ne sont pas encore en état d'agir d'une manière parfaite et régulière, la circulation est encore mal établie. De son côté, M. Villermé avait observé, dans ses recherches de statistique sur la mortalité, que le maximum des décès en hiver était fourni par les nouveau-nés et les vieillards.

Les changements que l'air extérieur peut éprouver dans les rapports de ses différentes parties portent souvent préjudice aux nouveau-nés. S'il fait du vent, et à plus forte raison si le vent est violent, celui-ci a sur l'organisme délicat deux effets différents : d'un côté il cause brusquement dans l'atmosphère des variations considérables de température et d'hygrométricité que ressentent très facilement les corps vivants ; de l'autre il agit d'une manière toute mécanique, et le choc des molécules de l'air, mis ainsi en mouvement, ou celui des corps étrangers dont il est le véhicule, donne lieu à des commotions, à des lésions toutes physiques, proportionnées à la rapidité de sa marche, et en rapport avec la susceptibilité et la délicatesse des organes soumis à son action.

Quant aux variations que l'air peut éprouver dans ses propriétés chimiques et aux effets nuisibles que ces variations peuvent produire immédiatement, ou même à la longue, sur les nouveau-nés, la science n'a fourni jusqu'à ce jour que des données fort incertaines.

Deuxième partie. — Conditions pathologiques dans lesquelles peut se trouver l'enfant nouveau-né.

§ I.

L'enfant, au moment de sa naissance, n'est pas toujours dans un état de santé parfait; l'état de souffrance ou de maladie est ce qui existe le plus souvent, et il est naturel que l'on cherche à prévenir les conséquences fâcheuses qui résultent de l'oubli des préceptes d'hygiène et de thérapeutique médicale proclamés par la science et sanctionnés par l'expérience de chacun de nous.

En 1787, Toaldo de Padoue fut conduit par des faits nombreux qu'il avait constatés lui-même à signaler la fâcheuse influence que la sortie prématurée des nouveau-nés exerçait sur leur mortalité ; il avait dit : Les enfants ne meurent pas tout de suite, mais ils contractent des affections qui les font bientôt succomber. Or, avant lui, Morgagni (1), cet esprit élevé dont les travaux ont eu et auront une si grande influence sur les progrès des sciences médicales, avait appelé l'attention, dans sa quarante-huitième lettre, sur l'oubli dans lequel était restée toute la pathologie des nouveau-nés, il avait dit (§ 64e) : *Vidès ut amplissima eadem que propemodum intentata pateat via ad recens natorum morbos.* On lui doit en quelque

(1) *De sedibus et causis morborum.*

sorte les beaux travaux de Dugès en 1821, et de Billard en 1824, travaux qui ont ouvert une voie nouvelle, féconde en résultats, dans laquelle se sont engagés bon nombre d'observateurs. *Ce n'est point en naissant que l'homme, comme l'ont dit les philosophes, voit commencer la série des maux qui affligent son espèce; la source en remonte beaucoup plus loin, elle commence avec l'organisation* (1).

En effet, le fœtus pendant la vie intra-utérine n'est pas toujours à l'état normal. Il participe souvent aux maladies de sa mère; il a ses maladies particulières, ses accidents propres; par suite, en naissant, il peut être infirme, malade, ou convalescent des maladies qu'il a eues avant de naître. Alors, si immédiatement après la naissance on le soumet à des influences pernicieuses, celles-ci ne peuvent qu'aggraver son mauvais état de santé, contribuer à augmenter non seulement la mortalité qu'on observe, mais encore le nombre des citoyens infirmes, à charge à l'état et à la société.

Il est des affections plus ou moins graves qui se développent pendant le travail de l'accouchement.

Il en est enfin qui se manifestent dans les premiers jours de l'existence, dont la nature et les effets offrent une foule de variétés. C'est sur celles-ci que nous fixons particulièrement l'attention.

---

(1) Billard, *Traité élémentaire des maladies des enfants.*

§ II.

Nous commencerons par signaler les maladies, infirmités ou vices de conformation qui datent de la vie intra-utérine, et qui rendent l'enfant très susceptible d'éprouver des accidents plus ou moins graves sous les moindres influences. Nous citerons, comme exemples de maladies congéniales pouvant être rendues mortelles par le transport à la mairie, les différents états compris sous le nom de faiblesse congéniale, la division des lèvres avec scissure de la voûte palatine, la péritonite, la péricardite, la variole, etc.

Souvent, chez le fœtus, des affections restent stationnaires ou réagissent à peine sur le développement et sur l'état général, tandis qu'immédiatement après la naissance, elles font des progrès rapides, et sous l'influence des causes les plus légères elles portent promptement atteinte à la vie.

Les violences auxquelles le fœtus a été exposé pendant le travail de l'accouchement peuvent souvent donner l'explication des progrès du mal. D'autres maladies intra-utérines guérissent complétement. A la naissance, l'enfant peut n'en conserver aucune trace, et réunir toutes les conditions les plus favorables à l'existence; mais dans d'autres circonstances l'enfant est à peine convalescent, et il témoigne encore par la faiblesse de sa constitution l'état de souffrance dans lequel il s'est trouvé.

L'accouchement est un travail pénible pour la

mère et pour l'enfant. L'enfant qui a le plus souffert dans ce travail présente les conditions les plus défavorables à l'accomplissement des phénomènes qui constituent le passage d'une vie à l'autre. Les lésions résultant de ce travail sont des lésions physiques, telles que contusions, ecchymoses, enfoncement du pariétal ou du frontal, céphalœmatome, fractures, etc. Et à ces lésions succèdent des accidents primitifs ou consécutifs dont la gravité est plus ou moins grande. L'apoplexie et l'asphyxie des nouveau-nés sont aussi des états morbides plus ou moins graves qui surviennent à l'occasion du travail de l'accouchement. Le mort-né, même à terme, n'est que trop souvent la conséquence des mêmes causes.

§ III.

On doit fixer l'attention sur les affections postérieures à la naissance et particulières aux premiers jours de la vie.

La nosologie des nouveau-nés de zéro d'âge à un mois présente quelques faits généraux importants. Ces faits sont relatifs aux variations que subissent les maladies dans leur nature et leur fréquence, suivant les jours d'âge des nouveau-nés. Ces variations ne sont pas des phénomènes physiologiques et réguliers, conséquence nécessaire de l'organisation primitive; elles ne sont pas non plus un pur effet du hasard : si quelques-unes d'entre elles sont le résultat d'une disposition organique, la plupart sont l'effet d'affections accidentelles, produites le plus souvent par des influences extérieures.

Le degré de fréquence de ces affections n'est pas en raison de la part que chacune d'elles prend au chiffre de la mortalité. Plusieurs d'entre elles, bien que très fréquentes, ne sont pas mortelles, et leurs effets se bornent aux organes qui en ont été le siége; elles donnent lieu tantôt à des infirmités (exemple : les ophthalmies produisant la cécité), tantôt à des maladies chroniques, qui finissent par réagir d'une manière plus ou moins prompte sur toute la constitution (exemples : la pneumonie, la bronchite, les phlegmasies gastro-intestinales, la péricardite, etc., etc.).

Le chiffre des décès de chacun des jours du premier mois de la vie n'est pas le produit des mêmes affections. L'on observe successivement les effets des maladies accidentelles qui déciment les nouveau-nés de zéro d'âge à un mois. Ces maladies ne sont pas nombreuses, elles se réduisent tout au plus à quelques unes. La faiblesse congéniale (1) figure comme la cause presque exclusive du maximum de la mortalité des deux premiers jours de la vie : ainsi, sur 159 décès d'enfants d'un jour d'âge, la faiblesse de naissance entre pour 158; sur 144 décès d'enfants de deux jours d'âge, elle entre pour 105; à compter du qua-

(1) Dénomination dans laquelle, outre les cas de faiblesse congéniale proprement dite, on comprend souvent des maladies non déterminées.

trième jour, son influence décroît rapidement, et se trouve promptement dépassée par les affections spéciales des organes respiratoires (la congestion pulmonaire, la pneumonie, etc.), par l'endurcissement du tissu cellulaire dans les lieux où il s'observe.

Après la faiblesse congéniale considérée comme cause de mort, la congestion sanguine des poumons est l'affection dont les effets sur l'existence des nouveau-nés surviennent le plus promptement. Dès le second jour ils commencent à se faire sentir; mais ce n'est guère qu'à dater du quatrième jour qu'ils vont en augmentant, jusque vers le dixième et le onzième jour, pour décroître ensuite. C'est l'affection dont l'influence sur la mortalité se montre le plus tôt et se maintient le plus long-temps. L'endurcissement du tissu cellulaire suit à peu près le même cours, seulement il arrive plus promptement vers son summum, et décroît plus vite. L'affection la plus meurtrière des nouveau-nés est sans contredit la phlegmasie gastro-intestinale; elle entre pour une part considérable dans le chiffre de la mortalité du premier mois. Le cours qu'elle suit présente une particularité digne de frapper l'attention. Ses effets ne commencent guère à se faire sentir qu'à partir du sixième jour, et le maximum de son action sur la mortalité du premier mois n'arrive que du quatorzième au vingt-deuxième jour. Le muguet suit le même cours que la phlegmasie gastro-intestinale proprement dite, c'est également vers le quinzième jour que commence son maximum d'effet. D'autres affections, telles que les convulsions, les méningites, les péricardites, les péritonites, les fièvres éruptives, les accidents primitifs de syphilis, etc., entrent aussi pour quelque chose dans le chiffre de la mortalité, mais dans des proportions si minimes, qu'elles ne deviennent que des affections secondaires, eu égard à leur effet sur le cours de la mortalité. Parmi les maladies qui se développent postérieurement à la naissance, 1° il en est qui sont indépendantes de l'exposition prématurée à l'intempérie de l'air extérieur : le transport a seulement pour effet d'aggraver le mal, et non pas de le déterminer; 2° il en est d'autres qui sont évidemment la conséquence de cette exposition; elles constituent principalement les accidents qui peuvent être le résultat du transport à la mairie.

Nous bornant à citer quelques exemples des premières, nous traiterons plus particulièrement des secondes. L'étude des conditions physiologiques du nouveau-né conduit à mieux apprécier le mode d'action des causes morbifiques qui sévissent sur lui. D'un autre côté, les changements qui ont lieu dans ses organes pour accomplir le grand acte du passage de la vie intra-utérine à la vie extra-utérine donnent une explication suffisante de la multiplicité des affections accidentelles auxquelles il est exposé. Les affections congéniales antérieures à la naissance ou produites par la prolongation du travail de l'accouchement viennent à leur tour exercer sur le développement de ces dernières une influence dont il est facile de pressentir l'importance. Dans le cas de forte constitution, de même que dans le cas de faiblesse congéniale, les obstacles très variés qui surviennent aux fonctions respiratoire et circulatoire ont pour effets communs de retarder l'établissement complet et régulier de la vie. Si le mode d'action des causes de maladie est différent, les effets sont toujours les mêmes, et la susceptibilité pathologique est à peu près égale chez l'enfant fort et robuste et chez l'enfant faible et délicat.

La mortalité des nouveau-nés de zéro d'âge à quinze jours, beaucoup plus grande en hiver qu'en été, force à reconnaître que dans les saisons froides et humides les causes de maladie et de mort, plus fréquentes, sévissent avec plus d'intensité, et que la sortie prématurée expose à plus de dangers. Si le passage d'un air chaud et sec à un air froid et humide aggrave très facilement à cette époque de la vie l'état du nouveau-né malade, les maladies qui sont produites par les mêmes causes, lorsque le nouveau-né est à l'état physiologique le plus complet qu'on puisse désirer, sont assez réelles pour fixer l'attention.

Les accidents qui résultent de l'exposition de l'enfant à l'air extérieur avant le laps de temps nécessaire à l'établissement de la vie nouvelle varient non seulement suivant les saisons, mais encore suivant les latitudes : le tétanos, par exemple, ne s'observe guère que dans les régions intertropicales ; l'endurcissement de tissu cellulaire appartient presque exclusivement au nord de l'Europe et ne se voit pas en été; les pneumonies sont plus fréquentes en hiver, etc.

Nous ne pouvons reproduire ici les détails dans lesquels nous sommes entré; les travaux de Billard, Dugès, Edwards, de MM. Rayer, Flourens, Villermé et Milne Edwards, et les observations de MM. Baron, Baudelocque, de l'hôpital des Enfants, Guersant, Blache, Paul Dubois, Moreau, Valleix, Roger (Henri), Velpeau, etc., nous ont fourni les moyens d'établir, aux yeux de tous, les dangers auxquels on expose les nouveau-nés qui sont soumis prématurément aux intempéries de l'air extérieur.

Un fait déplorable, que nous croyons devoir consigner ici, bien qu'il soit étranger au sujet principal de ces travaux, c'est que bon nombre d'enfants, dans les hospices surtout, succombent faute d'une alimentation suffisante, et meurent véritablement de faim (1).

TROISIÈME PARTIE. — Du mode actuel de présentation.

Rappelant dans la troisième partie de notre Mémoire les difficultés qui sont la cause de l'inexécution de l'article 55 du Code civil, pour la plus grande partie des départements, nous exposons, compara-

(1) MM. Huguier, Cullerier, Cazeaux, etc., nous ont fourni des renseignements à l'appui de ce fait.

tivement à ce qui précède, les inconvénients inhérents au mode actuel de présentation, tels que : inutilité du transport, l'examen de l'enfant n'ayant pas lieu le plus souvent; défaut de garantie scientifique insuffisante pour constituer l'état civil de chaque individu, et mettre à l'abri des erreurs et des fraudes, etc.

Tel est l'ensemble des travaux que nous venons soumettre à l'appréciation de l'Académie. Puissent ces observationsdignes d'intérêt servir à éclairer l'étude des causes de la mortalité du premier mois de la vie et à faire reconnaître l'importance d'un mode d'application de la loi qui doit tourner au profit de l'état et des familles.

DE L'ÉTAT RELIGIEUX DES CATHOLIQUES AVANT 1792,

ET DE SES RAPPORTS AVEC L'ÉTAT CIVIL,

Mémoire lu à l'Académie des sciences morales et politiques le 23 juin 1849.

(Extrait du compte-rendu de cette Académie.)

« Dans un Mémoire *sur l'état religieux des catholiques avant* 1792 *et ses rapports avec l'état civil*, l'auteur s'est proposé d'établir les différences et les rapports qui ont existé et qui existeront toujours entre l'état civil et l'état religieux, quel qu'il ait été ou quel qu'il soit.

» L'étude de l'état religieux des catholiques mérite d'autant plus d'intérêt que l'état religieux a servi d'état civil en France jusqu'en 1792, et qu'il est encore, chez la plupart des nations modernes catholiques le seul élément de cet état. Son origine remonte au delà de la monarchie française, et, d'après le mémoire de M. Loir, l'usage d'inscrire les actes de baptême, de mariage et de sépulture, avait pour but, avant 1539, de satisfaire non seulement aux besoins spirituels, mais encore aux besoins temporels. Ce qui a pu jeter quelque obscurité sur ce point lui semble être la sage prévoyance que les Pères de l'Église ont eue et ont encore, dans leurs écrits, de n'envisager les questions religieuses qu'au point de vue dogmatique ou spirituel, et de laisser à part le côté temporel de ces questions. Par ce moyen, la partie dogmatique ou spirituelle est toujours restée nvariable et immuable, tandis que la partie temporelle ou matérielle, variable suivant les temps et suivant les mœurs, a pu et peut encore changer aux différentes époques, sans altérer en rien le fond des croyances religieuses.

» Les premières traces de l'état religieux remontent aux premiers siècles de l'Eglise; les écrits les plus anciens en font foi. L'enregistrement des personnes admises au baptême a pu, dans le principe, avoir pour but de constituer une preuve certaine de l'admission à un sacrement qui ne devait être administré qu'une seule fois, et qui ne laissait point après lui des traces ineffaçables, comme celle qu'imprimait la circoncision; mais il est devenu promptement, pour les catholiques, non seulement un élément d'état religieux, mais encore un élément d'état civil. Avant le règne de François Ier, la grande importance que l'on attribuait à l'enregistrement des baptêmes comme acte religieux et comme acte civil est prouvée par les ordonnances des synodes d'Angers (1505, 1507), de Chartres (1526), de Sens (1534), et les actes de ces synodes n'ont peut-être pas été sans influence sur la promulgation de l'ordonnance de François Ier en 1539 et de Henri III en 1579. Après ces ordonnances, les évêques n'ont pas cessé de réclamer contre l'obligation qu'on avait faite aux curés de porter tous les ans leurs registres aux greffes des siéges royaux, à cause des vexations dont ils étaient l'objet (1). Cette réclamation était d'autant plus fondée que les évêques avaient déjà eu le dépôt et la garde de ces registres (2). Dès cette époque l'acte du baptême aurait pu offrir tous les renseignements nécessaires à l'état civil.

En France, à en juger par les actes antérieurs à 1539, que l'on trouve dans les paroisses de Paris, l'acte de baptême ne pouvait guère servir d'état civil. Le jour de la naissance ne s'y trouvait même pas indiqué, et l'on n'y rencontrait aucune des garanties prescrites par l'ordonnance de François Ier.

L'ordonnance de François Ier (1539) comprenait

---

(1) Assemblée générale des prélats, tenue en 1625.

(2) Actes de l'église de Milan, liv. II.

les dispositions rigoureuses qui pouvaient donner aux actes de baptême toutes les garanties convenables. Mais il s'en faut de beaucoup qu'elle ait reçu immédiatement exécution, et il s'écoula plus d'un siècle avant que les sages dispositions qu'elle renfermait fussent mises en pratique. Dans l'histoire de l'état religieux antérieur à 1792, il est des époques remarquables qu'il faut bien préciser, parce que c'est à elles que se rapportent les véritables progrès qui ont servi de jalons à notre état civil actuel. Les ordonnances qui ont eu le plus d'influence sur ces progrès sont de 1539, 1579, 1667, 1736. Or, les dates de ces ordonnances ne coïncident nullement, d'après les documents rassemblés par M. Loir, avec la mise à exécution des sages mesures qu'elles renferment, ou, en d'autres termes, les époques des progrès qui s'effectuèrent dans la tenue de l'état civil ne correspondent pas à celles de la promulgation des ordonnances. Il s'est écoulé le plus souvent entre ces deux époques, qui auraient dû se suivre presque immédiatement, un long intervalle, un siècle par exemple, tant sont grandes les difficultés qu'éprouvent, pour leur admission, les réformes les plus sages et les plus importantes !

La condition indispensable pour constituer l'état civil, l'indication précise du fait de la naissance, ne date que de 1668, et cependant elle constituait un des points capitaux de l'ordonnance de François Ier. Il y a eu un intervalle de 129 ans. Le dépôt régulier aux greffes prescrit par la même ordonnance ne date que de la fin du dix-septième siècle, et est le résultat de l'ordonnance renouvelée par Louis XIV. Il en est à peu près de même de la tenue des registres doubles, si on en juge par la coïncidence des grosses déposées aux greffes avec les minutes des paroisses. Le format in-4°, avec l'indication des noms en marge, ne fut généralement adopté que vers le commencement du dix-septième siècle, la signature de chaque acte par le curé ou le vicaire de la paroisse qu'à compter du milieu de ce siècle, etc., etc. Il n'y a qu'une seule exception : elle a rapport au timbre, qui était une mesure fiscale. L'obligation du timbre fut généralement mise en pratique dans toute la France dès l'année qui suivit la promulgation de l'ordonnance relative à cet objet. Elle commence pour tout l'état religieux dès le mois de janvier 1674. Les difficultés pour arriver au complément de garantie qu'il était urgent de donner à l'état civil tenu par le clergé venaient particulièrement de l'obligation du du dépôt aux greffes. Ces difficultés n'auraient pas existé si le dépôt des registres de baptêmes, mariages et sépultures, avait eu lieu dès le principe aux évêchés : par ce moyen l'état civil aurait très promptement atteint son degré de perfection, et l'on n'aurait point eu à lutter contre l'autorité religieuse épiscopale, dont les droits et la dignité se trouvaient froissés. Par suite de cette opposition, la séparation entre l'ordre civil et l'ordre religieux devenait une des nécessités impérieuses de la révolution qui s'opéra en 1789.

Les documents du clergé relatifs à l'état civil, antérieurement à 1792, étaient disséminés dans les différentes paroisses ; ils ont été rassemblés et gardés avec soin, pour ce qui concerne le département de la Seine, dans les archives de l'Hôtel-de-Ville de Paris. Les registres les plus anciens que l'on trouve dans ces archives remontent à plus de quatorze ans au delà de l'ordonnance de François Ier rendue en 1539. Le plus ancien, appartenant à l'église Saint-Jacques-de-la-Boucherie, est de l'année 1525 ; un autre, de Saint-Jean-en-Grève, est de 1526 ; d'autres, de Saint-Landry, de Saint-Laurent, de 1527 ; de Saint-Germain-l'Auxerrois, de 1528 ; de Saint-Eustache, de 1529. Cette première série de registres d'état civil existe pour chaque année, et arrive en général jusqu'aux années 1791 et 1792. Il se rencontre quelques lacunes, qui offrent cette coïncidence qu'elles correspondent aux mêmes époques pour la plupart des paroisses, de telle façon qu'il est naturel de les attribuer à une cause générale. Cependant il est bon de remarquer qu'une partie de ces irrégularités, qui, du reste, se réduisent à un nombre très minime, doit être le résultat de circonstances tout à fait fortuites et sans importance.

M. Loir rapporte dans son mémoire une série d'actes de baptêmes anciens pris à différentes époques, depuis les temps les plus reculés jusqu'en 1792, afin qu'on puisse mieux juger de la lenteur des progrès qui s'effectuèrent dans notre état civil et religieux.

M. Loir consacre une partie de son mémoire à l'état civil des rois et des princes, en l'étudiant avant et après 1792, et il signale sous ce rapport une anomalie singulière. Avant 1792 cet état civil se trouve inscrit à son tour sur le registre public commun à tous les citoyens : c'est ainsi qu'il en est de l'acte de naissance de Louis XIV, qui est précédé de l'acte de baptême de la fille d'un marchand, et suivi de l'acte de décès d'un domestique ; de celui de Louis XV, qui se trouve entre l'acte de baptême du fils d'un marchand faïencier et celui de la fille d'un rôtisseur. Il fait observer que, depuis le commencement du dix-neuvième siècle, on a remplacé ce principe libéral devant Dieu et devant la loi des hommes par le droit le plus opposé. L'état civil des princes n'est plus inscrit sur le registre public ; cependant la manière exceptionnelle et les formalités spéciales adoptées dans l'ordre civil moderne n'étaient point un obstacle à la conservation de cet usage.

En résumé, les considérations renfermées dans ce mémoire établissent :

1° Que l'histoire de notre état civil s'identifie d'une manière intime avec l'histoire de l'état religieux des catholiques, dont la part d'influence sur les progrès de la civilisation moderne est par ce fait seul rendue incontestable ;

2° Que les éléments de la perfection qu'on observe dans notre état civil actuel étaient trouvés et appliqués avant 1792, comme l'ordonnance de Louis XV, en 1736, en fait foi ;

3° Que le nouvel ordre de choses offrit un seul avantage, mais un avantage immense, celui de faire participer tous les citoyens français, quelle que fût leur religion, à un état civil dont les catholiques avaient eu jusque alors le privilége exclusif.

DU BAPTÊME

CONSIDÉRÉ DANS SES RAPPORTS AVEC L'ÉTAT CIVIL ET L'HYGIÈNE PUBLIQUE.

Mémoire lu à l'Académie des sciences morales et politiques le 8 *août* 1849.

(Extrait des comptes rendus de cette Académie.)

Ce mémoire est le complément des premiers travaux de M. Loir sur l'influence que le transport des nouveau-nés à la mairie pour la présentation dans les trois premiers jours exerce sur la mortalité du premier mois de la vie ; il doit servir à démontrer que le transport à l'église pour l'administration du baptême n'a pas la même influence sur la mortalité, et qu'il a lieu dans des circonstances bien plus favorables.

L'auteur traite successivement : 1° *de l'esprit du catholicisme en ce qui concerne le baptême*; 2° *des modifications introduites dans l'administration du baptême depuis son origine jusqu'à nos jours.*

» Les documents nombreux fournis par l'histoire de l'Église, pour le détail desquels on consultera avec intérêt le mémoire original, prouvent que l'époque fixée par la loi de l'Église pour la présentation à la paroisse sur les fonts baptismaux a toujours été du huitième au douzième jour.

Rendant hommage à la sage prévoyance des législateurs chrétiens et à la sollicitude maternelle dont l'Église a toujours été animée pour la santé des jeunes enfants, M. Loir fait observer que cette époque du huitième au douzième jour est bien moins nuisible que la présentation à la mairie dans les trois premiers jours; qu'elle met déjà à l'abri des accidents auxquels le nouveau-né est nécessairement exposé dans les trois premiers jours de la vie; que le nombre des églises plus grand que celui des mairies, que leur situation bien plus à la proximité des familles, rendent le transport plus facile et moins nuisible; que l'administration du baptême telle qu'elle a lieu de nos jours est par elle-même exempte de dangers, et que, s'il existe encore quelques mesures rigoureuses pour l'administration de ce sacrement, ces mesures sont la conséquence évidente du mode vicieux de la présentation à l'état civil et cesseraient facilement avec lui. Les premières ordonnances qui furent rendues en France relativement à l'état civil, celle de François Ier en 1539, celle de Henri III en 1579, celle de Louis XIV en 1667, n'eurent rapport qu'à la tenue des registres du clergé comme acte d'état civil, et qu'à leur dépôt aux greffes; elles ne changèrent rien aux principes du culte catholique; le délai de huit jours pour le baptême fut toujours maintenu. Ce fut l'ordonnance de Louis XV en 1736 qui vint la première porter atteinte aux règles de l'Église respectées par les siècles; Louis XV, par cette ordonnance, enjoignit à tous ses sujets de porter leurs enfants à l'église pour les faire baptiser dans les vingt-quatre heures après la naissance.

Si l'on consulte les anciens rites de l'Église, on voit que l'on n'a jamais fait aux familles une obligation rigoureuse de l'administration du baptême avant le huitième jour. Ainsi il y a eu un temps où, hors les cas de danger de mort, pour lesquels on baptisait tous les jours, on n'administrait guère le baptême qu'à certaines grandes solennités religieuses, telles que Noel, l'Épiphanie, Pâques, la Pentecôte, la Saint-Jean-Baptiste, et on réservait pour ces cérémonies le baptême des enfants nés à l'approche de ces fêtes.

Parmi les actes des conciles à ce sujet, on observe que, dès les temps les plus anciens, il arrivait que des enfants étaient présentés au baptême avant qu'ils eussent atteint leur huitième jour d'âge. Les Pères de l'Église, s'en rapportant à la tradition, étaient incertains de savoir s'ils pourraient administrer le baptême avant le huitième jour, et ils vinrent plus d'une fois soumettre cette question aux conciles. Parmi les actes des conciles à ce sujet, on peut citer le suivant : Fidus vint poser devant le concile qui eut lieu à Carthage, sous saint Cyprien, l'an 253 après Jésus-Christ, la question de savoir si l'on devait seulement admettre au sacrement du baptême les enfants âgés de plus de huit jours (*an scilicet infantes baptizari tantum possint post octavum a nativitate diem*). Saint Cyprien se contenta de répondre à Fidus, au nom du concile, que le nouveau-né pouvait être admis au baptême avant le huitième jour (*Respondetur : Recens natus baptizari potest ante octavum diem*). Le concile était loin de faire aux familles l'obligation rigoureuse du baptême avant les huit premiers jours; il déclara seulement qu'il n'était pas nécessaire que l'enfant eût atteint son huitième jour pour que le baptême fût valide. Les décisions des Pères les plus recommandables de l'Église, de saint Irénée, de saint Grégoire, de saint Chrysostome, de saint Augustin, et des différents conciles, résolvent la question dans le même sens. Ils établissent qu'on ne peut refuser le baptême à aucun âge, « *etiam eâdem die quâ nati sunt (si oblati fuerint) baptizentur* ». Mais aucun d'eux n'a posé en principe qu'il y eût obligation rigoureuse de transporter les enfants à l'église avant le huitième jour; ils se sont contentés d'exhorter les parents à hâter l'administration du sacrement s'il y avait danger de mort. D'un autre côté, si, dans le cas de santé, ils ont ordonné que le baptême ait lieu sur les fonts baptismaux de l'église paroissiale, ils ont cru agir selon les principes de l'Église en prescrivant dans certains cas le baptême au domicile de l'enfant. Le concile d'Aix en Provence en 1585, celui de Reims en 1583, etc., etc., don les actes, en ce qui concerne le baptême, ont été très rigoureux, n'ont point ordonné la présentation au huitième jour.

Parmi les modifications importantes introduites dans les coutumes de l'Église nous citerons l'ablution substituée à l'immersion, baptême primitif de l'Église. L'immersion fut pendant long-temps le seul baptême solennel; mais elle fut abandonnée à cause des dangers auxquels elle exposait. Elle faisait assez souvent des victimes : ainsi on lit dans l'histoire ecclésiastique que, soit par inadvertance, soit par maladresse, des enfants, pendant l'immersion, tombèrent au fond du baptistère, et y périrent avant qu'on eût pu les en retirer. Tel est le fait extrait par M. Loir de la vie du pape saint Damase.

Sans entrer dans de plus grands détails, nous nous bornerons au résumé suivant, en nous contentant d'indiquer l'application qu'il y aurait à faire des recherches faites par M. Loir pour réaliser un projet de réforme fort utile, suivant lui, à la santé publique. Ce résumé peut se formuler ainsi :

1° Il n'est jamais entré dans l'esprit du catholicisme de faire du baptême une épreuve violente.

2° A aucune époque l'Église n'a négligé les moyens d'assurer au baptême toute son innocuité; elle a toujours tenu compte des inconvénients que l'administration de ce sacrement pouvait exercer sur la santé des enfants, et elle s'est toujours empressée de réformer les abus qui pouvaient exister.

3° Le transport à l'église pour l'administration du baptême n'a jamais été exigé avant le huitième jour.

L'obligation du transport à l'église après les huit premiers jours seulement nous fournit une preuve évidente de la haute sagacité des premiers législateurs chrétiens. Il est d'autant plus nécessaire que l'importance de cette coutume n'échappe pas à la sage prévoyance de l'Église moderne, qu'elle doit avoir pour heureux effets 1° *de prémunir contre les conséquences désastreuses de l'envoi prématuré en nourrice, conséquences dont la réalité est généralement reconnue ; 2° de prévenir les suites malheureuses de la fête du baptême au domicile des accouchées, à l'époque la plus critique des couches, dans la chambre même de la malade chez les indigents, et à la suite de laquelle on a fréquemment à déplorer des accidents mortels déterminés par les imprudences de la mère.* « *Trop souvent à la fin de ce jour de fête*, dit le professeur Velpeau, dont l'opinion doit être d'une grande autorité, *elle* (la femme) *se trouve prise de symptômes assez graves pour la conduire aux portes de la mort.* »

L'Église moderne, par des améliorations successives, a eu la sagesse de remédier aux différentes pratiques qui, dans la cérémonie primitivement mise en usage, pouvaient avoir quelque influence fâcheuse. Toujours attentive aux progrès de la science, pourquoi au XIXe siècle méconnaîtrait-elle l'esprit véritable du christianisme ? Elle ne peut se refuser de bien préciser dans ses statuts les dispositions ci-jointes :

1° *Dans les cas ordinaires le baptême doit toujours avoir lieu à l'église sur les fonts baptismaux ; mais il n'est obligatoire qu'après les huit premiers jours de la vie, du huitième au douzième jour.*

2° *Le baptême à domicile ou l'ondoiement sont prescrits d'urgence dans les cas de maladies constatées ou évidentes, mettant par elles-mêmes en danger les jours du nouveau-né, dont la mort peut alors être très facilement précipitée par l'exposition prématurée à l'intempérie de l'air extérieur, dans les cas de froids trop rigoureux.*

Le baptême à l'église après les huit premiers jours constitue l'obligation la plus rationnelle qu'on puisse imposer aux familles. Cet usage satisfait au but religieux ; il est prescrit par les lois de l'Église, et il exercerait une heureuse influence sur la mortalité du premier âge de la vie. Il est d'autant plus naturel de généraliser cette coutume, qu'il est prouvé, par la simple inspection des registres de baptême, de quelque paroisse que ce soit, que, de nos jours, bon nombre d'enfants n'est présenté à ce sacrement qu'après la première semaine de l'existence.

VOEUX ÉMIS PAR LES CONSEILS GÉNÉRAUX

RELATIVEMENT A LA CONSTATATION DES NAISSANCES A DOMICILE.

Extraits du supplément au Bulletin officiel du ministère de l'intérieur, et des procès-verbaux de ces conseils.

CONSEILS GÉNÉRAUX DE TOUS LES DÉPARTEMENTS.

SESSION DE L'ANNÉE 1845.

Quelques mois après la lecture à l'Académie des sciences morales et politiques du Mémoire : *Du service des actes de naissance en France et à l'étranger, nécessité d'améliorer ce service*, M. le ministre de l'intérieur, sur la proposition du secrétaire général du ministère, voulut bien, pour faciliter l'étude de cette importante question, en adresser un exemplaire à chacun des conseils généraux qui allaient s'ouvrir (session 1845).

Voici les résultats de cette première exploration, consignés dans le supplément au bulletin officiel :

Sur quatre-vingt-cinq conseils généraux, sept seulement se prononcèrent ouvertement contre l'adoption de la mesure : ce furent ceux du Finistère, de l'Indre, du Jura, de Lot-et-Garonne et de Seine-et-Oise. Or les raisons données par ces conseils n'ont pas une valeur réelle : ainsi, celui du Finistère allègue comme motif principal celui d'augmenter les obligations déjà si nombreuses des officiers chargés de dresser les actes de l'état civil. Le bulletin de Saône-et-Loire contient : « Il n'y a pas lieu de modifier le mode de constatation des naissances, car le maire ou son délégué négligerait le plus souvent de se déplacer pour remplir ce qu'il regarderait comme une vaine formalité, et il serait dangereux de confier le soin de constater la naissance de l'enfant et de vérifier le sexe à une personne qui pourrait ne pas offrir toutes les garanties convenables. » On lit pour celui de Seine-et-Oise : « La tolérance exercée habituellement par les officiers de l'état civil, aux termes du décret du 20 septembre 1792 et de l'article 55 du Code civil, sur le mode et les circonstances de la présentation des enfants, est suffisante ; des abus bien autrement graves pourraient naître des modifications demandées à la législation existante. Il n'y a donc lieu de rien changer aux dispositions de la loi sur le mode de constater la naissance des enfants. » Mais la ville de Versailles, grâce à M. Remilly, son maire, secondé par le conseil municipal, devait bientôt revenir sur le jugement porté par le conseil général, en s'empressant une des premières d'éprouver cette nouvelle mesure, dont elle a toujours lieu de s'applaudir, ainsi qu'on l'a vu d'autre part.

D'un autre côté, les extraits ci-joints du même supplément au Bulletin officiel fournissent la preuve de l'accueil favorable que reçut la proposition :

Paris. — « Le conseil général de la Seine (séance du 17 novembre 1845) ; vu les dispositions de l'article 55 du Code civil relatives aux constatations des naissances;

» Considérant qu'il résulterait de divers documents mis sous les yeux du conseil, ainsi que du Mémoire lu à l'Académie des sciences morales et politiques, que le transport des enfants nouveau-nés à la mairie dans les trois jours de l'accouchement présente des inconvénients graves pour leur santé;

» Emet le vœu que l'administration fasse étudier la question de savoir s'il ne serait pas possible de modifier les conditions de présentation des enfants à l'état civil pour la constatation de leur naissance. »

Lyon, *Conseil général du Rhône.* — « Il est d'avis que la présentation des enfants nouveau-nés à la mairie soit remplacée par une constatation à domicile. »

Lille, *Conseil général du Nord.* — « La présentation des enfants nouvellement nés à l'officier de l'état civil, en conformité de l'art. 55 du Code civil, devrait être faite au domicile de l'enfant.

» Il faudrait aussi apporter des précautions suffisantes pour le transport aux églises des enfants auxquels on doit administrer le baptême, et recommander que, dans la saison rigoureuse spécialement, on ne se servît que d'eau tiède. »

Nancy, *Conseil général de la Meurthe.* — « Il serait désirable de voir substituer à une formalité inutile et dangereuse des formalités qui seraient sans danger pour les enfants nouveau-nés, telles que celles qui sont prescrites, en cas de décès, par l'art. 77 du Code civil. »

RENNES, *Conseil général d'Ille-et-Vilaine.* — « L'établissement d'un délégué du maire qui se rendrait à domicile pour vérifier la naissance et le sexe de l'enfant pourrait peut-être avoir lieu dans les villes, mais serait impossible dans les campagnes.

TROYES, *Conseil général de l'Aube.* — « Le conseil reconnaît l'utilité de la constatation des naissances à domicile, et émet le vœu, dans l'intérêt de l'humanité, que des dispositions législatives consacrant cette mesure en règlent le mode d'exécution. »

ANGOULÊME, *Conseil général de la Charente.* — « Les réflexions présentées au Conseil sur l'amélioration du service des actes de naissance doivent être prises en considération. »

DRAGUIGNAN, *Conseil général du Var.* — « La naissance et le sexe des enfants devraient être constatés dans leur domicile par l'officier de l'état civil ou par la personne chargée de le représenter. »

Nous renvoyons aux procès-verbaux des conseils généraux pour la suite des vœux favorables émis sur cette question.

CONSEIL GÉNÉRAL DU DÉPARTEMENT DE LA SEINE.
SESSION DE L'ANNÉE 1846.

« M. le Ministre de l'intérieur invite M. le préfet de la Seine à entretenir de nouveau le Conseil général de la question soulevée par M. Loir, en soumettant à son examen le mémoire ayant pour titre : *De l'exécution de l'art. 55 du Code civil, relatif à la constatation des naissances* ».

Ce fut à cette session que le Conseil général rendit la délibération suivante, datée du 17 novembre 1846 (1).

« Le Conseil général ;

» Vu le vœu émis dans sa session dernière sur l'étude des modifications à apporter au mode de présentation des nouveau-nés à l'officier de l'état civil pour la constatation des naissances ;

» Vu le mémoire dans lequel M. le préfet répond à ce vœu, mais par un simple aperçu seulement encore ;

» Vu le travail lu à l'Académie des sciences morales et politiques par M. le docteur Loir, le 17 octobre 1846, en réponse aux objections rapportées dans le mémoire de M. le préfet ;

» Considérant que ce mémoire, tout en émettant l'opinion que le transport des nouveau-nés à la mairie ne paraît pas être la principale cause de la mortalité des enfants, est loin d'affirmer que ce transport ne puisse jamais compromettre plus ou moins gravement leur santé et leur vie ;

---

(1) Cette délibération et les suivantes sont extraites des procès-verbaux du conseil général du département de la Seine.

» Considérant que la prétendue nécessité d'organiser, parallèlement au service de la vérification des naissances à domicile, un autre service affecté à l'administration du baptême à domicile, n'est pas une objection péremptoire, puisqu'il serait possible d'obtenir des membres du clergé l'adoption de mesures analogues à celles qui seraient déterminées par l'administration civile;

» Considérant que les familles qui, suivant les prévisions du mémoire, craindraient la présence momentanée chez elles d'un agent de l'administration, seraient toujours libres de porter l'enfant à la mairie;

» Considérant enfin que les dispositions du Code civil, contrairement à la législation antérieure, n'exigent point la présentation du nouveau-né à la mairie pour la constatation de la naissance;

» Délibère :

» *Il y a lieu de persister dans le vœu émis par le Conseil dans sa session dernière.* »

CONSEIL GÉNÉRAL DU DÉPARTEMENT DU NORD.

SESSION DE L'ANNÉE 1846.

Ce Conseil général, sans avoir été de nouveau consulté, demande à cette session *que la constatation des naissances ait lieu à domicile, et que les précautions convenables soient recommandées pour le transport aux églises des enfants auxquels on doit administrer le baptême.*

CONSEILS GÉNÉRAUX DE TOUS LES DÉPARTEMENTS.

SESSION DE 1847.

M. le ministre de l'intérieur adresse aux conseils généraux des départements, qui allaient s'ouvrir, le Mémoire de M. Loir : *De l'exécution de l'article 55 du Code civil relatif à la constatation des naissances ;* le retard apporté à cette publication n'avait pas permis à la dernière session de la faire parvenir aux conseils.

Voici ce que dit le *Journal des Débats* (numéro du 4 octobre 1847) dans son compte-rendu de cette session des conseils généraux de tous les départements :

« Une disposition très sage du Code civil veut que l'enfant qui vient de naître soit présenté dans les trois jours de la naissance à l'officier de l'état civil ; mais on sait que cette disposition n'est que bien rarement exécutée, surtout dans les villes, soit à cause de l'inconvénient que le déplacement pourrait avoir pour la santé de l'enfant, soit parce que la force des choses s'opposera toujours à ce que l'officier de l'état civil se transporte au domicile du nouveau-né. C'est pour obvier à ces inconvénients et rentrer dans l'esprit de la loi que l'administration supérieure avait consulté les conseils généraux sur un système proposé par M. le docteur Loir, et dont le but serait de faire constater les naissances par un médecin délégué, qui se transporterait à domicile, et vérifierait le sexe de l'enfant, suivant le mode adopté pour la constatation des décès. *Dans presque tous les départements les conseils généraux se sont montrés favorables à ce projet. Un seul conseil, celui des Bouches-du-Rhône, l'a repoussé, par des considérations dont nous avons peine à comprendre l'importance. Dans tous les cas elles ne sont pas de nature à balancer les avantages incontestables que l'on trouve au nouveau système.* »

CONSEIL GÉNÉRAL DU DÉPARTEMENT DE LA SEINE.

SESSION DE 1847.

« Le Conseil général ;

» Vu le vœu émis par lui dans ses deux dernières sessions sur l'étude des modifications qu'il pourrait être convenable d'apporter au mode de présentation des enfants nouveau-nés à l'officier de l'état civil pour la constatation des naissances ;

» Vu le Mémoire en date du 2 novembre courant, dans lequel M. le préfet rend compte des études auxquelles l'administration s'est livrée sur cette question ; ensemble les avis qu'ont exprimés les maires de Paris sur les mesures dont on demandait l'application ;

» Vu la brochure imprimée de M. le docteur Loir sur l'exécution de l'article 55 du Code civil, ainsi que divers documents inédits fournis par lui sur la mortalité des enfants dans le premier mois qui suit la naissance ;

» Considérant que la solution de la question présente des difficultés de plus d'un genre, et que le conseil n'est pas suffisamment éclairé pour se prononcer définitivement ;

» *Invite M. le préfet à continuer les études qu'il a commencées sur le mode à suivre pour la constatation des naissances.*

SESSION DE L'ANNÉE 1848.

« La commission départementale ;

» Vu la délibération du 17 novembre 1845 par laquelle le conseil général de la Seine émet le vœu : « que l'administration fasse étudier la question de » savoir s'il ne serait pas possible de modifier les » conditions de présentation des enfants à l'officier » de l'état civil pour la constatation de leur naissan- » ce » ;

» Vu les délibérations prises en 1846 et 1847 sur le même sujet, ensemble les procès-verbaux de ces sessions ;

» Vu la note écrite dans laquelle M. le préfet déclare qu'il a prié M. le ministre de l'intérieur de faire continuer sur une plus grande échelle les études déjà faites dans le département de la Seine sur la constatation des naissances à domicile, et de lui faire connaître les dispositions qu'il entendait prendre à cet égard ;

» Considérant que M. le ministre de l'intérieur n'a pas répondu à cette demande ;

» Considérant, d'une part, qu'au point de vue de l'hygiène des enfants nouveau-nés, il y aurait un avantage évident à faire constater leur naissance à domicile ;

» Considérant, d'autre part, que cette constatation à domicile présente des difficultés d'application, et que d'ailleurs sa légalité est encore douteuse pour quelques personnes ;

Emet le vœu que la question soit de nouveau soumise à l'autorité supérieure, avec prière de la faire étudier, surtout sous le rapport de la légalité et de l'application. »

SESSION DE L'ANNÉE 1849.

« Vu les délibérations prises par le conseil général de la Seine dans ses sessions de 1845, 1846, 1847, 1848, relativement à la constatation des naissances à domicile ;

» Considérant que M. le ministre de l'intérieur, prié de faire étudier la question, si importante au point de vue de l'hygiène des enfants nouveau-nés, n'a pu encore répondre à la demande qui lui a été transmise à cet effet par l'administration départementale ;

» Persistant dans ses précédentes délibérations ;

» *Emet le vœu que la question soit de nouveau soumise à l'autorité supérieure, avec prière de faire compléter les études qui s'y rapportent.* »

SESSION DE L'ANNÉE 1850.

« La commission départementale,

» Vu les délibérations prises par le conseil général de la Seine dans ses sessions de 1845, 1846, 1847, 1848, 1849, relativement à la constatation des naissances à domicile ;

» Considérant que M. le ministre de l'intérieur, prié de nouveau l'année dernière de faire étudier cette question si importante au point de vue de l'hygiène des nouveau-nés, n'a pas répondu encore à cette demande ;

» Persistant dans ses délibérations précédentes ;

» *Emet le vœu que la question soit de nouveau soumise à l'autorité supérieure, avec prière de faire compléter enfin les études qui s'y rapportent.* »

SESSION DE L'ANNÉE 1851.

« La commission départementale,

» Vu les délibérations prises par le conseil général de la Seine dans ses sessions de 1845, 1846, 1847, 1848, 1849, 1850, relativement à la constatation des naissances à domicile ;

» Considérant que M. le ministre de l'intérieur, prié de nouveau l'année dernière de faire étudier cette question, si importante au point de vue de l'hygiène des enfants nouveau-nés, n'a pas répondu encore à cette demande ;

» Persistant dans ses délibérations précédentes;

» *Emet le vœu que la question soit de nouveau soumise à l'autorité supérieure, avec prière de faire compléter enfin les études qui s'y rapportent.* »

SESSION DE 1852.

« La question de la constatation des naissances à domicile présentant aujourd'hui le même intérêt que par le passé, et M. le Ministre n'ayant pris aucune résolution à ce sujet, votre comité vous propose de renouveler à cet égard le vœu que vous avez émis dans plusieurs de vos sessions. »

DISCUSSION A L'ACADÉMIE DE MÉDECINE

DU RAPPORT
DU PROFESSEUR HIPPOLYTE ROYER-COLLARD.

SÉANCE DU 11 JUILLET 1850.

M. Gibert donne lecture, au nom du rapporteur, de quelques lignes destinées à motiver l'opinion adoptée par ce dernier, qui a cru devoir se circonscrire uniquement dans les questions scientifiques, sans vouloir s'immiscer en rien dans les conséquences administratives et législatives relativement au mode de constatation des naissances.

M. Adelon appuie cette opinion et désire qu'on réponde à M. le Ministre de l'intérieur dans le sens de la note suivante, dont il donne lecture à l'Académie :

L'Académie adopte toutes les opinions émises par M. le docteur Loir touchant les influences que peut exercer le froid sur les enfants nouveau-nés; elle croit, comme ce médecin, que les influences du froid sont plus nuisibles pendant les jours qui suivent la naissance de l'homme que pendant ceux ultérieurs; et elle conclut qu'on doit prendre, autant que possible, les plus grandes précautions pour que les enfants nouveau-nés soient préservés du froid.

Mais l'Académie n'est pas aussi convaincue que M. Loir que l'obligation de porter et de présenter les enfants nouveau-nés aux mairies ait, pour la mortalité des enfants dans les trois premiers jours de la naissance, une part aussi grande que le prétend et l'exprime ce médecin. Beaucoup de causes concourent à rendre la vie des enfants nouveau-nés très fragile aux premiers jours de la vie extra-utérine ; l'influence du froid peut être une de ces causes, mais le transport des enfants à la mairie est-il certainement l'occasion d'un froid mortel pour les enfants ? La tendresse des parents, d'une part, et le soin qu'a l'administration de maintenir une température chaude dans les mairies, d'autre part, ne compensent-ils pas le plus souvent ce danger ? L'Académie reste au moins dans le doute sur ce qu'a dit M. Loir de ce danger.

Enfin, et surtout, l'Académie ne croit pas devoir s'expliquer sur les changements que M. Loir propose d'apporter aux dispositions des lois relatives à l'acte civil de la naissance. Si les premières propositions émises par M. Loir étaient toutes médicales, et si à ce titre elles ont pu être jugées par l'Académie, il n'en est pas de même de cette dernière : c'est une question de *haute législation*, et dans laquelle, selon moi, l'Académie ne peut ni ne doit s'engager. Cette question, dont le but est de faire modifier la législation sur les *actes civils de naissance*, réclame, pour être jugée, des considérations de plus d'un genre, et dont plusieurs, et les principales, sont étrangères aux études et aux attributions de l'Académie. Son unique devoir est de donner à l'autorité ceux des renseignements médicaux qui peuvent influer sur la solution de la question; et c'est, au reste, à l'autorité qu'il appartient de juger si ce que propose M. Loir peut se concilier avec ce que les autres nécessités sociales pour lesquelles ont été constitués les actes civils de naissance ont exigé de formalités et de garanties dans la rédaction de ces actes.

M. Royer-Collard : Ni l'auteur du mémoire ni le rapporteur lui-même n'ont voulu amener la discussion sur le terrain des questions administratives; quant à moi, je n'ai voulu faire qu'un rapport scientifique, mais je n'en persiste pas moins à déclarer que l'Académie est compétente pour répondre à la demande qui lui a été adressée par l'autorité, car il importe que le médecin soit toujours appelé à donner son avis quand il s'agit de mettre la loi en harmonie avec l'hygiène publique ou privée.

M. Bouvier : Je ne puis admettre, avec mon honorable maître, M. le professeur Adelon, que l'Académie ne doive s'occuper que du fait physiologique de l'influence du froid sur les nouveau-nés. Dans toute question d'hygiène publique, le médecin ne se borne pas à énoncer les faits, il en tire aussi les conséquences, et conseille à l'autorité les mesures à prendre par suite de ces faits. Il doit en être de même dans les questions que soulève la constatation des naissances, en tant qu'elle peut influer sur la santé publique. On a, dit-on, exagéré cette influence; mais dès qu'on admet sa réalité, qu'importe dans quelle proportion elle s'exerce? Ne suffit-il pas qu'une fraction quelconque des nouveau-nés soit victime de l'exigence de la loi, pour qu'il y ait lieu d'en modifier, s'il se peut, le mode d'exécution ? On a demandé des preuves directes des effets fâcheux du transport des enfants à la mairie dans les trois jours de la naissance. M. Loir a réuni plusieurs faits de ce genre ; le rapport n'en fait pas mention : permettez-moi de vous les rappeler.

Premier fait. Eclampsie mortelle qui a enlevé la petite fille de M. Berriat Saint-Prix, attribuée à la sortie de l'enfant pour le transposter à la mairie et à l'église.

Deuxième fait. Cas d'ophthalmie qui s'est déclarée sur la petite fille de M. Pélassy de Lousle à la suite de son transport à la mairie.

Troisième et quatrième faits. Pneumonie mortelle sur les deux enfants d'un pharmacien de Paris, attribuée à la même cause ; faits communiqués à l'auteur par M. Blache.

Cinquième fait. Un cas tout semblable produit par la même influence ; communiqué par M. Baron fils.

Mais qu'est-il besoin d'accumuler ici les exemples ? Quel est le praticien consulté sur la sortie d'un nouveau-né pendant un froid rigoureux qui ne conseillera d'éviter cette cause de maladie ? Et comment, dès lors, ce qui nous paraît fondé en hygiène privée ne le serait-il plus lorsqu'il s'agit d'hygiène publique ?

Notre honorable collègue M. Adelon, examinant la question au point de vue de la législation, reproche au système de la constatation à domicile l'inconvénient de rendre le secret plus difficile dans les naissances illégitimes. A supposer qu'il fût en effet plus difficile de cacher une naissance en la faisant constater à domicile qu'en transportant l'enfant en plein jour à la mairie, ce serait bien le cas, ce me semble, d'appliquer ici le principe que la loi n'est pas faite pour les exceptions, et il n'y aurait pas de parité à établir entre l'inconvénient signalé, particulier au plus petit nombre, et le danger qui plane sur tous. Mais il est un moyen bien simple de concilier la faculté de rester inconnue que la loi a laissée à la mère avec le mode de constatation proposé par M. Loir : ce moyen, on le trouve mis en pratique dans un arrêté du maire de Versailles qui date de 1846. Cet arrêté établit la constatation des naissances à domicile par un médecin de l'administration; puis il ajoute : « Les présentations de l'enfant à la mairie continueront néanmoins d'être admises »; c'est-à-dire que les deux modes sont facultatifs, au choix des parents. De cette manière ceux qui trouvent leur secret mieux gardé en faisant traverser deux fois la ville à l'enfant qu'en recevant à domicile le médecin délégué sont libres de repousser le nouveau mode. L'existence de cette mesure depuis quatre années dans une localité aussi importante me paraît répondre suffisamment à l'objection de M. Adelon.

Notre honorable collègue nous a parlé, si je ne me trompe, de la perturbation que jetterait dans la législation l'inexécution de l'art. 55 du Code civil, relatif à la présentation des nouveau-nés à l'officier de l'état civil. Mais ignorerait-il que cet article n'est pas exécuté dans la plus grande partie de la France? Ce fait a été établi par M. Loir dans un autre travail. J'ai moi-même appris des habitants de plusieurs départements que les enfants nouveau-nés n'y étaient pas transportés à la mairie, et je crois savoir que notre honorable collègue, M. le docteur Rigal, va tout à l'heure vous fournir des preuves multipliées de l'inexécution de l'art. 55 dans un très grand nombre de localités. Cela ne suffit-il pas pour montrer clairement que ce point de législation n'a pas l'importance qu'on prétend lui donner, et qu'il est permis d'y toucher sans craindre de porter le désordre dans les lois qui règlent l'état civil en France?

Je pense, en résumé, que l'Académie peut et doit exprimer son opinion tout à la fois sur les faits physiologiques et sur leurs conséquences au point de vue des mesures administratives, et qu'elle ne saurait mieux faire que de s'associer aux vues de M. le docteur Loir relativement aux inconvénients du transport obligé des enfants à la mairie dans les premiers jours de leur existence.

M. le docteur Rigal, correspondant de l'Académie et représentant du Tarn : L'art. 55 du Code civil porte : « Les déclarations de naissance seront

» faites dans les trois jours de l'accouchement à l'of-
» ficier de l'état civil du lieu ; *l'enfant lui sera pré-
» senté.* »

La stricte observation de cet article aurait-elle une influence fâcheuse sur la mortalité des enfants nouveau-nés ? — Peut-on en réglementer l'usage sans toucher à la lettre du Code civil? — Ne doit-on pas mettre l'exécution de la loi en harmonie avec les mœurs et les habitudes de la population ? — Telles sont, Messieurs, les graves questions soulevées par M. le docteur Loir, et dont il poursuit la solution depuis cinq ans avec la plus louable persévérance.

Ainsi il y a deux points de vue principaux : *la légalité*, d'une part, et, de l'autre, *l'hygiène des nouveau-nés*, leurs *conditions physiologiques* et *pathologiques*, pour me servir des expressions de M. le docteur Loir dans le mémoire présenté à l'Académie de médecine le 2 mai 1848. Cette dernière appréciation est tout entière du domaine de l'Académie. Toutefois, comme en droit on dit : *De facto oritur jus*, le fait de l'observance plus ou moins exacte de la loi importe beaucoup à la solution du problème médical.

L'homme tient à la vie *pour lui d'abord :* c'est un acte d'égoïsme trop naturel, trop intime, pour qu'il soit besoin de le justifier; et cependant le père tient plus encore à la vie de son enfant qu'à la sienne propre. Si l'usage avait prévalu de ne pas présenter l'enfant à la mairie, ce serait, *à mes yeux du moins*, un indice, sinon la preuve, que l'instinct de la conservation a jugé d'avance une pratique sur laquelle le savoir est appelé aujourd'hui à donner son avis.

Les circonstances où je me trouve placé m'ont paru favorables pour tenter sur ce point une enquête sommaire. J'en apporte les résultats à l'Académie dans un tableau que j'ai l'honneur de déposer sur le bureau de la compagnie (1). Sans doute, le document dressé par moi n'a pas l'authenticité de chiffres officiels, mais il approche beaucoup de la vérité, et j'espère qu'alors même que de semblables recherches resteraient sans influence sur sa décision, l'Académie daignera me tenir compte d'un acte de bonne volonté.

(Ici M. Rigal lit et commente l'état qu'il a formé d'après les déclarations de ses collègues à l'Assemblée nationale, spécialement choisis parmi les membres des conseils généraux ou anciens magistrats; cet état se résume par les chiffres suivants :)

Dans vingt-huit départements les habitants des villes présentent les enfants à la mairie.

Dans deux départements seulement cette prescription est observée par les habitants des campagnes (Puy-de-Dôme, Lozère).

Dans quarante-cinq départements, les habitants

(1) On pourra consulter ce tableau aux archives de l'Académie.

des villes sont dispensés ou se dispensent d'apporter les nouveau-nés à l'officier de l'état civil.

Dans soixante-dix-neuf départements les habitants des campagnes s'acheminent vers l'église, et non pas vers la maison commune.

Dans quatorze départements les habitants des villes ne sont tenus d'obéir à l'art. 55 du Code civil que dans le cas où ils n'y sont pas domiciliés depuis longues années.

Là encore les certificats de médecin suffisent pour affranchir de la présentation.

Dans cinq départements la même tolérance s'étend aux habitants des campagnes.

Dans les colonies il est tenu deux registres : l'un pour les *déclarations* à faire dans les trois jours, l'autre pour la *présentation* à faire dans les trois mois.

Il serait utile d'étudier comment et dans quelle mesure un usage de ce genre pourrait être converti en disposition légale, ou du moins en règle administrative.

Chose remarquable, MM. les représentants des Antilles françaises s'accordent à dire que cet usage dérive de la fréquence du *mal des mâchoires* quand on expose les enfants naissants aux dangers d'un voyage ou d'une course plus ou moins longue.

On peut dire d'abord en général que l'art. 55 n'est pas observé ; mais voici quelques résultats plus précis et plus détaillés : Le certificat médical suffit généralement pour que l'officier de l'état civil n'exige pas la présentation. Quelques maires accusent les médecins de trop de facilité, et considèrent ce qu'ils nomment leur complaisance comme un obstacle à l'accomplissement des formalités légales. Toujours est-il que, dans les grandes villes où la présentation a lieu, elle tombe hygiéniquement à la charge du pauvre. Les représentants du département du Nord sont unanimes sur ce point. Lyon offre la même observation; mais depuis peu de temps une véritable amélioration a été introduite. Le commissaire de police, agent de l'autorité municipale, va visiter le nouveau-né sous le toit paternel. Un médecin vaudrait mieux.

La ville de Carcassonne est entrée depuis deux ans dans cette voie.

La ville d'Arras est dotée aussi d'un médecin allant constater les naissances à domicile.

Cette institution est due à M. le docteur Plichon, représentant, maire de la cité. Il a eu de graves obstacles à vaincre.

A Versailles, le maire a rendu facultative la présentation à la mairie ou à domicile.

La loi de 1792 disait positivement que l'enfant devait être *porté à la maison commune*. Les rédacteurs du Code civil ont supprimé cette disposition, « parce que, a-t-on dit (*Procès-verbal du Conseil d'état, séance du 12 ventôse an XI*), en se bornant à décider que l'enfant serait présenté, sans spécifier le lieu, on a voulu que la loi laissât à cet égard la plus grande latitude. »

C'est aussi dans le même sens que M. Réal (*Séance du 6 fructidor an XI*) avait dit « que la présentation était inutile, parce que l'acte tirait sa force de la déclaration appuyée de deux témoins, et non de la présentation de l'enfant ; que d'ailleurs des obstacles naturels pouvaient s'opposer à l'accomplissement de cette formalité. »

Plusieurs jurisconsultes professent la même doctrine, notamment M. Valette, professeur de droit civil à la Faculté de Paris. (V. *Gazette des tribunaux* du 9 septembre 1845, et le deuxième *Mémoire* du docteur Loir, page 9.)

Ainsi la loi ne s'oppose pas à la réglementation qui aurait pour but de faire la présentation *à domicile*.

Il résulte, en outre, de mes informations verbales auprès des membres de l'Assemblée législative, maires actuels ou anciens administrateurs de leurs communes, les faits généraux suivants :

Dans les campagnes, dans les petites localités, même dans des villes assez grandes, le mariage, la grossesse, l'accouchement, sont de notoriété publique. Il est facile de concevoir comment la déclaration du père et des deux témoins est acceptée par l'officier de l'état civil. — Là où l'usage de la présentation de l'enfant se fait encore, l'église est près de la mairie. La nécessité du baptême entraîne la présentation à l'officier de l'état civil. Ainsi, à ce point de vue, la pratique religieuse vient en aide aux prescriptions de la loi.—Disons ici, contre l'opinion indiquée par le docteur Loir, que le baptême est généralement exigé dans les premiers jours de la naissance, presque dans les premières heures. Dans le Tarn, par exemple, c'est dans la seconde journée de la vie que l'enfant est baptisé. La *huitaine* est un délai de rigueur absolu. On n'arrive pas à telle extrémité. Je dus tenir sur les fonts baptismaux le premier-né d'un de mes confrères. Il attendait le grand-père, parrain obligé dans les mœurs de notre Midi. Le grand-père n'arrivait pas, et le curé du lieu avait fini par alarmer la conscience de la jeune mère. Nous n'étions qu'au quatrième jour de la naissance.

Sans doute, le haut clergé, dépositaire des grandes pensées du christianisme, s'associerait aux mesures protectrices de la vie et de la santé des enfants; mais il faut provoquer des décisions formelles, obligatoires pour les desservants ruraux, pour les curés des villes.

Les églises se trouvent parfois à de grandes distances, l'atmosphère en est froide, l'eau est chauffée tant bien que mal.

MM. les docteurs Moreau, Delavalade et Guisard de la Creuse, tous trois représentants du peuple, sont unanimes pour déclarer avoir eu souvent l'occasion de voir périr des enfants à la suite du transport à l'église (1) : là est le véritable danger.

(1) Les auteurs qui se sont le plus et le mieux occupés

Une preuve de la nécessité d'ordres impératifs pour vaincre les habitudes actuelles du clergé se déduit des réformes apportées dans la manière de conférer le baptême : l'*immersion*, l'*ablution*, l'*aspersion*.

L'*immersion*, seul baptême véritablement solennel, a été en usage depuis les Apôtres jusqu'à la fin du treizième siècle.

Personne ne saurait nier les résultats funestes de cette pratique trois fois renouvelée. Que d'enfants ont dû périr du baptême ! Je ne parle pas de ceux qui, échappant des mains du prêtre, se noyaient au fond du baptistère. (Voy. *Du baptême dans ses rapports avec l'état civil*, par le docteur Loir, page 15.)

Eh bien ! treize siècles se sont écoulés avant que cette forme du baptême ait été abandonnée.

M. le docteur Loir émet le vœu que le baptême ne soit obligatoire qu'*après les huit premiers jours de la vie : il est actuellement obligatoire dans les huit premiers jours de la vie*. L'Académie, en se faisant l'écho des désirs de M. le docteur Loir, serait certainement entendue de NN. SS. les évêques. Mais encore une fois il y a nécessité de provoquer de leur part une décision formelle.

Je crois devoir reproduire ici quelques notes sur le dépouillement de l'enquête sommaire faite par moi

---

de la mortalité des nouveau-nés sont : Toaldo, Flourens, Villermé, W. Edwards, Quételet, Heyer, Lombard (de Genève), Montferrand, Giulio (de Turin).

au sein de l'Assemblée nationale sur la présentation de l'enfant nouveau-né à l'officier de l'état civil.

Ces notes s'appliquent spécialement à quelques unes des grandes villes de France.

Aude. *Carcassonne.* Visite d'un médecin à domicile (depuis deux ans).

Bouches-du-Rhône. *Marseille.* La déclaration du père suffit.

Gironde. *Bordeaux.* La déclaration du père ou de l'accoucheur suffit.

Haute-Garonne. *Toulouse.* Déclaration du père domicilié depuis long-temps; présentation dans le cas contraire.

Haut et Bas-Rhin. Non. Malgré l'institution des médecins cantonaux.

Indre. *Châteauroux.* Les domiciliés ne sont pas tenus de porter l'enfant nouveau-né.

Loire. *Saint-Etienne.* On ne porte jamais l'enfant. (M. Heurtier, maire.)

Loiret. *Orléans.* Non. M. Alexandre Martin, ancien maire.

Maine-et-Loire. *Angers.* On ne porte pas l'enfant. M. Augustin Giraud a vainement tenté de l'obtenir pendant une administration de douze années.

Nord. *Lille*, etc. Présentation de l'enfant du pauvre; dispense pour le riche muni d'un certificat médical.

Rhône. *Lyon.* Même observation. Un arrêté récent permet de déclarer l'enfant. Le commissaire de police se transporte à domicile pour constater le sexe et la sincérité de la déclaration.

Sarthe. *Le Mans.* La loi n'est pas exécutée généralement.

Seine. *Paris.* Oui. Mais les exceptions se multiplient. Les citoyens bien connus sont souvent dispensés de la formalité, même sans certificat médical.

Seine. *Banlieue.* Beaucoup moins d'exactitude encore qu'à Paris.

Seine-Inférieure. Non. Malgré la population flottante amenée par les grandes fabriques des vallées de la Seine.

— *Havre.* Non. (M. Ancel, maire.)

— *Rouen.* Non.

— *Saint-Quentin.* Non. (MM. Estancelin, d'Aubermesnil, ancien procureur du roi; Mathieu Bourdon.) — Le père arrive avec un chapeau sur la tête pour déclarer la naissance d'un garçon, avec un bonnet de coton pour la naissance d'une fille.

SOMME. *Amiens*. La présentation est aujourd'hui une véritable exception. (M. Porion, maire.)

TARN. *Castres*, *Albi*, *Gaillac*, *Lavaux*, Non.

. . . .

Une dernière question :

Est-on tenu de dépouiller l'enfant pour faire constater le sexe ? L'article 55 ne le dit pas.

Il y a quelques années la Cour d'appel de Bourges eut à prononcer sur cette question.

« Un père appartenant à la noblesse du pays trouva qu'il était contraire à la dignité de sa race de soumettre sa géniture à une sorte d'avanie. Il refusa de découvrir l'enfant. L'officier de l'état civil fut jaloux de maintenir son droit. Le ministère public poursuivit d'office sur la dénonciation du maire, et la Cour de Bourges confirma le jugement qui avait condamné le délinquant à 1 franc d'amende et aux frais du procès. » (M. ROLLINAT, représentant de l'Indre.)

M. DUBOIS (Paul) demande à M. Rigal s'il a constaté que la mortalité fût plus grande dans les départements où l'on présente à la mairie que dans ceux où l'on fait la constation à domicile.

M. RIGAL : Les renseignements que j'ai recueillis ne me permettent pas encore de répondre à cette question ; ce que je me suis attaché à constater, c'est que l'article 55 du Code civil n'est pas appliqué dans l'immense majorité des départements, et qu'on en doit certainement chercher le motif dans ce fait, que son application entraîne des dangers très réels.

M. Ségalas : La question soumise aux délibérations de l'Académie est complexe : l'hygiène et l'administration sont appelées à concourir à sa solution ; nous ne devons nous occuper ici que de l'hygiène. M. Moreau assure n'avoir jamais vu un accident résulter de la présentation à la mairie ; mais l'honorable membre exerce dans la classe riche, où toutes les précautions peuvent être prises. Il n'en est pas de même pour les pauvres ; aussi est-ce surtout à ces derniers qu'il faut songer. On a avancé que les nouvelles dispositions sollicitées entraîneraient de grands frais ; mais on peut être assuré que les communes, comprenant l'importance de ces dispositions et y reconnaissant la sollicitude du gouvernement, s'empresseraient de voter les fonds nécessaires. On a objecté, et c'est en apparence l'argument le plus grave contre la réforme demandée, que les intérêts particuliers des familles devaient être respectés, que la constatation à domicile pouvait conduire à dévoiler des secrets importants : eh bien, il y a un moyen très simple de satisfaire à la fois les exigences de l'hygiène et celles des intérêts privés, c'est en déclarant que la règle sera l'exception, et que l'exception deviendra la règle ; en d'autres termes que ceux qui ne voudront pas profiter du bénéfice des nouveaux règlements pourront présenter leurs enfants à la mairie.

M. Moreau : Ce que viennent de dire MM. Bouvier

et Rigal est précisément une preuve à l'appui de mon opinion : puisque la présentation est facultative, et qu'un très grand nombre de maires en ont affranchi leurs administrés, pourquoi faire une nouvelle loi? D'un autre côté, M. Rigal n'a pu répondre à la question de M. Dubois : d'où il résulte qu'il n'y a aucun document officiel positif dont on puisse arguer pour changer la législation.

M. Royer-Collard : Les termes mêmes de cette discussion me prouvent que j'ai très prudemment agi en ne proposant à l'Académie que des conclusions médicales, et en la mettant en dehors des difficultés qui surgissent de toutes parts dès qu'on arrive aux questions administratives.

M. Londe : Les expériences physiologiques de W. Edwards établissent : 1° Que la faculté productrice de la chaleur est à son minimum chez l'enfant nouveau-né;

2° Que les plus jeunes sujets sont ceux qui se refroidissent le plus facilement.

Il résulte des recherches de MM. Villermé et Milne Edwards (1) sur la mortalité des nouveau-nés en France : 1° Que les décès des enfants au dessous de trois mois sont plus nombreux dans les départements du nord que dans ceux du sud;

2° Que les plus nombreux décès arrivent pendant la saison la plus froide.

---

(1) *Annales d'hygiène*, Paris, 1829, t. II, p. 291.

M. Hermann, par ses calculs statistiques sur la mortalité des enfants en Russie (1), calculs qui embrassent un intervalle de douze ans, met à même de conclure que l'effroyable mortalité des enfants (600 décès d'enfants sur 1,000 décès totaux) dans certaines éparchies, plutôt que dans d'autres, est due au froid. Si M. Hermann n'arrive pas lui-même à cette conclusion, c'est parce que de l'identité de latitude de certaines contrées avec d'autres ou avec la Suède il conclut à tort l'identité de température, ce qui est loin d'avoir lieu, au moins d'après le travail de M. Alexandre de Humboldt sur les lignes isothermes et la distribution de la chaleur à la surface du globe.

Suivant M. Quételet, dans les Pays-Bas, pour deux enfants qui meurent en janvier, on n'en perd qu'un seul au mois de juillet.

Suivant M. Lombard, les mois les plus froids augmentent tellement les décès des enfants, qu'ils en doublent le nombre et au delà.

Les recherches de M. Patin sur les naissances et décès dans la ville de Troyes, recherches embrassant une période de dix ans, sont les seules qui *paraissent* faire exception aux précédentes (2). Ce médecin avance que, pour l'enfance, c'est la saison chaude qui paraît avoir eu l'influence la plus défavorable :

---

(1) *Annales d'hygiène*, t. IV, p. 317.

(2) *Ibid.*, t. XVII, p. 412.

car les mois d'octobre, de septembre et d'août, sont ceux où la mortalité a été la plus grande, et le mois de janvier ne tient que le quatrième rang. Mais nous devons dire que M. Patin, en opérant sur la totalité des décès de chaque mois, a trouvé les mois de janvier et de février les plus chargés, et qu'en divisant les décès par âge, il a établi de trop larges périodes pour pouvoir apprécier la mortalité dans les premiers mois de la vie. En effet, dans les trois tableaux dont M. Patin tire ses conclusions, la période qui a trait à notre objet comprend réunies les dix premières années de la vie. Or on sait que ce n'est que dans les premiers mois que le froid exerce sa funeste influence, et qu'il est au contraire favorable après la seconde année. L'exception apportée par M. Patin n'est donc qu'apparente.

D'après tout ce qui précède, on voit combien il est utile de défendre soigneusement le nouveau-né contre le froid. Toaldo, astronome et prêtre de Padoue, touché de l'état dans lequel étaient les enfants qu'on lui présentait pour le baptême, conseille d'ondoyer les nouveau-nés dans la maison de leurs parents et de ne les porter à l'église qu'au bout de trente ou quarante jours. Suivant ce savant prêtre, ce transport à l'église serait la cause de la mortalité si grande des enfants chrétiens, qui forment, dans la marche trévisanne, plus des deux cinquièmes des décès totaux, comparée à celle des juifs, qui, dans Padoue et Vérone, malgré l'opération douloureuse de la circoncision, forme à peine un cinquième des décès. Enfin les auteurs que je viens de citer s'élèvent contre ce transport, soit à l'église, soit à la mairie, et M. Villermé, entre autres, voudrait voir une disposition législative qui prescrivît à l'officier de l'état civil de constater les naissances au domicile même du nouveau-né, comme le médecin constate le décès au domicile du mort. Vous pouvez donc en toute sûreté répondre à M. le ministre que, si l'adoption de la mesure qui vous est soumise n'a pas d'inconvénients sous le rapport administratif, ce qu'il ne vous appartient pas de décider, elle ne peut avoir, sous le point de vue hygiénique, que d'incontestables avantages.

M. Duméril : L'Académie des sciences a également pensé que la présentation des enfants à domicile pouvait entraîner de graves inconvénients.

M. Villermé établit que les températures extrêmes sont les plus nuisibles dans les premiers jours de la naissance.

M. Gaultier de Claubry assure que jamais l'autorité municipale ne s'est refusée, dans le douzième arrondissement, à procéder à la constatation des naissances au domicile des parents, toutes les fois que le médecin le déclarait nécessaire.

M. Ségalas propose cette conclusion : L'Académie pense que, sous le rapport de l'hygiène des enfants, il serait utile de constater la naissance à domicile, et que pour certains parents, si la constatation des naissances à domicile peut offrir des inconvénients, il serait facile d'y parer en laissant aux parents la faculté de faire constater la naissance à la mairie au moment de la déclaration de cette naissance.

M. Gibert insiste pour qu'on substitue à la conclusion du rapport l'amendement suivant : « L'Académie émet le vœu que, pour obéir à l'article 53 du Code civil, des mesures soient prises par les administrations compétentes afin que la présentation des enfants à la mairie ne soit plus exigible, ou du moins reste facultative. »

Après un débat entre MM. Ségalas, Moreau, Bouvier et Gibert, sur la rédaction de la conclusion à mettre aux voix, le texte de M. Gibert est adopté.

EXEMPLES DE JUGEMENTS

RENDUS A DIVERSES ÉPOQUES POUR RECTIFIER LES ACTES DE L'ÉTAT CIVIL.

Les irrégularités et les contraventions que l'on observe chaque année dans l'état civil des nouveau-nés ont souvent peu d'importance et passent inaperçues ; mais quelquefois aussi, par leur gravité, elles peuvent causer le malheur de l'individu qui en est l'objet, et devenir funestes au repos des familles. Parmi les jugements rendus à diverses époques pour rectifier des actes de l'état civil, on en trouve d'assez importants et d'assez curieux pour qu'on nous sache gré d'en rapporter ici quelques exemples. Il en est de notre état civil ce qu'il en était autrefois de l'état civil religieux. De quel sexe est l'enfant? se contente de demander l'officier de l'état civil; quel enfant présentez-vous à l'église? dit le ministre des autels. La sage-femme, le plus souvent, est seule chargée de répondre à ces questions, et si malheureusement elle s'est trompée, des parents peu attentifs croient leur enfant d'un sexe, tandis qu'il est de l'autre, et l'erreur peut se prolonger long-temps. En voici deux exemples :

Individu réputé du sexe féminin pendant vingt-deux ans, et définitivement rendu à son état véritable par un jugement solennel (1).

Le 19 janvier 1792, fut présenté pour être baptisé à la paroisse de Bu, arrondissement de Dreux (Eure), un enfant qu'on déclara être fille, et auquel furent donnés, d'après l'acte de baptême, les noms de Marie-Marguerite. Cet enfant parvint à l'âge de treize à quatorze ans sans que rien de particulier eût à son égard fixé l'attention des parents. Il partageait le lit d'une sœur moins âgée que lui; il grandissait au milieu d'autres jeunes personnes auxquelles il était associé par l'éducation, les exercices et les plaisirs de l'enfance.

(1) Nous empruntons ces faits au docteur Worbe. (Voir le *Bulletin de la Société de médecine de Paris*, n° X de l'année 1815. — *Journal de médecine, chirurgie et pharmacie*, janvier et février 1816.—*Grand Dictionnaire des sciences médicales*, article *Hermaphrodite*.

A seize ans, cette prétendue fille, blonde, fraîche, bonne ménagère, inspira de l'amour au fils d'un fermier voisin. Des raisons d'intérêt firent manquer le mariage. Un autre établissement se présenta trois ans après : tout fut rompu à la signature du contrat. Cependant, à mesure que Marie avançait en âge (elle avait alors dix-neuf ans), ses grâces disparaissaient, les robes de femme ne lui allaient plus, sa démarche avait quelque chose d'étrange ; de jour en jour ses goûts changeaient, ils devenaient de plus en plus masculins. L'intérieur du ménage, les soins de la basse-cour, l'intéressaient moins qu'auparavant ; elle aimait mieux semer, herser, que traire les vaches, que faire couver les poules ; un peu plus de hardiesse, elle aurait volontiers mené la charrue.

Cependant un troisième prétendant se présenta, et le mariage était également désiré par les deux familles. Toutefois les parents de Marie réfléchirent et se rappelèrent que leur fille n'était pas faite comme une autre, et, pour n'avoir pas de reproches à se faire dans la suite, ils se décidèrent à faire examiner leur enfant. Le docteur Worbe fut chargé de ce soin.

Quelle fut la surprise des personnes intéressées, quand on annonça à Marie qu'elle ne pouvait se marier comme femme, puisqu'elle était un homme ! Marie versa des larmes en abondance. La plus répétée de ses exclamations était : *Je ne pourrai donc jamais m'établir !* Il fallut plusieurs mois pour accoutumer absolument ce garçon à l'idée qu'il n'était pas femme. Enfin, prenant un jour une bonne résolution, il vint présenter la requête suivante à MM. les président et juges du tribunal de première instance de Dreux.

« Marie-Marguerite N... a l'honneur de vous exposer ce qui suit : Il appert des registres de l'état civil de la commune de Bu pour l'année 1792 que Marie-Marguerite N..., fille née de la veille, a été baptisée le 19 janvier 1792. Marguerite N... se reconnaissant aujourd'hui pour être du sexe masculin, vous supplie de réformer son acte de naissance, et de déclarer que mal à propos on l'a inscrit comme appartenant au sexe féminin, ordonner en outre que votre jugement sera transcrit sur les registres courants de l'état civil de la commune de Bu, etc...; toutefois, et en cas de besoin, être ordonné préalablement que trois docteurs en médecine et en chirurgie seront désignés pour faire leur rapport après examen suffisant, et qu'il sera appelé et entendu que de droit. »

« Le cinq octobre 1813, le tribunal, ouïs M. le président en son rapport et le ministère public en ses conclusions; considérant que, si les faits exposés en la requête sont conformes à la vérité, il est également d'ordre public et de l'intérêt légitime de l'individu dont est question que son acte de naissance soit rectifié; ordonne que Marie-Marguerite N.... sera vue et visitée par trois médecins ou chirurgiens, etc. »

En conformité de ce jugement, le 9 du même mois les docteurs procèdent à la visite requise; le résultat de leur opération est consigné dans un procès-verbal dont voici les conclusions :

Nous estimons que le véritable sexe de Marie-Marguerite N... est le masculin.

Le procureur du roi trouva le rapport incomplet en ce que les experts s'étaient bornés à l'examen des parties sexuelles, et qu'ils n'étaient entrés dans aucun détail sur l'habitude du corps, que, par exemple, ils ne s'étaient expliqués ni sur la voix ni sur la barbe, etc.

Cependant le ministère public n'empêcha pas l'adoption des conclusions, et le tribunal *déclara Marie-Marguerite N... appartenir au sexe masculin; ordonna qu'il quitterait les habits de femme, et que son acte de naissance serait et demeurerait rectifié.*

Faire son entrée virile dans le village dont les habitants ne l'avaient vu que sous les habits de femme n'était pas la chose la moins embarrassante pour Marie. Mais, surmontant toute fausse honte, le dimanche il fut à la messe, pénétra jusqu'au chœur de l'église et prit place avec les hommes. Après ce coup d'éclat et décisif, protégé par celui qui naguère était son amant, Marie se rendit dans les lieux fréquentés par les jeunes gens de son âge, et partagea leurs divertissements. Bientôt il quitta toutes les habitudes féminines, et d'excellente ménagère il devint en très peu de temps bon laboureur.

Requête au Roi par un autre individu du sexe féminin réputé garçon pendant long-temps.

Marguerite Malaure passait pour garçon, et avait en vain réclamé auprès des capitouls de Toulouse sa réintégration dans son état civil de femme. Malgré les réclamations qu'elle faisait, la sentence de ces magistrats lui enjoignait toujours de porter l'habit d'homme, et elle fut forcée de présenter au roi sa requête pour obtenir la permission de reprendre l'habit de femme.

Enfant du sexe masculin resté sans état civil jusqu'à l'âge de huit ans.

Dans une ville populeuse, telle que Paris, Lyon, etc., une naissance est un fait isolé, qui passe inaperçu. La présentation dans le délai prescrit par la loi est absolument nécessaire pour garantir au nouveau-né son inscription sur les registres de l'état civil. Dans les campagnes, dans les petites villes de province au contraire, une naissance est en quelque sorte un événement connu de tout le monde, et que l'on ne peut ni cacher ni dissimuler. Ces circonstances paraîtraient suffire pour dispenser de la présentation, et prévenir non seulement les oublis de déclaration de naissance à la mairie, mais encore les omissions et les erreurs qui pourraient se glisser dans les registres de l'état civil. Il n'en est cependant rien. La désignation d'un sexe pour l'autre est assez fréquente, soit dans les campagnes, soit dans les villes de province ; la non-déclaration, et par suite l'omission d'un acte de naissance, se présentent également et ne frappent souvent l'attention que long-temps après. Ce que nous avons eu occasion de constater tout récemment dans l'état civil d'une petite ville de province, chef-lieu d'arrondissement du département de Seine-et-Oise, nous en fournit un exemple remarquable. L'enfant d'une des familles les plus connues dans la ville est resté près de huit ans sans avoir d'acte de naissance, c'est-à-dire sans être inscrit sur le registre de l'état civil, bien qu'il fût né dans cette ville, et qu'il ne l'eût jamais quittée. Voici les détails les plus saillants du jugement rendu à cette occasion :

Le 21 novembre 1821, dame ***, épouse de M. ***, accoucha d'un enfant du sexe masculin, auquel furent donnés les noms de ***. Le père, obligé de s'absenter pour affaires nombreuses dépendantes de sa profession, avait, dit-on, recommandé d'aller à la mairie faire en son nom la déclaration de la naissance; mais à son retour il ne songea plus à l'acte d'état civil de son fils. Huit ans après on s'aperçut que la naissance n'avait point été déclarée, et que l'enfant était sans état civil. On vint alors réclamer auprès du maire. Le magistrat répondit avec raison que, la déclaration n'ayant point été faite dans les délais voulus par la loi, il ne pouvait recevoir la déclaration sans un jugement. Une requête fut donc adressée au tribunal civil de première instance séant à Mantes. Le tribunal ordonna une enquête, et rendit, à la date du vingt et un novembre mil-huit-cent-vingt-et-un, le jugement dont voici la teneur :

Ouï maître *** pour M. ***;

Ouï également M. le procureur du roi en ses conclusions, et après en avoir délibéré;

Attendu qu'il résulte de l'enquête qui a eu lieu à la présente audience la preuve que demoiselle ***, épouse du sieur ***, est accouchée à ***, rue ***, le vingt et un novembre mil-huit-cent-vingt-et-un, à trois heures du matin, d'un enfant du sexe masculin auquel il a été donné les prénoms de ***, etc.;

Attendu que la déclaration de cette naissance n'a point été faite à l'officier de l'état civil de la ville de *** dans les délais voulus par la loi;

Le tribunal déclare que l'enfant qui existe maintenant chez le sieur ***, et qui est connu sous les noms de, etc., est bien le même que celui dont dame *** est accouchée le vingt et un novembre mil-huit-cent-vingt-et-un, à trois heures du matin, et auquel les père et mère avaient déclaré alors aux témoins avoir donné les noms de ***;

Ordonne que le présent jugement sera transcrit sur les registres d'état civil de la ville de *** pour servir d'acte de naissance audit ***, etc.; ordonne aussi qu'il sera fait mention du présent jugement en marge dudit registre de l'état civil, et à la date du vingt et un novembre mil-huit-cent-vingt-et-un.

Ainsi signé à la minute dudit jugement, etc.

La transcription du jugement entier se trouve sur le registre d'état civil à la date du trois octobre mil-huit-cent-vingt-huit, et on en fait la mention suivante à la date du vingt et un novembre mil-huit-cent-vingt-et-un:

« Par jugement du tribunal de première instance séant à Mantes, en date du trois octobre mil-huit-cent-vingt-huit, signé ***, et enregistré, transcrit ce jourd'hui sur les registres des naissances de la ville de *** pour la présente année, par nous maire de ladite ville, — Il appert avoir été ordonné qu'en marge du registre d'état civil de la ville de ***, à la date du vingt et un novembre mil-huit-cent-vingt-et-un, mention serait faite de la transcription dudit jugement servant d'acte de naissance au nommé ***, né le vingt-et-un novembre mil-huit-cent-vingt-et-un, à trois heures du matin, du légitime mariage de M. ***, demeurant à ***, et de dame ***, son épouse, laquelle naissance n'avait point été constatée ledit jour vingt-et-un novembre mil huit cent vingt et un.

La présente mention faite par nous, maire de la ville de ***, cejourd'hui seize novembre mil-huit-cent-vingt-huit.

Signé, le Maire.

Dans l'enquête ordonnée par le tribunal il n'est nullement question de l'acte de baptême. On est à se demander pourquoi ce témoignage ne figure pas parmi les pièces de l'enquête. Cet acte existe sur le registre de la paroisse ou plutôt des baptêmes, et sa rédaction ne laisse rien à désirer : on y trouve inscrits les prénoms que les parents déclarèrent, devant le tribunal, avoir donnés primitivement à leur enfant. Cet acte fournit, en outre, la preuve de la tolérance de l'Église à l'égard du baptême, ainsi qu'on peut en juger.

Acte de baptême.

« Le premier mai a été baptisé M. ***, fils de M. *** (la profession du père est indiquée) et de dame ***, né le vingt-et-un novembre mil-huit-cent-vingt-et-un en cette paroisse. Le parrain M. ***, la marraine dame ***, lesquels ont signé avec nous le présent acte.

Suivent les signatures du parrain, de la marraine, du père, de la mère, et de plusieurs autres assistants, et enfin celle du prêtre.

Quant aux erreurs de sexe et de noms, il en existe d'assez fréquents exemples, qui se maintiennent indéfiniment sur les registres d'état civil, et les actes irréguliers, bien que connus, restent toujours sans jugement de rectification. Nous ne pouvons commettre l'indiscrétion d'en signaler ici des exemples.

La session de 1853 du conseil général de la Seine, auquel il est urgent que ce travail parvienne, est sur le point de s'ouvrir. Le temps nous manque pour rechercher soit dans les différents registres de notre état civil, soit dans les divers recueils des actes judiciaires, d'autres exemples de jugements analogues aux précédents. Il ne nous a pas non plus été possible de compléter les recherches que nous poursuivons sur certains points de médecine légale relatifs aux déclarations de naissance ou décès. Nous terminerons donc ici notre travail, renvoyant à une publication spéciale l'exposé de divers cas graves (un entre autres dans le département de la Seine) pour lesquels il y a pressante nécessité d'un jugement rectificatif de l'état civil d'individus dont le sexe a été jusque alors méconnu.

FIN.

TABLE ANALYTIQUE

DES MATIÈRES

INTRODUCTION.

DOCUMENTS HISTORIQUES.

Coutumes relatives à la naissance chez les peuples anciens et modernes

PREMIÈRE PARTIE.

DE L'ÉTAT CIVIL DES NOUVEAU-NÉS

AU POINT DE VUE DE L'HYGIÈNE.

CHAPITRE PREMIER.

De la statistique appliquée à la mortalité dans le premier mois de la vie.

CHAPITRE II.

Des conditions physiologiques dans lesquelles se trouvent l'homme et les animaux à la naissance.

CHAPITRE III.

Des conditions pathologiques dans lesquelles peut se trouver l'enfant nouveau-né.

CHAPITRE IV.

Rapport de l'Académie de médecine de Paris au ministre sur la partie scientifique des travaux de M. Loir, par le professeur Hippolyte Royer-Collard, rapporteur de la commission.

DEUXIÈME PARTIE.

DE L'ÉTAT CIVIL DES NOUVEAU-NÉS

AU POINT DE VUE DE LA LOI.

SES RAPPORTS AVEC L'ÉGLISE ET L'ADMINISTRATION

CHAPITRE PREMIER.

Du transport à la mairie pour la présentation. Avantage d'un mode d'application de la loi plus rationnel.

CHAPITRE II.

De l'exécution de l'article 55 du Code Napoléon, relatif à la présentation.

CHAPITRE III.

De l'état religieux et du baptême considérés dans leurs rapports avec l'état civil et l'hygiène publique.

CHAPITRE IV.

De la présentation ou de la constatation des naissances à domicile. — Ses résultats.

APPENDICE.

TRAVAUX ANTÉRIEURS DE M. LOIR

DANS L'ORDRE DE LEUR PUBLICATION.

Pages

VOEUX ÉMIS PAR LES CONSEILS GÉNÉRAUX

RELATIVEMENT A LA CONSTATATION DES NAISSANCES A DOMICILE

FIN DE LA TABLE.

CHEZ LE MÊME ÉDITEUR.

REVUE CRITIQUE
DE
LÉGISLATION
ET DE
JURISPRUDENCE

PUBLIÉE PAR MM.

VOLOWSKI
PROFESSEUR DE LÉGISLATION INDUSTRIELLE.

FAUSTIN HÉLIE
Conseiller à la Cour de cassation.

NICIAS GAILLARD
Premier avocat général à la Cour de cassation.

V. MARCADÉ
Ancien avocat à la Cour de cassation.

LAFERRIÈRE
Anc. Cons. d'état, insp. gén. des Facultés de droit.

PAUL PONT
Président du Tribunal civil de Corbeil.

COIN-DELISLE
Avocat à la Cour impériale de Paris, etc., etc.

AVEC LA COLLABORATION DE MM.

TROPLONG
Premier président de la Cour de cassation.

CH. GIRAUD
Membre de l'Institut et Professeur à la Faculté de droit de Paris.

ORTOLAN
Professeur de législation pénale comparée à la Faculté de droit de Paris.

MOLINIER
Professeur à la Faculté de droit de Toulouse.

FL. MIMEREL
Avocat au Conseil d'Etat, à la Cour de cassation, et du Ministère de l'Intérieur.

DELANGLE
Premier Président à la Cour impériale.

E. LABOULAYE
Membre de l'Institut, Professeur au Collége de France.

REVERCHON
Av. au Cons. d'Etat, à la Cour de cass., anc. maître des requêtes de première classe.

KŒNIGSWARTER
Membre correspondant de l'Institut.

JOUSSELIN
Avocat au Conseil d'etat et à la Cour de Cassation, etc., etc.

Prix franco : 18 fr. pour la France. — 22 fr. pour l'Etranger.

TRAITÉ DE LA SUBROGATION DE PERSONNES

OU DU PAIEMENT AVEC SUBROGATION

(Cod[illegible] 1250, 1251 et 1252)

Avocat, Membre h[illegible] ne.

1 [illegible]

Paris, imprime[illegible]

www.ingramcontent.com/pod-product-compliance
Lightning Source LLC
Chambersburg PA
CBHW050554270326
41926CB00012B/2046

* 9 7 8 2 0 1 2 6 4 6 6 7 4 *